USHER
iBT TOEFL
INTERMEDIATE TEST
WRITING

어셔 iBT 토플 인터미디어트 테스트 라이팅

어셔 어학 연구소

USHER
iBT TOEFL INTERMEDIATE TEST
WRITING
어셔 iBT 토플 인터미디어트 테스트 라이팅

초판 1쇄 발행 · 2013년 9월 1일
개정판 1쇄 발행 · 2014년 9월 1일
개정증보판 5쇄 발행 · 2024년 9월 1일

지은이 · 어셔토플연구소
펴낸곳 · (주)어셔 어학연구소
펴낸이 · 어셔 어학연구소
주　소 · 서울시 서초구 잠원로3길 40 태남빌딩 2층 어셔어학원
전　화 · 02) 595-5679
홈페이지 · www.usher.co.kr
ISBN · 979-11-85317-05-02

정　가 · 23,900원

저작권자 · ⓒ2014, 어셔 어학연구소

이 책 및 mp3 내용의 저작권은 저자에게 있습니다.
서면에 의한 저자와 출판사의 허락없이 내용의 일부 혹은 전부를 인용하거나, 발췌하는 것을 금합니다.
COPYRIGHT ⓒ 2018 by Usher Language Research Institute
All rights reserved including the rights of reproduction In whole or part in any form Printed in Korea

어셔 어학연구소에서는 토플 writing 고득점을 목표로 하는 학습자들을 위한 토플 실전서 시리즈의 일환으로 "USHER iBT TOEFL FINAL TEST WRITING (어셔 iBT 토플 파이널 테스트 라이팅)"에 이어 이번에 새로이 "USHER iBT TOEFL WRITING(어셔 iBT 토플 라이팅)"을 선보이게 되었습니다.

통합형은 본 교재에 총 16회분의 문제를 준비했습니다. 가능한 한 실제 시험과 비슷하게 만들었으며, sample response 또한 한 가지 형식으로 통일하여 학생들이 쉽고 빠르게 문제에 적응할 수 있도록 하였습니다. 지문의 내용을 이해하고 기억하는데 도움이 되고자 사진과 그림을 첨부하였으며, paraphrasing 과정을 설명하는 등, 학생 혼자서 시험을 준비하는데 어려움이 없도록 만전을 기하였습니다. 오래 봐도 피로하지 않도록 페이지 구성도 단순화 시켰으며, 강남 학원가의 치열한 현장에서 입증된 학습법을 책에 담아내려 노력하였습니다.

독립형은 Sample essay가 총 16회 수록되어 있습니다. 최근 출제 경향을 분석하여 각 에세이의 주제를 선정하였으며 작성된 sample essay에는 우리나라 학생들이 우리말을 영어로 직역하며 실제로 많이 범하는 문법적, 표현적 오류는 물론 원어민이 아니고서는 알기 힘든 뉘앙스 때문에 잘못 사용한 단어의 오용까지도 폭넓게 포함되어 있습니다. 이 책으로 공부하는 학생들은 sample essay를 직접 고치며 이러한 오류들을 접하면 각 에세이마다 제공된 원어민 선생님이 첨삭한 모범답안을 학생들이 스스로 첨삭한 내용과 비교, 좋은 에세이가 갖추어야 할 사항들을 체득하게 될 것입니다.

외국어 실력은 들인 노력과 정성에 비례합니다. 저희 어셔 어학연구소에서는 학생 여러분께 효과적이고 바른 길을 제시하여 학생 여러분의 노력을 돕고자 합니다. 학생 여러분이 이 책에서 제시된 단계를 하나하나 충실히 따라가고 단원 마지막의 check point까지 확인하며 공부한다면 확연히 발전한 여러분의 작문 실력을 느낄 수 있을 것이라 확신합니다. 이 책으로 공부하는 학생들의 앞날에 무궁한 발전이 있기를 기원합니다.

어셔 어학연구소

usherin.usher.co.kr

TABLE OF CONTENTS

USHER
USHER iBT TOEFL INTERMEDIATE TEST WRITING
어셔 iBT 토플 인터미디어트 테스트 라이팅

MP3 17개 수록

Introduction

1	본 토플 교재의 구성	6
2	본 토플 교재만의 특징	10
3	홈페이지 이용방법	11
4	뉴 토플에 관하여	13
5	iBT TOEFL (iBT 토플) 소개	14
6	iBT TOEFL WRITING (iBT 토플 라이팅) 소개	16
7	교재 계획표	24

Intergrated Task Strategies

Integrated Task 설명 및 Sample   28

Intergrated Task 16회

Day 01	Music Lessons	35
Day 02	Compact Fluorescent Lamps	43
Day 03	Online Degrees	51
Day 04	National Park	59
Day 05	Sleep	67
Day 06	Global Warming	75
Day 07	Animal Play	83
Day 08	China's Discovery of Americas	91
Day 09	Pyramids Built with Concrete?	99
Day 10	Anglo-Saxon or Celtic?	107
Day 11	Roanoke Colony	115
Day 12	Maya Civilization	123
Day 13	Amazon	131
Day 14	Solutrean Hypothesis	139
Day 15	Harappan Civilization	147
Day 16	Etruscan Civilization	155

Writing for an Academic Discussion

Day 1	Companion	164
Day 2	Mentor	167
Day 3	ife expectancy	170
Day 4	Competitive markets	173
Day 5	Medical technolog	176
Day 6	Students' academic performance	179
Day 7	Global issues	182
Day 8	Dishonesty	185
Day 9	Personal interests	188
Day 10	Outsourcing	191
Day 11	Lack of education	194
Day 12	Human rights	197
Day 13	Economic inequality	200
Day 14	Economic development	203
Day 15	Desertification	206
Day 16	Gender inequality	209

출제 예상 문제

Integrated Task • 통합형 예상 문제   213

별도 구매 서비스 소개

1. USHER 단어암기 프로그램 소개	236
2. 첨삭권 소개	239
3. 인강	241
4. 모의토플	243
5. 토플 Reading 공부방법	245
6. 토플 Listening 공부방법	248
7. 수강 후기	250

1 본 토플 교재의 구성

USHER iBT TOEFL WRITING (어셔 iBT 토플 라이팅)

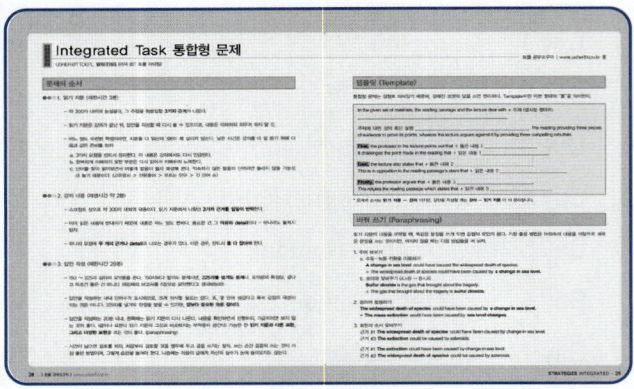

문제설명
iBT TOEFL(iBT 토플)을 처음 접하는 사람이라도 쉽게 이해할 수 있도록 각 문항을 상세히 설명하고, 좀 더 쉬운 이해를 위한 예제와 효율적인 답안 발표를 위한 답안 틀(template)도 준비했습니다.

통합형 문제 (Integrated Tasks)

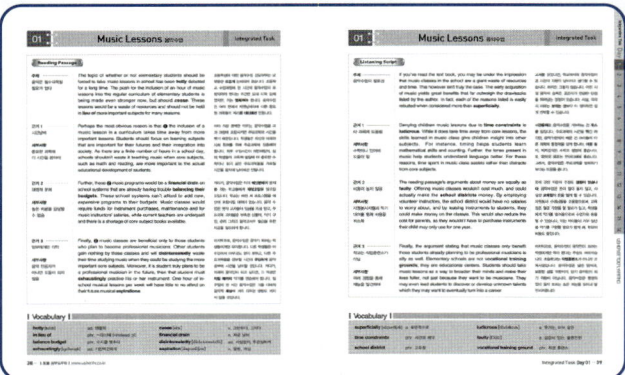

Reading Passage와 Listening Script
(1) **본문** - 쉬운 내용 파악을 위해 중요한 포인트를 정리했습니다.
(2) **번역문** - 내용의 잘못된 이해를 막고 수월한 학습을 위해 본문 바로 옆에 번역본을 마련했습니다.
(3) **Vocabulary(토플 단어)** - 사전 찾는 시간을 아끼기 위해 페이지 하단에 별도의 공간을 마련하였습니다.

토플 공부 도우미 | usherin.usher.co.kr

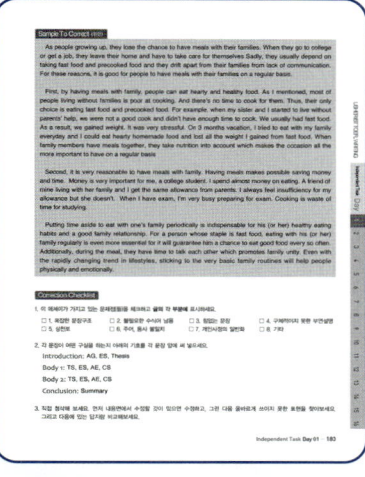

Sample To Correct(원안)

한국 학생들이 많은 오류를 범하는 문장을 포함한 샘플에세이를 수록하였습니다.
색볼펜으로 직접 첨삭을 해봅니다.
밑에 체크리스트를 가이드라인 삼아 문법, 스펠링 내용까지 모두 고치고 그 결과를 체크리스트에 표시합니다.

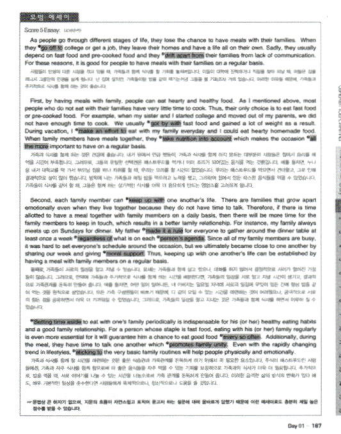

Sample To Correct(수정안)

내가 첨삭한 첨삭본과 수정안을 비교해 보면서 내가 놓친 부분을 채워 넣습니다.
내가 몰랐던 문법이나 표현들이 있었다면 오답노트를 만들어 정리하고 복습합니다.

1 본 토플 교재의 구성

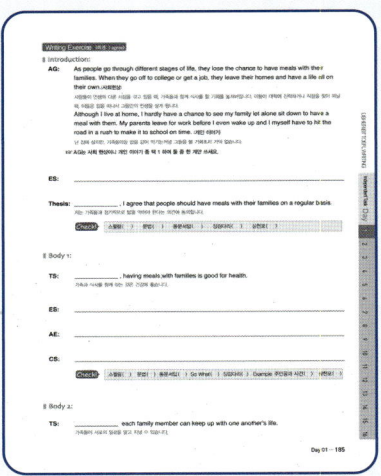

Writing Exercise

제시된 Thesis로 빈칸에 transitional word나 실예, 끝맺음 문장 등을 채워넣는 연습을 합니다.
한 문단이 끝날 때 마다 check를 성실히 확인합니다. 사소한 실수를 방지하는 습관을 길러줍니다.
마지막의 꼭!도 확인하는 것을 잊으면 안됩니다.

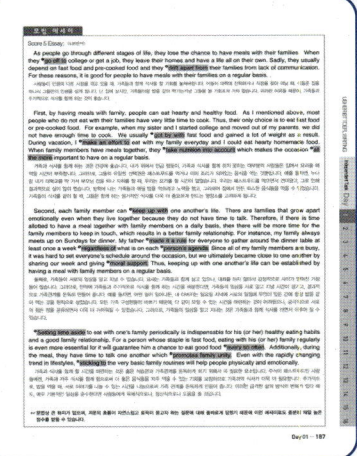

모범 에세이

모범에세이의 하이라이트 된 부분을 주의 깊게 보며 읽고 익힙니다.
내가 쓴 글과 비교도 해 보고 개선할 부분이 있으면 개선합니다.

토플 공부 도우미 | usherin.usher.co.kr

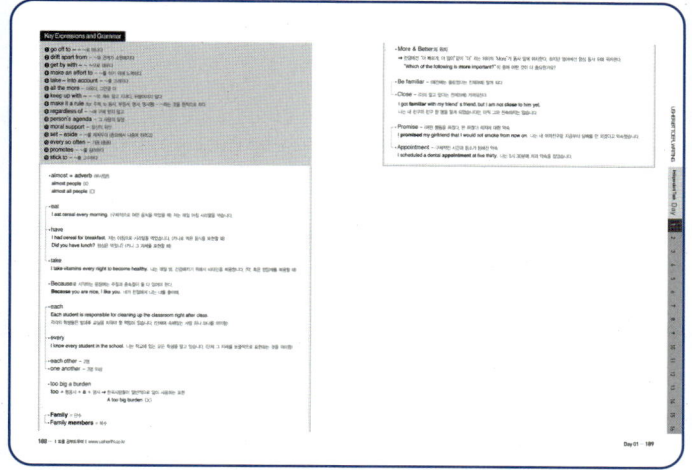

Key Expressions and Grammar

모범에세이에 쓰인 표현법을 외우고 하단 부분의 뉘앙스 차이를 외웁니다.

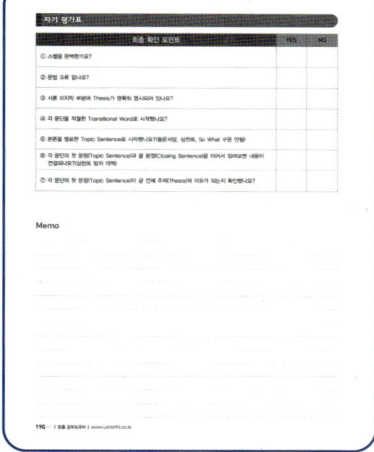

자기 평가표

새로 익힌 표현들을 이용해서 쓴 자신의 글을 이 평가표를 토대로 평가하고 고칩니다.

Memo란에는 새로 익힌 부분, 예전에 틀렸는데도 또 틀린 부분을 적어놓습니다.

2 본 토플 교재만의 특징
USHER iBT TOEFL WRITING (어셔 iBT 토플 라이팅)

1 실제 토플 시험과 가장 가까운 대비책

최신경향 문제
TOEFL(토플) 주관사인 ETS의 자체제작교재인 Official Guide보다도 실제 토플 시험에 훨씬 더 가깝다고 확신 합니다. 2006년 이후 변화된 iBT 토플 문제 형식을 최대한 반영하여 토플 시험을 보는 학생들에게 더 큰 도움이 되도록 반영하였습니다.

출제예상 주제 모음
실제 토플 시험을 보는 학생들의 문제점은 표현력이 부족하기도 하지만, 아이디어가 금방 떠오르지 않아 허둥대는 경향이 있는 점을 감안하여 토플시험을 응시하기 직전에 어떤 문제가 출제될지 미리 예상하고 대비할 수 있도록 했습니다.

실전연습 프로그램
최근 출제 경향 문제 및 새로운 TOPIC들을 usherin.usher.co.kr에서 언제든지 작성할 수 있어, 실제 토플 시험과 똑같은 환경에서 연습할 수 있게 준비했습니다.

2 토플 고득점과 진정한 실력 향상 준비

문제 유형별 전략 제시
독립형과 통합형 각각 토플 고득점을 위해 반드시 알아야 할 전략을 정리해 두었습니다.

실제 토플 시험 사용을 위한 모범 답안
토플 고득점을 받기 위해 반드시 짚어야 할 맥을 담은 모범 답안을 작성하였습니다. 강의형 문제의 경우, 자세한 설명에도 불구하고 많은 학생들이 의외로 리딩과 리스닝 내용 자체를 어려워하여 완벽한 이해가 힘든 경우가 많습니다. 그런 경우를 대비해, 여러분의 이해를 돕기 위하여 관련 내용의 사진을 실었습니다.

3 진정한 실력 향상을 위한 독립형 표현

시험장에 가서 글을 쓰는 순서대로 글 쓰는 연습을 할 수 있도록 구성이 되었습니다.
- thesis 정하고 아웃라인 잡기 (3-5분 소요)
- 아웃라인을 기준으로 설명하는 문장, 예시 문장 등을 채워 넣고 Check 포인트와 비교하여 맞게 썼는지 확인하기 (20분 소요)
- 써 놓은 글을 자기 평가표에 맞춰 첨삭하고 완성하기 (5분 소요)

학생들이 범하는 많은 문법적, 표현적 오류를 포함한 예시 글이 있고, 그 예시 글을 직접 첨삭해 보도록 했습니다. 다른 사람의 글을 첨삭해 보며 얻어지는 학습효과를 노린 것입니다. 예시 글을 첨삭해 놓은 샘플 첨삭본이 있어서 내가 얼마큼 알고 있는지, 또, 익혀야 할 것은 무엇인지 알 수 있습니다. 중간 중간 꼭 필요한 부분에 체크 포인트나 자기 점검표를 넣어 실수를 줄이는 훈련을 시켜줍니다. 간혹 반복적이라고 체크하는 걸 무시하는 학생들이 있는데 이 버릇을 들이지 않으면 시험장에서의 실수는 보장이 된 것이나 다름없습니다.

4 독학 및 자기주도 학습을 이끄는 진행

학습계획표
학원을 다니기 힘든 상황의 학생들의 시험 준비를 위해, 복습 계획표를 만들었습니다. 학습계획표를 이용하면 누구나 쉽게 정해진 시간 안에 목표를 달성할 수 있을 것입니다.

정보교환
정보공유 사이트인 usherin.usher.co.kr을 통해 많은 최신정보와 고급정보를 제공하여 독학하는 학생들에게도 많은 도움이 되도록 하였습니다.

자기 평가표
자신의 문제점을 스스로 파악할 수 있도록 시험 전, 후 확인사항을 일목요연하게 정리하였습니다.

홈페이지 이용 방법
USHER iBT TOEFL WRITING (어셔 iBT 토플 라이팅)

홈페이지 메인 화면

usherin.usher.co.kr에 가면 오른쪽 상단에 보다시피 시험리스트에서 라이팅 시험보기를 누르면 아래와 같은 화면이 나타납니다.

Writing 메뉴 화면

시험 시작 버튼을 누르면 실제 TOEFL 시험과 똑같은 설정의 시험이 자동으로 시작됩니다.

실전연습 프로그램

교재에 있는 문제의 답안을 여기서 녹음하여 실제 TOEFL (토플) 시험과 똑같이 연습할 수 있게 했습니다. 각 test 목차에 홈페이지 database 경로를 번호로 표기 하였습니다.

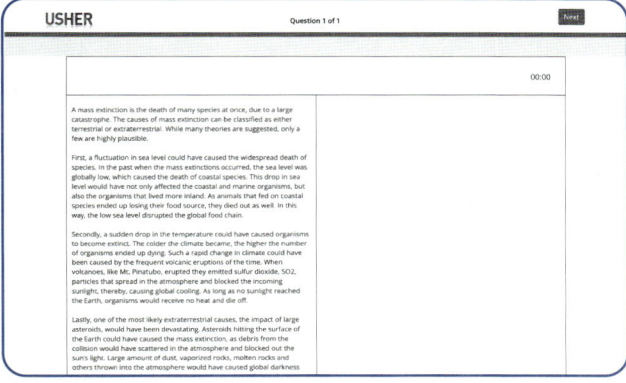

Test 진행 화면

실제 TOEFL (토플) 시험과 똑같은 설정의 시험이 진행되는 동안 자신이 작성한 답안은 컴퓨터에 자동으로 저장됩니다.

3 홈페이지 이용 방법
USHER iBT TOEFL WRITING (어셔 iBT 토플 라이팅)

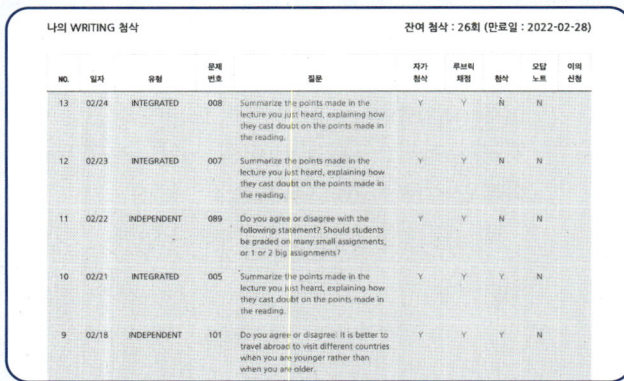

라이팅 성적 확인표

학생분들이 직접 글을 작성한후에 본인에 성적들을 확인할 수 있는 페이지 입니다.

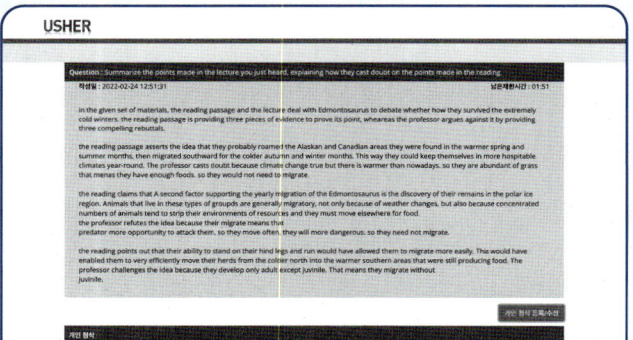

라이팅 첨삭 화면

첨삭 받은것들과 본인이 첨삭을 할 수 있는 공간 입니다. ETS가 제공한 채점표를 통해서 학생분들의 성적이 보다 객관적이게 채점됩니다.

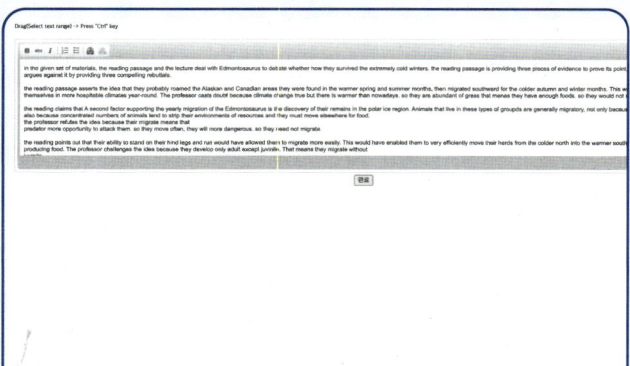

라이팅 자가 첨삭

본인이 스스로 펜 첨삭을 통해서 문법적인 오류를 찾아낼 수 있는 눈을 기를 수 있는 페이지 입니다.

 2023년 7월 26일 바뀐 뉴 토플에 관하여

ETS가 공식 배포한 모의토플 테스트를 기준으로 안내

Writing

라이팅은 academic discussion 토의형 문제가 출제 되었습니다.
교수님이 제공하는 주제에 대해서 학생 A와 B가 서로 다른 의견을 제시합니다.
글 내용은 10분안에 최소 100단어를 이에 대해서 작성하는 겁니다.

Reading

문제 풀이 3지문에서 2지문으로 줄었습니다.
문제 풀이 시간 18분에서 17분 30초로 줄었습니다.
지문 길이는 800자 내외입니다.
더미가 사라졌습니다.

Listening

1. Set의 구성에 변화가 있습니다.
   예전 토플은 '1set= conversation+ lecture+lecture' 로만 구성 되었으나,
   뉴 토플은 첫번째 Set은 기존과 같이 conv+ lect + lect 이지만,
   두번째 Set은 conv + lect 로만 구성되어 lecture 한 지문이 사라졌습니다.
2. 이에 따라 문제 풀이 시간도 1개 set당 10분씩 배정 되었던것이,
   1st set : 10분(기존과 같음)
   2nd set : 7분으로 줄었습니다.
3. 청취시간(대화나, 강의 길이)가 대략 1분씩 줄어들었습니다.
   · conversation : 1분 30초 내외
   · lecture 3분 30초내외

Speaking

이번 시험에는 변화가 없는 유일한 유형입니다.

5. iBT TOEFL (iBT 토플) 소개

USHER iBT TOEFL WRITING (어셔 iBT 토플 라이팅)

iBT TOEFL (iBT 토플) 이란?

TOEFL(Test of English as a Foreign Language)이란 주로 영어권 국가의 대학교에 진학하는 외국인 학생의 영어실력을 평가하기 위하여 만들어진 시험입니다. 현재 TOEFL (토플)은 iBT(internet-Based Test) TOEFL이라 불리며, PBT(Paper- Based Test)와 CBT(Computer-Based Test)를 거쳐 채택된 3세대 시험 방식입니다. 읽기, 듣기, 말하기, 쓰기의 다양한 분야의 영어실력을 보기 때문에 현재 세계적으로 가장 공신력 있는 영어시험으로 자리잡았습니다.

iBT TOEFL (iBT 토플) 구성

시험순서	지문 개수	시간	세부사항	만점
Reading (상대평가)	Passage 2개 (700단어 X 2개)	35분	**Passage** 당 17분 30초 10문제	30점
Listening (상대평가)	Conversation 1개 Lecture 1개	36분	문제풀이시간 7분	30점
	Conversation 1개 Lecture 2개		문제풀이시간 10분	
Speaking (절대평가)	Independent 1개 Intergrated 3개	16분 내외	-	30점
Writing (절대평가)	Intergrated 1개 Discussion 1개	29분	-	30점
	총 약 2시간 (116분)			총점 120점

꼭 알아두세요!

접수	시험일정이 나오면 접수 가능 * Late fee(응시 7일 전 시험 신청 시) 40$추가
비용	시험 - 미화 $ 220 (원화결제 가능)
	취소한 성적 복원 - 미화 $ 20
	성적 전송 - 미화 $ 20 (1개 기관당)
	일자 변경 - 미화 $ 60
	재채점 - 미화 $ 80 (1개 section당: 성적 불신시 speaking, writing만 가능)

시험	3일에 1번, 수/토/일 가능
시험장소	전국 27개 도시에 있는 Test Center 및 세계 각국의 ETS Test Center (안양, 아산, 부천, 부산, 천안, 청주, 춘천, 대구, 대전, 고성, 고양, 군포, 광주, 경기, 경주, 경산, 화성, 인천, 제주, 전주, 진주, 오산, 포천, 성남, 서울, 울산, 용인 등 27개 도시 -토플 시험장에 대한 자세한 정보는 usherin.usher.co.kr 참조)
준비물	토플 web site에 등록되어 있는 신분증 지참
성적 발표일	리딩 리스닝은 시험 직후, 스피킹 라이팅은 최소 6일 ~ 최대 14일
성적 유효기간	2년
토플 시험 등록 취소	시험 등록 후 7일 까지 : 전액환불 시험 등록 후 8일 이후 : 금액의 50% 환불 시험보기 4일전 : 금액의 50% 환불 콜센터에 전화하거나 홈페이지에서 취소 (e-mail로는 불가능)

시험장에서!

1. 시험절차   시험장에 도착하면 여권 확인 후, 성적표에 나올 사진을 찍고 감독관의 안내에 따라 순서대로 시험을 시작한다.

2. 필기도구   연필과 종이는 감독관이 나누어주므로 따로 필요가 없고, 부족하면 얼마든지 더 달라고 할 수 있다. 다만, Section 시작 전에 종이에 필기할 경우, 부정행위로 간주될 수 있으므로 각별히 주의 하자.

3. 헤드폰 음량   시험 도중 언제든지 조절할 수 있다.

4. 마이크 음량   시험 시작 직후와 Speaking Section 직전에 조절할 수 있다.

5. 휴식시간   휴식시간 없음

6. 주의사항   각 응시자마다 시험 진행 시간이 다르기 때문에, 내가 Listening이나 Writing Section을 풀고 있을 때, 다른 사람의 목소리가 방해가 되는 경우가 많으니 염두해 두자.

6 iBT TOEFL Writing 소개
USHER iBT TOEFL WRITING (어셔 iBT 토플 라이팅)

iBT Writing 문제 유형 분석

	읽기지문	강의듣기	답안 작성
Intergrated Task (통합형 문제)	약 300자 제한시간: 3분	약 300자 듣기시간: 약 2분	최소 100자 제한시간: 10분
Academic Discussion (토의형 문제)	답안작성 300자 이상 제한시간: 30분		

Writing 시험 버튼 설명

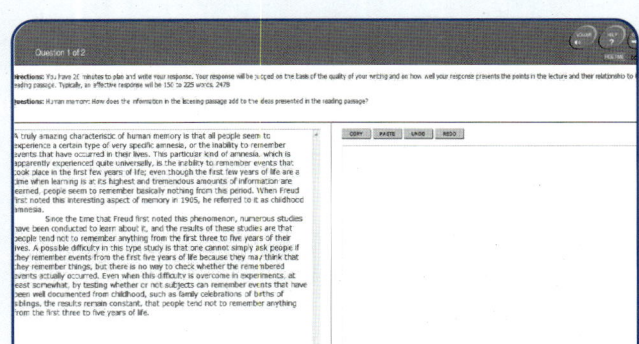

 - 음량을 조절한다.

 - 진행중인 시험에 대한 정보를 얻을 수 있지만, 그 동안에도 시간은 지나간다.

- 다음 페이지로 이동. 절대 누르지 말 것.

 - 누르면 show time으로 변한다. 남은 제한시간이 눈에 거슬리는 것을 막기 위함이다.

Writing 시험 진행 순서

Writing Section Directions

This section measures your ability to use writing to communicate in an academic environment. There will be two writing tasks.
For the first writing task, you will read a passage and listen to a lecture and then answer a question based on what you have read and heard. For the second writing task, you will answer a question based on your own knowledge and experience.
Now listen to the directions for the first writing task.

1. Writing Section Directions

남자 성우가 일일이 읽어주는 동안 음량을 조절할 수 있습니다. 이 때 노트에 뭔가를 적게 되면 부정 행위로 간주되므로 주의합시다.

| 토플 공부 도우미 | usherin.usher.co.kr |

통합형 문제 (Integrated Tasks)

Writing based on Reading and Listening Directions

For this task, you will read a passage about an academic topic. A clock at the top of the screen will show how much time you have to read. You may take notes on the passage while you read. The passage will then be removed and you will listen to a lecture about the same topic. While you listen, you may also take notes.

Then you will write a response to a question that asks you about the relationship between the lecture you heard and the reading passage. Try to answer the question as completely as possible using information from the reading passage and the lecture. The question does not ask you to express your personal opinion. You will be able to see the reading passage again when it is time for you to write. You may use your notes to help you answer the question. A clock at the top of the screen will show how much time you have to write your response.

Typically, an effective response will be 150 to 225 words. Your response will be judged on the quality of your writing and on the completeness and accuracy of the content. If you finish your response before time is up, you may click on Next to go on to the second writing task.

Now you will see the reading passage. Remember, it will be available to you again when you write your response. Immediately after the reading time ends, the lecture will begin. So keep your headset on until the lecture is over.

2. 통합형 문제에 대한 Direction

지문을 읽고, 강의를 듣고, 150~225자로 내용을 요약하라는 내용입니다. 이 때 역시 노트에 뭔가를 적게되면 부정행위로 간주되므로 주의합시다.

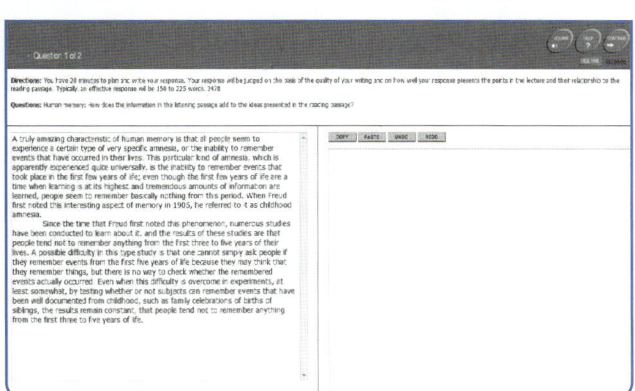

3. 좌측은 읽기 지문이고, 우측은 답안을 적는 칸이지만, 현재 상태에서는 읽기만 가능합니다. 오른쪽 위에는 제한시간이 표시됩니다.

4. 강의가 나오는 약 2분간의 시간 동안, 화면 에 는 교수의 모습이 나옵니다. 자동으로 다음 화면으로 넘어갑니다.

6 iBT TOEFL Writing 소개

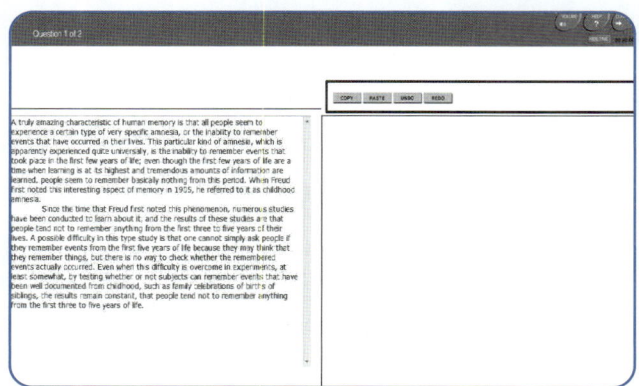

5. 답안을 작성하는 화면입니다.

제한시간은 20분이고, 그 20분 내내 읽기지문은 왼쪽에 나와있습니다.

- CUT - 하이라이트 된 부분을 잘라낼 수 있다.
- PASTE - 잘라낸 내용을 붙여 넣는다.
- UNDO - 되돌리기 기능이다.
- REDO - 되돌리기 했던 부분을 복구시킨다.
- Word count - 작성된 단어의 개수를 보여준다.

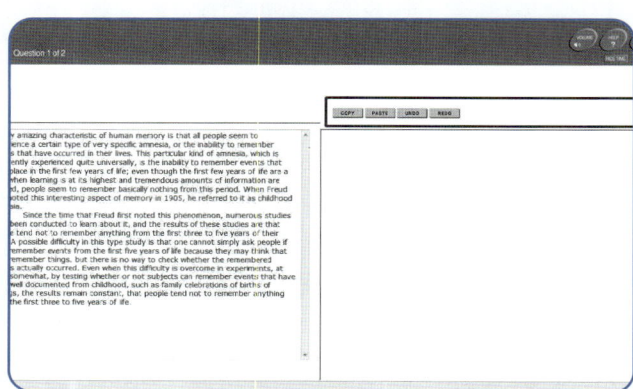

6. 답안을 작성하는 화면

제한시간은 30분 입니다.

- CUT - 하이라이트 된 부분을 잘라낼 수 있다.
- PASTE - 잘라낸 내용을 붙여 넣는다.
- UNDO - 되돌리기 기능이다.
- REDO - 되돌리기 했던 부분을 복구시킨다.
- Word count - 작성된 단어의 개수를 보여준다.

iBT TOEFL (iBT 토플) 성적표 (견본)

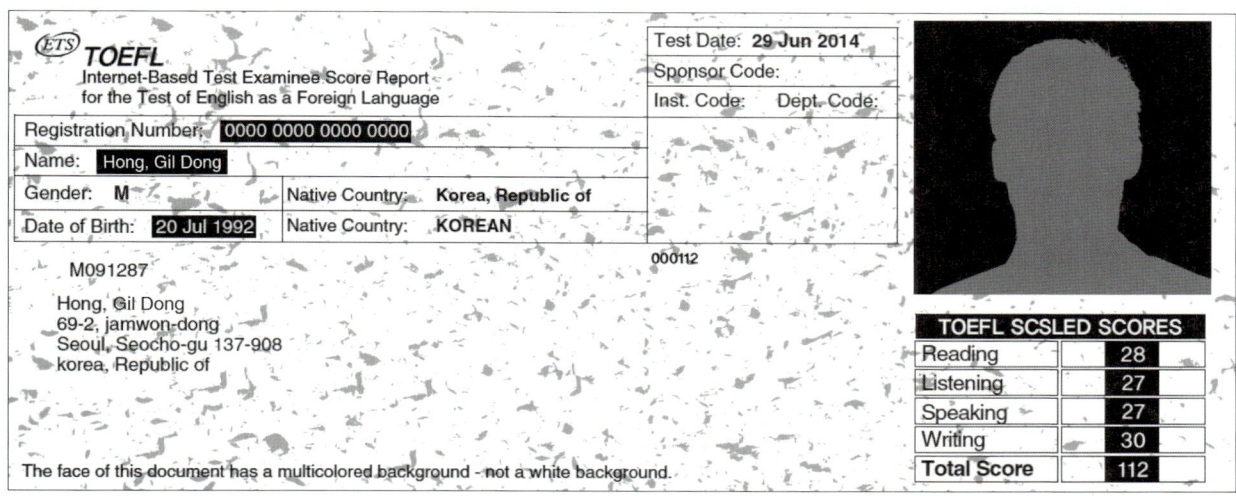

Writing 시험 진행 순서

총점	2문제 평균 점수
30	5.00
29	4.75
28	4.50
27	4.25
25	4.00
24	3.75
22	3.50
21	3.25
20	3.00
18	2.75
17	2.50
15	2.25
14	2.00
12	1.75
11	1.50
10	1.25
8	1.00
7	0.75
5	0.50
4	0.25
0	0.00

(출처: http://www.ets.org/toefl)

시험 응시자가 작성한 답안은 인터넷을 통해 ETS로 보내집니다. 성적의 신뢰도를 높이기 위해 두 명 내지 네 명의 채점관을 거치게 되며, 0점과 5점 사이의 점수가 매겨집니다. 그리하여, 이 두 문제의 평균점수는 0점에서 30점 사이의 점수로 환산됩니다.

INTERGRATED Task Description

5점

A response at this level successfully selects the important information from the lecture and coherently and accurately presents this information in relation to the relevant information presented in the reading. The response is well organized, and occasional language errors that are present do not result in inaccurate or imprecise presentation of content or connections.

4점

A response at this level is generally good in selecting the important information from the lecture and in coherently and accurately presenting this information in relation to the relevant information in the reading, but it may have minor omission, inaccuracy, vagueness, or imprecision of some content from the lecture or in connection to points made in the reading. A response is also scored at this level if it has more frequent or noticeable minor language errors, as long as such usage and grammatical structures do not result in anything more than an occasional lapse of clarity or in the connection of ideas.

3점

A response at this level contains some important information from the lecture and conveys some relevant connection to the reading, but it is marked by one or more of the following:

- Although the overall response is definitely oriented to the task, it conveys only vague, global, unclear or somewhat imprecise connection of the points made in the lecture to points made in the reading.
- The response may omit one major key point made in the lecture.
- Some key points made in the lecture or the reading, or connections between the two, may be incomplete, inaccurate, or imprecise.
- Errors of usage and/or grammar may be more frequent or may result in noticeably vague expressions or obscured meanings in conveying ideas and connections.

2점

A response at this level contains some relevant information from the lecture, but is marked by significant language difficulties or by significant omission or inaccuracy of important ideas from the lecture or in the connections between the lecture and the reading; a response at this level is marked by one or more of the following:

- The response significantly misrepresents or completely omits the overall connection between the lecture and the reading.
- The response significantly omits or significantly misrepresents important points made in the lecture.
- The response contains language errors or expressions that largely obscure connections or meaning at key junctures, or that would likely obscure understanding of key ideas for a reader not already familiar with the reading and the lecture.

1점

A response at this level is marked by one or more of the following:

- The response provides little or no meaningful or relevant coherent content from the lecture.
- The language level of the response is so low that it is difficult to derive meaning.

0점

A response at this level merely copies sentences from the reading, rejects the topic or is otherwise not connected to the topic, is written in a foreign language, consists of keystroke characters, or is blank.

통합형 쓰기 평가기준

(출처 - http://www.ets.org/toefl)

5점
이 수준의 답안은 강의에서 중요한 정보를 성공적으로 골라내고, 읽기 지문에 담겨있는 내용과 관련된 정보를 일관되게 그리고 정확하게 보여준다. 답안은 잘 짜여져 있으며, 가끔씩 나타나는 언어상의 실수가 내용이나 그 연결의 부정확한 발표로 이어지는정도는 아니다.

4점
이 수준의 답안은 강의에서 중요한 정보를 골라내고, 읽기 지문에 담겨있는 내용과 관련된 정보를 일관되게 그리고 정확하게 보여주는데 있어 대체로 훌륭하지만, 강의나 읽기 지문에서의 포인트와 관련된 내용이 일부 빠지거나, 부정확하거나, 애매할 수 있다. 언어의 사용이나 문법적 구조가 명확성이나 내용의 연관성을 떨어뜨리지 않는 한, 더 잦거나 눈에 띄는 언어상의 실수가 있으면, 답안이 이 수준의 점수를 받을 수 있다.

3점
이 수준의 답안은 강의에서의 중요한 정보를 포함하고, 읽기 지문과의 관련성을 전달하고 있지만, 다음 중 하나 이상에 해당된다:

- 답안이 전체적으로 문제를 따르고 있지만, 강의의 요점과 읽기 지문의 요점을 이어주는 부분이 다소 애매하거나, 포괄적이거나, 불분명하거나, 부정확하다.
- 답안이 강의에서의 주요 요점 하나를 빠트렸다.
- 강의, 읽기 지문, 혹은 그 둘의 연결과정에서의 요점이 미완성이거나 부정확하다.
- 문법이나 언어 사용의 실수가 더 잦아져, 내용을 연결하고 전달하는데 있어 표현이 눈에 띄게 애매하거나 의미가 분명치 않다.

2점
이 수준의 답안은 강의에서의 중요한 정보를 포함하지만, 심각한 언어상의 문제가 있거나, 강의와 읽기 지문 혹은 그 연결과정에서 중요한 내용을 빼먹거나 정확히 전달하지 못했다; 이 수준의 답안은 다음 중 하나 이상에 해당된다:

- 강의와 읽기 지문간의 연결에 심각한 오류가 있거나 답안에서 아예 빠져있다.
- 강의에서의 주요 요점에 심각한 오류가 있거나 답안에서 아예 빠져있다.
- 답안이 주요 연결부의 의미를 애매하게 만드는 언어적 실수나 표현을 포함하고 있거나, 이것이 강의나 읽기 지문에 익숙하지 않는 독자가 요점을 이해는데 방해가 된다.

1점
이 수준의 답안은 다음 중 하나 이상에 해당된다:

- 답안이 강의와 관련된 일관적 내용을 거의 혹은 아예 담고 있지 않다.
- 답안의 언어 수준이 너무 낮아서 의미를 파악하기 어렵다.

0점
이 수준의 답안은 읽기 지문의 문장을 베꼈거나, 주제와 관련이 없거나, 외국어로 써져 있거나, 기호가 포함되어 있거나, 아예 내용이 없다.

Writing for an academic discussion rubric

5점

A fully successful response
The response is a relevant and very clearly expressed contribution to the online discussion, and it demonstrates consistent facility in the use of language.
A typical response displays the following:
- Relevant and well-elaborated explanations, exemplifications, and/or details
- Effective use of a variety of syntactic structures and precise, idiomatic word choice
- Almost no lexical or grammatical errors other than those expected from a competent writer writing under timed conditions
  (e.g., common typos or common misspellings or substitutions like there/their)

4점

A generally successful response
The response is a relevant contribution to the online discussion, and facility in the use of language allows the writer's ideas to be easily understood.
A typical response displays the following:
- Relevant and adequately elaborated explanations, exemplifications, and/or details
- A variety of syntactic structures and appropriate word choice
- Few lexical or grammatical errors

3점

A partially successful response
The response is a mostly relevant and mostly understandable contribution to the online discussion, and there is some facility in the use of language.
A typical response displays the following:
- Elaboration in which part of an explanation, example, or detail may be missing, unclear, or irrelevant
- Some variety in syntactic structures and a range of vocabulary
- Some noticeable lexical and grammatical errors in sentence structure, word form, or use of idiomatic language

2점

A mostly unsuccessful response
The response reflects an attempt to contribute to the online discussion, but limitations in the use of language may make ideas hard to follow.
A typical response displays the following:
- Ideas that may be poorly elaborated or only partially relevant
- A limited range of syntactic structures and vocabulary
- An accumulation of errors in sentence structure, word forms, or use

1점

An unsuccessful response
The response reflects an ineffective attempt to contribute to the online discussion, and limitations in the use of language may prevent the expression of ideas.
A typical response may display the following: Words and phrases that indicate an attempt to address the task but with few or no coherent ideas
- Severely limited range of syntactic structures and vocabulary
- Serious and frequent errors in the use of language
- Minimal original language; any coherent language is mostly borrowed from the stimulus

0점

The results and to the prompt, or of key copied from the prompt, is entirely unconnected to the prompt, or consists of arbitrary keystrokes.

학술 토론 주제를 위한 글쓰기

(출처 - http://www.ets.org/toefl)

5점
완전히 성공적인 응답
응답은 온라인 토론에 관련이 있고 매우 명확하게 표현된 기여이며, 언어 사용에 있어 일관된 능력을 보여줍니다.
일반적인 응답에는 다음이 표시됩니다:
- 관련성이 있고 잘 설명된 설명, 예시 및/또는 세부 정보
- 다양한 구문 구조와 정확하고 관용적인 단어 선택의 효과적인 사용
- 시간이 정해진 조건에서 글을 쓰는 유능한 작가가 예상하는 것 외에 어휘적 또는 문법적 오류가 거의 없음
(예: 일반적인 오타 또는 일반적인 철자 오류 또는 이와 유사한 대체)

4점
일반적으로 성공적인 응답
응답은 온라인 토론에 관련된 기여이며, 언어 사용의 편의성은 작가의 아이디어를 쉽게 이해할 수 있게 합니다.
일반적인 응답에는 다음이 표시됩니다:
- 적절하고 적절하게 설명된 설명, 예시 및/또는 세부사항
- 다양한 구문 구조와 적절한 단어 선택
- 어휘적 또는 문법적 오류가 거의 없음

3점
부분적으로 성공한 응답
응답은 온라인 토론에 대부분 관련이 있고 대부분 이해할 수 있는 기여이며 언어 사용에는 약간의 편의성이 있습니다.
일반적인 응답에는 다음이 표시됩니다:
- 설명, 예 또는 세부사항의 일부가 누락되거나 불분명하거나 관련이 없을 수 있는 세부사항
- 통사적 구조와 다양한 어휘들이 있습니다
- 문장 구조, 단어 형태 또는 관용어 사용에 있어 몇 가지 주목할 만한 어휘적, 문법적 오류

2점
대부분 실패한 응답
응답은 온라인 토론에 기여하려는 시도를 반영하지만 언어 사용에 제한이 있습니다
아이디어를 따르기 어렵게 만들 수 있습니다.
일반적인 응답에는 다음이 표시됩니다:
- 설명이 부족하거나 부분적으로만 관련이 있을 수 있는 아이디어
- 제한된 범위의 통사적 구조
- 문장 구조, 단어 형태 또는 사용에서 오류의 누적

1점
실패한 응답
응답은 온라인 토론에 기여하려는 비효율적인 시도를 반영하며, 언어 사용의 제한은 아이디어의 표현을 방해할 수 있습니다.
일반적인 응답에는 다음이 표시될 수 있습니다: 작업을 해결하려는 시도를 나타내지만 일관된 아이디어가 거의 없거나 전혀 없음을 나타내는 단어와 구
- 구문 구조 및 어휘의 범위가 심각하게 제한됨
- 언어 사용에 있어 심각하고 빈번한 오류
- 최소한의 원래 언어; 일관된 언어는 대부분 자극에서 차용됩니다

0점
프롬프트에 대한 결과 및 프롬프트 또는 프롬프트에서 복사된 키가 프롬프트에 완전히 연결되지 않았거나 임의 키 입력으로 구성되어 있습니다.

7 교재 계획표

USHER iBT TOEFL WRITING (어셔 iBT 토플 라이팅)

2주 완성 계획표

	월	화	수	목	금	토	일
1주	Test 1	Test 2&3	Test 4&5	Test 6&7	Test 8&9	Test 10&11	Test 12 홈피 Set 1
2주	Test 13 홈피 Set 1 복습	Test 14 홈피 Set 2	Test 15 홈피 Set 2 복습	Test 16 홈피 Set 3	홈피 Set 3 총 복습	실제시험 (없으면 복습)	실제시험

*"홈피 Set"란? usherin.usher.co.kr에 마련되어 있는 총 3회의 문제 Set을 의미합니다.

4주 완성 계획표

	월	화	수	목	금	토	일
1주	Test 1	Test 2	Test 3	Test 4	Test 5	Test 6	Test 1~6 복습
2주	Test 7	Test 8	Test 9	Test 10	Test 11	Test 12	Test 7~12 복습
3주	Test 13	Test 14	Test 15	Test 16	Test 13-16 복습	홈피 Set 1	홈피 Set 1 복습
4주	홈피 Set 2	홈피 Set 2 복습	홈피 Set 3	홈피 Set 3 복습	홈피 Set 총 복습	실제시험 (없으면 복습)	실제시험

*"홈피 Set"란? usherin.usher.co.kr에 마련되어 있는 총 3회의 문제 Set을 의미합니다.

교재 계획표 활용법

"Test 1"이라고 쓰여 있으면,

1. Test 1을 푼다.

    a. usherin.usher.co.kr > 시험리스트 > 라이팅시험리스트로 가서 실전연습 프로그램을 실행한다.

    b. 실전연습 프로그램을 쓸 수 없는 경우, 반드시 컴퓨터 프로그램을 이용하여 답안을 작성한다. (손으로 쓰는 경우, 영어 타자연습이나 실전감각 익히기 등이 전혀 되지 않는다) 또, 핸드폰이나 시계 등을 이용하여 시간을 정확히 잰다. (통합형: 20분 / 독립형: 30분)

    c. 가급적 홈페이지의 실전연습 프로그램을 실행하도록 한다.

2. 해설집을 참고하여 문제를 확인한다.

3. 통합형 문제는 모범 답안을 참고하여 자신의 답안을 점검하고, 개선해야 할 점을 확인한다.

4. 자기 평가표를 펼쳐놓고, 모범 답안을 참고하여 자신의 답안을 점검하고, 개선해야 할 점을 확인한다.

5. 통합형의 경우, 해설집의 내용을 자신이 note-taking한 것과 비교해본다. 못 알아들은 부분이 있으면 script를 확인해보고, 완벽하게 들릴 때까지 받아쓰기 연습(dictation)이나 따라읽기 연습(shadowing)을 할 수도 있다.

6. 위 3번에서 외운 모범 답안과 해설집의 표현들을 제대로 외웠는지 반드시 확인한다.

"복습"이라고 쓰여있으면,

1. 해당 Test를 다시 푼다.

2. 시간을 재지 않고 답안을 다시 작성하여 처음 것과 비교한다.

usherin.usher.co.kr

USHER
iBT TOEFL
Integrated Task
Strategies

반드시 유의하자!

1. 문제가 무엇을 원하는가?
글 실력이 좋아도 내용이 문제와 맞지 않으면
절대 고득점을 받을 수 없다.
아무리 익숙해져도 문제는 꼭 듣고 답하자.

2. 사소한 실수에 신경 쓰자.
어려운 내용을 파악해서 훌륭한 글을 쓰는 수고를 해도
오타나 철자와 같은 작은 실수 때문에 어이없이 감점을 당하는 수가 있다.
수없이 반복하여 연습하고, 긴장하며 글을 쓰자.

3. 다양한 표현을 쓰자.
똑같은 단어나 표현을 반복하는 것은
표현력에 한계가 왔다는 것을 증명하는 격이 된다.
자신이 알고 있는 많은 표현을 쓰려 노력하고,
평소에 다양한 어휘를 익혀두자.

4. 시간을 체크해가면서 답안을 작성하자.
글 쓰는 데에 집중하다 보면
시계를 안 보게 되는 수가 있다.
마음속으로 정한 시간에 맞춰 내용을 전개해야
체계적인 답안 작성이 가능하다.

Integrated Task 통합형 문제

USHER iBT TOEFL WRITING (어셔 iBT 토플 라이팅)

문제의 순서

●●● 1. 읽기 지문 (제한시간 3분)

- 약 300자 내외의 논설문과, 그 주장을 뒷받침할 **3가지 근거**가 나온다.

- 읽기 지문은 강의가 끝난 뒤, 답안을 작성할 때 다시 볼 수 있으므로, 내용은 이해하되 외우려 하지 말 것.

- 어느 정도 숙련된 학생이라면, 지문을 다 읽는데 3분이 채 걸리지 않는다. 남은 시간을 강의를 더 잘 듣기 위해 다음과 같은 준비를 하자

  a. 3가지 요점을 반드시 정리한다. 이 내용은 강의에서도 다시 언급된다.
  b. 완벽하게 이해하지 못한 부분은 다시 읽어서 이해하려 노력한다.
  c. 단어를 찾아 읽어보면서 어떻게 발음이 될지 예상해 본다. 익숙하지 않은 발음의 단어라면 들리지 않을 가능성이 높기 때문이다. (고유명사 > 전문용어 > 모르는 단어 > 긴 단어 순)

●●● 2. 강의 내용 (재생시간 약 2분)

- 스크립트 상으로 약 300자 내외의 내용이다. 읽기 지문에서 나왔던 **3가지 근거를 일일이 반박**한다.

- 이미 읽은 내용의 반대이기 때문에 내용은 어느정도 뻔하다. 중요한 건 그 **이유와 detail**이다 - 하나라도 놓치지 말자.

- 하나의 요점에 **두 개의 근거나 detail**이 나오는 경우가 있다. 이런 경우, 반드시 **둘 다 잡아야** 한다.

3. 답안 작성 (제한시간 20분)

- 150 ~ 225자 길이의 요약문을 쓴다. 150자 보다 짧은 것은 문제가 되지만 225자를 초과 하는 것은 큰 문제가 되지 않는다. (**다만**, 너무 길게 쓰는 것은 주의 하자)

- 답안을 작성하는 내내 단어수가 표시되므로, 크게 의식할 필요는 없다. 또, 단어 수를 넘겼다고 해서 감점의 대상이 되는 것은 아니다. 225자를 넘겨도 만점을 받을 수 있지만, **양보다 중요한 것은 질이다.**

- 답안을 작성하는 20분 내내, 왼쪽에는 읽기 지문이 다시 나온다. 내용을 확인하면서 진행하되, 가급적이면 보지 않는 것이 좋다. (글이나 표현이 읽기 지문의 그것과 비슷해지는 부작용이 생긴다) 가능한 **읽기 지문과 다른 표현, 그리고 다양한 표현**을 쓰는 것이 좋다. (paraphrasing)

- 시간이 남으면 검토를 하되, 처음부터 검토할 것을 염두에 두고 글을 쓰지는 말자. 쓰는 순간 꼼꼼히 쓰는 것이 가장 좋은 방법이며, 그렇게 습관을 들여야 한다. 나중에는 마음이 급해져 자신의 실수가 눈에 들어오지도 않는다.

5 RULES

1. 50%-66% 의 내용을 베껴라

- A. 2문장 있으면 1문장 베끼기
- B. 3-4문장 있으면 2문장 베끼기
- C. 5-6 문장 있으면 3문장 베끼기
- D. 7-8 문장 있으면 4문장 베끼기
- E. 문장 안에 semicolon (;)이 나오면 1문장 추가 해서 세기

2. 근거를 베낀다

3. 예시를 베끼지 않는다

- A. 특정한 시간이 언급되었을 경우 (i.e. Back in 1950~)
- B. 과학자들 언급되었을 경우
  (i.e. Scientists found out that or showed or proved, 동사가 과거형으로 나왔을 경우 예시)
- C. 숫자 나오면 (i.e. 500 plates, 3 bones) (*참고로 숫자랑 퍼센트는 달라요)
- D. When, If 로 시작 하는 문장들은 90% 예시

4. 근거와 내용이 겹치지 않는 문장을 적는다

5. 내용이 겹칠때에는 먼저 쓰인 문장을 적는다

Integrated Template

통합형 문제는 정형화 되어있기 때문에, 정해진 포맷의 답을 쓰면 편리하다. Template이란 이런 형태의 "틀"을 의미한다.

According to both the reading and the listening, they argue over ____+ 주제 (명사절 형태로)____ based on ____무엇을 논쟁 하는지____. The reading strongly asserts three possible theories about the idea, but the listening refutes each theory by providing three compelling reasons.

The reading claims that ____+ 5 rules 적용하세요____. The listening is against this because ____+들은 내용____.

The reading explains that ____+ 5 rules 적용하세요____. The listening refutes this because ____+들은 내용____.

The reading argues that ____+ 5 rules 적용하세요____. The listening opposes this because ____+들은 내용____.

Integrated Task 통합형 문제

Reading Passage

Carolina bays are elliptical depressions that are named after North and South Carolina. However, in fact, they cover various states in America, aside from the Carolinas. They are rich in diversity and can vary in size from one to several thousand acres. Such facts are known about these bays, but one thing that is unclear to this day is how the Carolina bays came into existence.

First, the theory that seems most plausible regarding the bays' origins is that of a meteorite explosion. The most striking feature about the bays is their uniform nature. Every single one of them is aligned in almost the exact same northwest-southeast direction. When seen from the ground, they may seem not out of the ordinary, but when viewed from the air, they are unmistakable ellipses. Also, some meteor fragments were found near, or even in, the Carolina bays.

Second, the sand in the Carolina bays does not contain any iron. Sand is made up of pieces of rock and minerals, including iron. For all that iron to have disappeared, something big would have had to cause it. It is presumed that the iron all disappeared due to the collision of an iron meteorite. When it clashed, it must have done so with so much pressure that the iron in the sands in the bay disappeared.

Finally, opposite from the iron disappearing from the sands of the bay, buckyballs appeared in the sands. Buckyballs are molecules composed entirely of carbon. They exist in interstellar dust, which is in outer space. However, these were found in not just one but many of the depressions of the Carolina bays. That could only mean that meteors had to have fallen there, because other than that, there would be no other explanation for its presence.

Listening Script

The Carolina bays' process of formation has remained an unanswered question for many decades now. Scientists have theorized about the possibility of a meteor crash, but there are a few reasons why this is probably not true, and remains just a theory.

First of all, the idea that the bays came to be because of a meteorite explosion isn't true. The evidence for this is not strong enough to prove it. The bays could have been formed because the sands at the bays moved due to the water currents. Since bays are located at the bottom of the ocean, the deep water currents down under must have been really strong. As a result, the different depths of the bays were able to develop. Now, this makes much more sense than a random meteorite explosion, does it not?

Next, let's consider the iron's disappearance. If what the reading says about the iron disappearing due to pressure from the explosion is true, then there must have been some evidence of it. The iron couldn't have just disappeared into thin air. As a result of all the iron being pressurized together, glass would have been produced. And if this was so, it should have been found by now with all the research done on the bays. However, no such glass has been found, so It makes more sense that the iron vanished due to a chemical process or something like that.

And last but not least, the bit about buckyballs! Yes, it is true that buckyballs exist in interstellar dust, but they can also be made by other ways, even man-made. They can just as easily be made by lightning, which is probably the way buckyballs were created in the Carolina bays. Thus, there is no need to jump to the conclusion that there was a meteorite explosion if the discovery of buckyballs is the only evidence that can be provided.

Sample Response

서문

  According to both the reading and the listening, they argue over Carolina bays based on how the Carolina bays came into existence. The reading strongly asserts three possible theories about the idea, but the listening refutes each theory by providing three compelling reasons.

본론 1

  The reading claims that the idea that the most plausible regarding the bays' origins is that of a meteorite explosion. 근거 1 The most striking feature about the bays is their uniform nature. Also, some meteor fragments were found near, or even in, the Carolina bays. The listening is against this because the bays were made by sand moving due to strong water currents.

본론 2

  The reading explains that the sand in Carolina bays does not contain any iron. 근거 2 Sand is made up of pieces of rock and minerals, including iron. It is presumed that the iron all disappeared due to the collision of an iron meteorite. The listening refutes this because if the iron in the sands were pressurized into disappearing, then a result of this pressure must have remained, such as glass. However, no such thing has been found, and thus the disappearance of iron must be a result of chemical reactions.

본론 3

  The reading argues that buckyballs appeared in the sands. 근거 3 They exist in interstellar dust, which is in outer space. However, these were found in not just one but many of the depressions of the Carolina bays. The listening opposes this because the discovery of buckyballs in the Carolina bays is not enough evidence of a meteorite explosion. Buckyballs can be formed by lightning, as well.

Integrated Task 통합형 문제

Reading Passage

주제
캐롤라이나 베이 (타원형의 함몰 지형)은 운석의 충돌로 생성되었다.

Carolina bays are elliptical depressions that are named after North and South Carolina. However, in fact, they cover various states in America, aside from the Carolinas. They are rich in diversity and can vary in size from one to several thousand acres. Such facts are known about these bays, but one thing that is unclear to this day is how the Carolina bays came into existence.

캐롤라이나 베이는 타원형의 함몰 지형으로써 노스와 사우스 캐롤라이나 주의 이름을 땄습니다. 하지만, 사실, 캐롤라이나 베이는 캐롤라이나 외에도 많은 주에 퍼져있습니다. 캐롤라이나 베이는 1에이커부터 몇 천 에이커까지 크기가 다양합니다. 이런 사실이 많이 알려졌지만, 불확실한 건 이 만(베이)들이 어떻게 형성됐는지 모른다는 겁니다.

근거 1
운석의 폭발
세부사항
일정하게 정렬되어 있고, 운석조각이 발견되었다.

First, the theory that seems most plausible regarding the bays' origins is that of a meteorite explosion. The most striking feature about the bays is their uniform nature. Every single one of them is aligned in almost the exact same northwest-southeast direction. When seen from the ground, they may seem not out of the ordinary, but when viewed from the air, they are unmistakable ellipses. Also, some meteor fragments were found near, or even in, the Carolina bays.

첫째로, 가장 현실적인 이론은 운석 폭발에 관한 것입니다. 베이의 가장 놀라운 특징은 모양이 다 똑같다는 겁니다. 베이 하나하나가 거의 정확하게 북서쪽에서 남동쪽으로 정렬되어 있습니다. 땅 위에서 보면 평범하지만, 공중에서 내려다보면 완벽한 타원형입니다. 또한 몇몇 운석조각이 캐롤라이나 베이 주변뿐 아니라, 땅 속에서도 발견되었습니다.

근거 2
철의 부재
세부사항
충돌의 엄청난 압력에 의해 철이 사라졌다.

Second, the sand in the Carolina bays does not contain any iron. Sand is made up of pieces of rock and minerals, including iron. For all that iron to have disappeared, something big would have had to cause it. It is presumed that the iron all disappeared due to the collision of an iron meteorite. When it clashed, it must have done so with so much pressure that the iron in the sands in the bay disappeared.

둘째로, 캐롤라이나 베이의 모래는 철분을 가지고 있지 않습니다. 모래는 암석이나, 혹은 철을 포함한 광물로 이루어져 있습니다. 모든 철이 없어지려면, 뭔가 큰 일이 벌어졌어야 합니다. 철은 철 운석이 충돌하면서 사라진 걸로 예상됩니다. 운석이 충돌했을 때 엄청난 압력이 캐롤라이나 베이의 철을 다 없앤 겁니다.

근거 3
벅키볼 (탄소분자)
세부사항
벅키볼은 우주 먼지에서 온 것이다.

Finally, opposite from the iron disappearing from the sands of the bay, buckyballs appeared in the sands. Buckyballs are molecules composed entirely of carbon. They exist in interstellar dust, which is in outer space. However, these were found in not just one but many of the depressions of the Carolina bays. That could only mean that meteors had to have fallen there, because there would be no other explanation for its presence.

마지막으로, 철이 사라진 것과 반대로, 모래에 벅키볼이 생겼습니다. 벅키볼이란, 순전히 탄소로만 이루어진 분자입니다. 이는 우주의 행성간 먼지 속에 있습니다. 하지만 이것은 베이 하나에서만 발견된 게 아니라, 여러 캐롤라이나 베이에서 발견됐습니다. 이를 설명할 다른 이유가 없기 때문에, 운석이 떨어진게 확실할 겁니다.

Listening Script

주제
운석의 충돌로 생성된 것이 아니다

The Carolina bays' process of formation has remained an unanswered question for many decades now. Scientists have theorized about the possibility of a meteor crash, but there are a few reasons why this is probably not true, and remains just a theory.

캐롤라이나 베이의 형성과정은 몇 십 년째 의문점으로 남아있습니다. 과학자들은 운석의 충돌에 관한 가설을 세웠지만, 이것이 사실이 아닌, 가설일 수 밖에 없는 이유가 몇 개 있습니다.

근거 1
모래가 움직여 생겼다
세부사항
베이가 해저에 있어 강한 조류의 영향을 받았을 것

First of all, the idea that the bays came to be because of a meteorite explosion isn't true. The evidence for this is not strong enough to prove it. The bays could have been formed because the sands at the bays moved due to the water currents. Since bays are located at the bottom of the ocean, the deep water currents down under must have been really strong. As a result, the different depths of the bays were able to develop. Now, this makes much more sense than a random meteorite explosion, does it not?

첫째, 운석의 폭발 때문에 베이가 생겼다는건 사실이 아닙니다. 이에 대한 증거가 약합니다. 캐롤라이나 베이는 물의 흐름 때문에 모래가 움직여 생겼을 수도 있습니다. 베이가 해저에 있어, 해저의 조류는 굉장히 강할 것이 분명합니다. 그 결과로 각각 깊이가 다른 베이가 생길 수 있었습니다. 이것이 뜬금없는 운석 폭발보다는 훨씬 더 믿을 만하지 않나요?

근거 2
철이 사라진것에 대한 증거가 없다
세부사항
유리가 생겼어야 하지만 유리가 발견되지 않았다

Next, let's consider the iron's disappearance. If what the reading says about the iron disappearing due to pressure from the explosion is true, then there must have been some evidence of it. The iron couldn't have just disappeared into thin air. As a result of all the iron being pressurized together, glass would have been produced. And if this was so, it should have been found by now with all the research done on the bays. However, no such glass has been found, so it makes more sense that the iron vanished due to a chemical process or something like that.

다음, 철이 사라진 것에 대해 얘기합시다. 만약, 운석 충돌에 의한 압력에 때문에 사라졌다는 지문에서의 주장이 사실이라면, 흔적이 있어야 합니다. 철이 갑자기 사라지진 않았을 겁니다. 철이 압력에 의해 사라진 결과로, 유리가 생겼을 것입니다. 만약 그랬다면, 이 정도 베이에 관한 연구를 했으면, 지금쯤 유리가 발견됐어야 합니다. 하지만, 유리는 발견되지 않았고… 그래서, 철이 화학반응 등을 통해 사라졌다는 것이 훨씬 더 믿을 만 합니다.

근거 3
버키볼은 다른 방법으로도 만들 수 있다
세부사항
번개를 통해서도 버키볼은 만들어질 수 있기때문

And last but not least, the bit about buckyballs! Yes, it is true that buckyballs exist in interstellar dust, but they can also be made by other ways, even man-made. They can just as easily be made by lightning, which is probably the way buckyballs were created in the Carolina bays. Thus, there is no need to jump to the conclusion that there was a meteorite explosion if the discovery of buckyballs is the only evidence that can be provided.

그리고 마지막으로, 버키볼에 대해서! 그렇습니다. 버키볼은 성간에만 있는 먼지입니다. 하지만, 이것들은 다른 방법으로, 심지어 인공적으로 만들어질 수도 있습니다. 또 벼락을 통해서 쉽게 만들어 질 수 있고 이것이 아마 캐롤라이나에 버키볼이 생긴 이유일 것입니다. 그래서, 버키볼의 발견이 유일한 증거라면 운석충돌 이라는 결론으로 비약할 필요가 없습니다.

토플 통합형 문제는 학생분들이 외국 대학교에서 교과서를 읽고 이해가 가능한지, 그리고 교수님의 강의를 이해할 수 있는지 확인하는 시험입니다. 그러다 보니 리딩에 대한 내용을 읽고 리스닝을 듣고 중요한 부분을 그대로 베끼면 됩니다. 문장을 요약하는 것이 아니라 그대로 베껴도 되는데 이는 ETS 홈페이지에 올라와 있는 루브릭에 의하면 학생들이 중요한 정보를 select만 해도 된다고 되어있기 때문입니다. 오히려 요약을 하면 5점 만점에 3점인 중요한 내용을 포함하고 있게 될 뿐입니다. 그러니 의심하지 마시고 어셔어학원에서 가르치는 방법에 따라서 통합형 리딩 지문을 그대로 베끼시기 바랍니다.

01 앞으로 라이팅 통합형 뼈대를 시작하시기 전에 (둘 중에 하나 골라서 외우세요.)

뼈대를 먼저 외우도록 하시겠습니다.

01. In the given set of materials, the reading passage and the lecture deal with 큰 주제 to debate (whether) 무엇을 토론 하는지. The reading passage is providing three pieces of evidence to prove its point, whereas the professor argues against it by providing three compelling rebuttals.

    The reading passage asserts the idea that   첫번째 바디 문단 리딩 지문 근거 및 내용 베끼기.
    The professor casts doubt because   리스닝 내용 들은것 만큼 작성하기.

    The reading passage claims that   두번째 바디 문단 리딩 지문 근거 및 내용 베끼기.
    The professor refutes the idea because   리스닝 내용 들은것 만큼 작성하기.

    The reading passage points out that   세번째 바디 문단 리딩 지문 근거 및 내용 베끼기.
    The professor challenges the idea because   리스닝 내용 들은것 만큼 작성하기.

02. According to both the reading and the listening, they argue over 큰 주제 based on whether 무엇을 토론하는지. The reading strongly asserts three possible theories about the idea, but the listening refutes each theory by providing three compelling reasons.

    The reading claims that   첫번째 바디 문단 리딩 지문 근거 및 내용 베끼기.
    The listening is against this because   리스닝 내용 들은것 만큼 작성하기.

    The reading explains that   두번째 바디 문단 리딩 지문 근거 및 내용 베끼기.
    The listening refutes this because   리스닝 내용 들은것 만큼 작성하기.

    The reading argues that   세번째 바디 문단 리딩 지문 근거 및 내용 베끼기.
    The listening opposes this because   리스닝 내용 들은것 만큼 작성하기.

02 FIVE RULES 를 외우도록 하시겠습니다

1. 50%~66%의 내용을 베낀다.

2. 근거를 베낀다.

3. 예시를 베끼지 않는다.

4. 근거와 내용이 겹치는 문장은 베끼지 않는다.

5. 내용이 겹칠 때에는 먼저 적힌 문장을 베낀다.

USHER
iBT TOEFL
WRITING
DAY 01

Integrated Task

지문 / 해석 / 모범 답안

자기 평가표

01 Music Lessons 음악수업 — Integrated Task

주제
음악수업은 필수과목일 필요가 없다.

The topic of whether or not elementary students should be forced to take music lessons in school has been hotly debated for a long time. The push for the inclusion of an hour of music lessons into the regular curriculum of elementary students is being made even stronger now, but should **cease**. These lessons would be a waste of resources and should not be held in **lieu** of more important subjects for many reasons.

초등학생에 대한 음악 수업 강요여부는 오랫동안 뜨겁게 논의되어 왔습니다. 초등학교 수업과정에 한 시간의 음악수업이 포함되어야 한다는 의견은 요새 더욱 강해졌지만, 이는 멈춰져야 합니다. 음악수업은 여러 면에서 자원낭비이며 다른 중요한 과목들의 자리를 **대신해선** 안됩니다.

근거 1
시간낭비
세부사항
중요한 과목에 더 시간을 쏟아야

Perhaps the most obvious reason is that ❶ the inclusion of a music lesson in a curriculum takes time away from more important lessons. Students should focus on learning subjects that are important for their futures and their integration into society. As there are a finite number of hours in a school day, schools shouldn't waste it teaching music when core subjects, such as math and reading, are more important to the actual educational development of students.

아마 가장 명백한 이유는, 음악수업을 교과 과정에 포함시키면 주요과목의 시간을 뺏기 때문입니다. 학생들은 자신의 미래와 사회참여를 위해 주요과목에 집중해야 합니다. 하루 수업시간이 제한되어 있어, 실제 학생들의 교육적 발달에 더 중요한 수학이나 읽기 같은 주요 과목들을 가르칠 시간을 음악에 낭비해선 안됩니다.

근거 2
재정적 문제
세부사항
높은 비용을 감당할 수 없음

Further, these ❷ music programs would be a **financial drain** on school systems that are already having trouble **balancing their budgets**. These school systems can't afford to add new, expensive programs to their budgets. Music classes would require funds for instrument purchases, maintenance and for music instructors' salaries, while current teachers are underpaid and there is a shortage of core subject books available.

게다가, 음악수업은 이미 **예산분배**에 문제를 겪는 학교들에게 **재정고갈**을 일으킬 것입니다. 학교는 비싼 새 프로그램을 예산에 포함시킬 여력이 없습니다. 음악 수업은 현직 교사들이 부족한 상황에, 악기 구입, 관리 그리고 음악교사의 월급을 위한 자금을 필요하게 합니다.

근거 3
일부에게만 이익
세부사항
음악 전공자가 아니면 도움이 되지 않음

Finally, ❸ music classes are beneficial only to those students who plan to become professional musicians. Other students gain nothing by these classes and will **disinterestedly** waste their time studying music when they could be studying the more important core subjects. Moreover, if a student truly plans to be a professional musician in the future, then that student must **exhaustingly** practice his or her instrument. One hour of in-school musical lessons per week will have little to no effect on their future musical **aspirations**.

마지막으로, 음악수업은 음악가가 되려는 학생들에게만 유익합니다. 다른 학생들은 이 수업에서 아무것도 얻지 못하고, 다른 주요과목들을 공부할 시간에 **무심하게** 음악공부에 시간을 낭비할 것입니다. 게다가, 미래에 음악인이 되고 싶다면, 그 학생은 **지칠 때까지** 악기를 연습해야 합니다. 일주일에 한 시간 음악수업은 그들 미래의 음악적 **욕심**에 거의 아무런 영향도 끼치지 않을 것입니다.

Vocabulary

hotly [hátli]	ad. 맹렬히	cease [si:s]	v. 그만두다, 그치다
in lieu of	phr. ~대신에 (=instead of)	financial drain	n. 자금낭비
balance budget	phr. 수지를 맞추다	disinterestedly [disíntrəstidli]	ad. 사심없이, 무관심하게
exhaustingly [igzɔ́:stiŋli]	ad. 기진맥진하게	aspiration [æ̀spərèiʃən]	n. 열망, 야심

01. Music Lessons 음악수업 — Integrated Task

STEP 01. 뼈대를 먼저 작성 해보도록 하겠습니다.

STEP 02. 큰주제란!
1. 최대 5단어이며
2. 전치사 접속사를 포함하고 있으면 안되고
3. 명사 형태입니다

STEP 03. 인트로 문단에서 큰 주제와 무엇을 토론하는지를 찾아서 작성해봅시다.

In the given set of materials, the reading passage and the lecture deal with _____ to debate (whether) _____. The reading passage is providing three pieces of evidence to prove its point, whereas the professor argues against it by providing three compelling rebuttals.

STEP 04. 이제 FIVE RULES를 적어 보도록 하겠습니다
1.
2.
3.
4.
5.

STEP 05. FIVE RULES에 근거하여서 베껴야 할 문장을 하이라이트 해봅시다.
1. 50%~66%의 내용을 베낀다.
   (바디마다 6문장이면 3문장 베끼고, 5문장이면 3문장, 4문장이면 2문장, 3문장이면 2문장, 2문장이면 1문장을 베낍니다.)
2. 근거를 베낀다.
   (근거란 인트로 문단에서 무엇을 토론하는지에 들어간 리딩이 주장하는 근거입니다.)
3. 예시를 베끼지 않는다.
   (예시란 과거에 대한 설명, 과거 사건 설명, 특정한 인물 및 배경 설명, 사례, 숫자적 언급이 사례입니다.)
4. 근거와 내용이 겹치지 않는 문장을 베낀다.
   (동전의 뒷면이 나왔다. 동전이 서지 않았고 앞면도 나오지 않았다는 같은 내용입니다.)
5. 내용이 겹칠 때에는 먼저 적힌 문장을 베낀다.
   (근거하고는 안겹치더라도 바디 문장안에서 서로 겹칠 수 있습니다. 그럴 때는 먼저 적힌 문장을 베끼세요.)

 리스닝을 듣고 노트 테이킹 합니다.

 하단에 리스닝 스크립트를 보고 학생분이 노트테이킹 한 내용과 비교합니다.

인트로 문단 부분은 노트테이킹 하실 필요가 없습니다. 리딩 지문에 3가지 이유에 대한 3가지 반박을 들으시면 됩니다.

While it takes time away
It gives children.
For instance, timing / mathematical skills.
Further, the tones / understand language.
For these reasons, music classes assist

equally as faulty.
wouldn't cost much / actually make money.
volunteer instructors / no salaries to worry about
leasing instruments, they could make money
reduce the cost for parents.

not vocational training ground (직업 훈련소)
music lessons / broaden their minds
students discover unknown talents

Music Lessons 음악수업 — Listening Script

주제
음악수업의 필요성

If you've read the textbook, you may be under the impression that music classes in the school are a giant waste of resources and time. This however isn't truly the case. The early acquisition of music yields great benefits that far outweigh the drawbacks listed by the author. In fact, each of the reasons listed is easily rebutted when considered more than **superficially**.

교재를 읽었다면, 학교에서의 음악수업이 큰 시간과 자원의 낭비라고 생각할 수 있습니다. 하지만 그렇지 않습니다. 어린 시절 음악의 습득은 글쓴이가 언급한 단점을 뛰어넘는 장점이 있습니다. 사실, 각각의 이유는 **보이는 것보다** 더 생각하면 쉽게 반박할 수 있습니다.

근거 1
타 과목에 도움됨
세부사항
수학이나 언어에 도움이 됨

Denying children music lessons due to time constraints is ludicrous. While it does take time away from core lessons, the skills learned in music class give children insight into other subjects. For instance, timing helps students learn mathematical skills and counting. Further, the tones present in music help students understand language better. For these reasons, time spent in music class assists rather than distracts from core subjects.

시간문제로 음악수업을 거부하는건 우스운 일입니다. 주요과목의 시간을 뺏긴 하지만, 음악수업에서 배운 건 아이들이 다른 과목에 통찰력을 갖게 합니다. 예를 들어, 박자감각은 수학과 셈법에 좋습니다. 또, 음악의 음조는 언어이해에 좋습니다. 그래서, 음악수업은 주요과목을 방해하기 보다는 도움을 줍니다.

근거 2
비용이 높지 않음
세부사항
자원봉사자들과 악기 대여를 통해 비용을 최소화

The reading passage's arguments about money are equally as **faulty**. Offering music classes wouldn't cost much, and could actually make the **school districts** money. By employing volunteer instructors, the school district would have no salaries to worry about, and by leasing instruments to students, they could make money on the classes. This would also reduce the cost for parents, as they wouldn't have to purchase instruments their child may only use for one year.

돈에 관한 지문의 주장도 **결점이 있습니다**. 음악수업은 돈이 많이 들지 않고, 사실상 **교육청**이 돈을 벌게 할 수 있습니다. 자원봉사 선생님들을 고용함으로써, 교육청은 월급 걱정을 할 필요가 없고, 학생들에게 악기를 빌려줌으로써 수업으로 돈을 벌 수 있습니다. 이는 아이들이 겨우 일 년 쓸 악기를 구입할 필요가 없게 해, 부모의 비용도 줄입니다.

근거 3
학교는 직업훈련소가 아님
세부사항
음악 전공자가 아니면 도움이 되지 않음

Finally, the argument stating that music classes only benefit those students already planning to be professional musicians is silly as well. Elementary schools are not **vocational training grounds**; they are educational centers. Students should take music lessons as a way to broaden their minds and make their lives fuller, not just because they want to be musicians. They may even lead students to discover or develop unknown talents which they may want to eventually turn into a career.

마지막으로, 음악수업이 음악인이 되려는 학생에게만 득이 된다는 주장도 어리석습니다. 초등학교는 **직업훈련소**가 아니라 교육시설입니다. 음악수업은 넓은 양식과, 보람된 삶을 위함이지, 단지 음악인이 되기 위함이 아닙니다. 음악수업은 평생의 업이 될지 모르는 숨은 재능을 찾아내 발전시켜줍니다.

Vocabulary

superficially [sùːpərfíʃəli]	a. 표면적으로	ludicrous [lúːdəkrəs]	a. 웃기는, 바보 같은
time constraints	phr. 시간의 제약	faulty [fɔ́ːlti]	a. 결점이 있는, 불완전한
school district	phr. 교육청	vocational training ground	phr. 직업 훈련소

USHER

 STEP 1. 리딩 베끼기 >  STEP 2. 리스닝 추려내기 >  STEP 3. 재료준비 끝 >  STEP 4. 작성하기 >  STEP 5. 답안

Sample Reading 작성 답안

1. 50%~66%의 내용을 베낀다.
   (바디마다 6문장이면 3문장 베끼고, 5문장이면 3문장, 4문장이면 2문장, 3문장이면 2문장, 2문장이면 1문장을 베낍니다.)
2. 근거를 베낀다.
   (근거란 인트로 문단에서 무엇을 토론하는지에 들어간 리딩이 주장하는 근거입니다.)
3. 예시를 베끼지 않는다.
   (예시란 과거에 대한 설명, 과거 사건 설명, 특정한 인물 및 배경 설명, 사례, 숫자적 언급이 사례입니다.)
4. 근거와 내용이 겹치지 않는 문장을 베낀다.
   (동전의 뒷면이 나왔다. 동전이 서지 않았고 앞면도 나오지 않았다는 같은 내용입니다.)
5. 내용이 겹칠 때에는 먼저 적힌 문장을 베낀다.
   (근거하고는 안겹치더라도 바디 문장안에서 서로 겹칠 수 있습니다. 그럴 때는 먼저 적힌 문장을 베끼세요.)

근거 1
시간낭비

세부사항
중요한 과목에 더 시간을 쏟아야

Perhaps the most obvious reason is that ❶ the inclusion of a music lesson in a curriculum takes time away from more important lessons. Students should focus on learning subjects that are important for their futures and their integration into society. As there are a finite number of hours in a school day, schools shouldn't waste it teaching music when core subjects, such as math and reading, are more important to the actual educational development of students.

아마 가장 명백한 이유는, 음악수업을 교과 과정에 포함시키면 주요과목의 시간을 뺏기 때문입니다. 학생들은 자신의 미래와 사회참여를 위해 주요과목에 집중해야 합니다. 하루 수업시간이 제한되어 있어, 실제 학생들의 교육적 발달에 더 중요한 수학이나 읽기 같은 주요 과목들을 가르칠 시간을 음악에 낭비해선 안됩니다.

근거 2
재정적 문제

세부사항
높은 비용을 감당할 수 없음

Further, these ❷ music programs would be a **financial drain** on school systems that are already having trouble **balancing their budgets**. These school systems can't afford to add new, expensive programs to their budgets. Music classes would require funds for instrument purchases, maintenance and for music instructors' salaries, while current teachers are underpaid and there is a shortage of core subject books available.

게다가, 음악수업은 이미 **예산분배**에 문제를 겪는 학교들에게 **재정고갈**을 일으킬 것입니다. 학교는 비싼 새 프로그램을 예산에 포함시킬 여력이 없습니다. 음악수업은 현직 교사들이 부족한 상황에, 악기 구입, 관리 그리고 음악교사의 월급을 위한 자금을 필요하게 합니다.

근거 3
일부에게만 이익

세부사항
음악 전공자가 아니면 도움이 되지 않음

Finally, ❸ music classes are beneficial only to those students who plan to become professional musicians. Other students gain nothing by these classes and will **disinterestedly** waste their time studying music when they could be studying the more important core subjects. Moreover, if a student truly plans to be a professional musician in the future, then that student must **exhaustingly** practice his or her instrument. One hour of in-school musical lessons per week will have little to no effect on their future musical **aspirations**.

마지막으로, 음악수업은 음악가가 되려는 학생들에게만 유익합니다. 다른 학생들은 이 수업에서 아무것도 얻지 못하고, 다른 주요과목들을 공부할 시간에 **무심하게** 음악공부에 시간을 낭비할 것입니다. 게다가, 미래에 음악인이 되고 싶다면, 그 학생은 **지칠 때까지** 악기를 연습해야 합니다. 일주일에 한 시간 음악수업은 그들 미래의 음악적 **욕심**에 거의 아무런 영향도 끼치지 않을 것입니다.

Sample Listening 작성 답안

인트로 문단 부분은 노트테이킹 하실 필요가 없습니다. 리딩 지문에 3가지 이유에 대한 3가지 반박을 들으시면 됩니다.

Music lessons assist students in understanding concepts related to the core subjects such as math and language.

Music classes are not a burden to school systems, and could be turned into a money making venture by leasing instruments for students to use during the classes.

Music lessons would broaden the mind of elementary students, exposing them to culture and possibly allowing them to discover unknown talents.

STEP 08. 리딩과 리스닝을 뼈대에 맞춰서 전체 다 작성해 보시겠습니다.

In the given set of materials, the reading passage and the lecture deal with _____ to debate (whether) _____. The reading passage is providing three pieces of evidence to prove its point, whereas the professor argues against it by providing three compelling rebuttals.

The reading passage asserts the idea that _____
_____
_____
_____. The professor casts doubt because _____
_____
_____
_____.

The reading passage claims that _____
_____
_____
_____. The professor refutes the idea because _____
_____
_____
_____.

The reading passage points out that _____
_____
_____
_____. The professor challenges the idea because ___
_____
_____
_____.

※ 42page의 모범답안의 뼈대와 이 페이지의 뼈대가 다른 이유는 시험보러 가셨을 때 다른 사람과 뼈대가 겹치지 말라고 일부러 다양하게 구성해 두었습니다.

Music Lessons 음악수업 — Integrated Task

서론

According to both the reading and the listening, they argue over music lessons **based on whether** these lessons would be a waste of resources. **The reading strongly asserts three possible theories about the idea, but the listening refutes each theory by providing three compelling reasons.**

본론 1

The reading claims that the inclusion of a music lesson in a curriculum takes time away from more important lessons. As there are a finite number of hours in a school day, schools shouldn't waste it teaching music when core subjects, such as math and reading, are more important to the actual educational development of students. **The listening is against this because** music lessons assist students in understanding concepts related to the core subjects such as math and language.

본론 2

The reading explains that these music programs would be a financial drain on school systems that are already having trouble balancing their budgets. Music classes would require funds for instrument purchases, maintenance and for music instructors' salaries, while current teachers are underpaid and there is a shortage of core subject books available. **The listening refutes this because** music classes are not a burden to school systems, and could be turned into a money making venture by leasing instruments for students to use during the classes.

본론 3

The reading argues that music classes are beneficial only to those students who plan to become professional musicians. One hour of in-school musical lessons per week will have little to no effect on their future musical aspirations. **The listening opposes this because** music lessons would broaden the mind of elementary students, exposing them to culture and possibly allowing them to discover unknown talents.

USHER
iBT TOEFL
WRITING
DAY 02

Integrated Task

지문 / 해석 / 모범 답안

자기 평가표

Compact Fluorescent Lamps 소형 형광등

02 | Integrated Task

STEP 1. 리딩 베끼기 > STEP 2. 리스닝 추려내기 > STEP 3. 재료준비 끝 > STEP 4. 작성하기 > STEP 5. 답안

주제 — 소형 형광등의 세가지 단점

A compact **fluorescent lamp**, widely known as CFL, is a new type of energy efficient lamp that is designed **to take the place of incandescent lamps**. Although the new lamp is considered to be energy efficient, it has more **demerits** than merits when compared to incandescent lamps, causing various problems while trying to solve the energy efficiency problem.

흔히 CFL이라 널리 알려진 소형 **형광등**은 **백열등을 대체**할 새로운 방식의 효율적인 전구입니다. 이 새로운 전구는 에너지 효율이 높다고 알려져 있지만, 백열등보다 효율을 높이려다 더 많은 문제를 야기시키므로 장점보다 **단점**이 많습니다.

근거 1 — 높은 가격

세부사항 — 비슷한 밝기의 백열등보다 3배 이상 비싸다

First, ❶ the price of a CFL is way too high, when compared to the benefits it provides. The purchase price of a CFL is, usually, 3 to 10 times greater than that of an incandescent lamp. This high price prevents consumers from purchasing it. When buying lamps with the same watt, consumers have to pay much more for CFL lamps than for incandescent lamps, even though there is no difference in the power that the lamps have. From the perspective of the average consumer, it is a waste.

첫째로, CFL의 가격은 장점에 비해 가격이 너무 높은 편입니다. CFL가격은 백열등과 비교 했을 때 보통 3~10배 가량 높습니다. 이런 높은 가격은 소비자들이 구매를 망설이게 합니다. 같은 전력의 전구를 살 때, 소비자는 밝기의 차이가 없음에도 백열등보다 FCL을 구입할 때 훨씬 많은 돈을 지불해야 합니다. 일반적인 소비자의 입장에서 볼 때, 이는 낭비입니다.

근거 2 — 환경에 악영향

세부사항 — 안에 들어있는 수은이 문제를 일으킨다

Second, ❷ CFLs contain mercury, which causes environmental problems. Even a small amount of mercury is poisonous and results in air and water pollution. When mercury from the lamps is released or accumulated in landfills and **septic tanks**, the effect of it is **detrimental**. Moreover, the disposal of CFLs has become a problem to be solved, since each state has different rules for their disposal. While people dispose CFLs as universal waste, the recycling of the lamps should be urged.

둘째로, CFL은 환경문제를 일으키는 수은이 들어있습니다. 소량의 수은도 독성이 있고 공기와 수질오염을 초래합니다. 전구속 수은이 방출되어 매립지나 **하수도 탱크**에 쌓일 때, 그 영향은 **해롭습니다**. 게다가 CFL의 배출은 해결해야 할 숙제가 되고 있는데, 이는 주마다 CFL 처리원칙이 다르기 때문입니다. 사람들은 CFL를 일반쓰레기로 처리하지만 전구의 분리수거는 권고돼야 합니다.

근거 3 — 건강에 안좋다

세부사항 — 수등기는 폐 손상을 자외선은 피부암을 일으킨다

❸ The last, major problem of CFLs is related to health. Mercury in the lamps not only results in environmental problems, but also causes health problems. Similar to **kerosene** lamps, which release fumes that result in **chronic** lung disorders, CFLs can also damage lungs when the mercury vapor is breathed in. CFLs emit the ultraviolet (UV) rays that put health in risk and people with sensitive skin, or rare skin conditions, may even develop skin cancer. [308]

CFL의 마지막 문제는 건강과 관련있습니다. 전구 속 수은은 환경뿐 아니라, 건강 문제도 일으킵니다. **만성**폐질환을 유발하는 연기를 뿜는 **등유**램프처럼, CFL의 수은 증기를 들이마시면, 폐를 손상시킬 수 있습니다. CFL은 자외선을 방출해 건강을 위협하는데, 피부가 민감하거나, 피부체질이 특이하면 피부암까지 걸릴 수도 있습니다.

Vocabulary

fluorescent [flùrəsnt]	a. 형광성의	to take the place of	phr. ~을 대신하다, 대체하다
incandescent [ìnkəndésnt]	a. 고온에 의해 생기는	demerit [dimérit]	n. 결점, 단점
septic tank [séptiktæŋk]	n. 하수철 탱크	detrimental [dètrəméntl]	a. 해로운
kerosene [kèrəsìːn]	n. 등유, 등불용 석유	chronic [kránik]	a. 습관이 된, 오래된, 만성인

02. Compact Fluorescent Lamps 소형 형광등

Integrated Task

STEP 01. 뼈대를 먼저 작성 해보도록 하겠습니다.

STEP 02. 큰주제란!

1. 최대 5단어이며
2. 전치사 접속사를 포함하고 있으면 안되고
3. 명사 형태입니다

STEP 03. 인트로 문단에서 큰 주제와 무엇을 토론하는지를 찾아서 작성해봅시다.

In the given set of materials, the reading passage and the lecture deal with _____ to debate (whether) _____. The reading passage is providing three pieces of evidence to prove its point, whereas the professor argues against it by providing three compelling rebuttals.

STEP 04. 이제 FIVE RULES를 적어 보도록 하겠습니다

1.
2.
3.
4.
5.

STEP 05. FIVE RULES에 근거하여서 베껴야 할 문장을 하이라이트 해봅시다.

1. 50%~66%의 내용을 베낀다.
   (바디마다 6문장이면 3문장 베끼고, 5문장이면 3문장, 4문장이면 2문장, 3문장이면 2문장, 2문장이면 1문장을 베낍니다.)
2. 근거를 베낀다.
   (근거란 인트로 문단에서 무엇을 토론하는지에 들어간 리딩이 주장하는 근거입니다.)
3. 예시를 베끼지 않는다.
   (예시란 과거에 대한 설명, 과거 사건 설명, 특정한 인물 및 배경 설명, 사례, 숫자적 언급이 사례입니다.)
4. 근거와 내용이 겹치지 않는 문장을 베낀다.
   (동전의 뒷면이 나왔다. 동전이 서지 않았고 앞면도 나오지 않았다는 같은 내용입니다.)
5. 내용이 겹칠 때에는 먼저 적힌 문장을 베낀다.
   (근거하고는 안겹치더라도 바디 문장안에서 서로 겹칠 수 있습니다. 그럴 때는 먼저 적힌 문장을 베끼세요.)

 리스닝을 듣고 노트 테이킹 합니다.

 하단에 리스닝 스크립트를 보고 학생분이 노트테이킹 한 내용과 비교합니다.

인트로 문단 부분은 노트테이킹 하실 필요가 없습니다. 리딩 지문에 3가지 이유에 대한 3가지 반박을 들으시면 됩니다.

the cost of using CFLs.
initial price of a CFL is a little higher
the long term is lower
The lifespan of a CFL is 8 to 15 times longer

mercury in CFLs is not a problem
recycling prevents mercury from polluting
the used CFLs can be reused

the health problems are very rare situations.
The UV rays are problematic
when people are exposed to the light for long time at distances less than 20cm which seldom happens.
Moreover, it is too small to cause skin cancer.

Compact Fluorescent Lamps 소형 형광등

Listening Script

주제
소형 형광등의 단점은 과장되었다

The article about compact fluorescent lamps in your textbook may have given you the wrong perception of them. All the points made in the article are **invalid** since it exaggerated the small flaws of these lamps. CFLs may appear to have several problems which would prevent people from using them, but they are all solvable and some are even unreasonable and irrational.

소형 형광등에 관한 교재의 글은 잘못된 인식을 심어줄 수 있습니다. 글의 요점들은 전구의 작은 결함들을 과장한 것들이라 **무의미합니다.** CFL은 사람들이 못 쓸 만큼 문제가 많은 것 같지만, 모두 해결가능하고 어떤 건 말도 안 됩니다.

근거 1
비용효율이 높음
세부사항
비용 이상으로 오래 쓸 수 있어 더 저렴하다

First, let's look at the cost of using CFLs. Well, the **initial** price of a CFL is a little higher than that of an incandescent lamp, but if you consider the long term costs of using these bulbs, you will definitely choose to purchase CFLs. The lifespan of a CFL is 8 to 15 times longer than that of an incandescent lamp. CFLs can be used for 6,000 to 15,000 hours on average, whereas incandescent lamps can be used for only 750, to a maximum 1000, hours. As a result, you will have to spend more money for lighting if you choose to use incandescent lamps.

첫째, CFL의 비용에 대해 알아봅시다. CFL의 **처음** 구입가는 백열등보다 좀 높지만, 이 전구를 오래 쓰는 비용을 고려하면, 당신은 분명히 CFL을 살겁니다. CFL수명은 백열등보다 8~15배 더 깁니다. 보통 CFL은 6,000~15,000시간 쓸 수 있지만, 백열등은 750~1000시간 쓸 수 있습니다. 결과적으로, 백열등을 쓰기로 한다면, 조명에 더 많은 돈을 써야 합니다.

근거 2
충분히 관리 가능
세부사항
분리수거만 제대로 하면, 수은은 문제될 게 없음

Second, the small amount of mercury in CFLs is not a problem when CFLs are properly recycled. Proper recycling of the lamps prevents mercury from polluting the environment. When you separate CFLs from **generic** household waste and keep them unbroken, there is no danger of spilling mercury into the environment. Moreover, even the used CFLs can be reused by manufacturing them into new glass products.

둘째, 제대로 재활용 되면 CFL안의 소량의 수은은 문제도 아닙니다. 전구의 올바른 재활용은 수은으로 인한 환경오염을 막을 수 있습니다. CFL을 **일반** 가정의 쓰레기에서 분리해 안 깨지게 보관하면, 수은이 샐 위험은 없습니다. 게다가, 한번 쓴 CFL은 새로운 유리제품으로 만들어 다시 쓸 수 있습니다.

근거 3
건강문제 없음
세부사항
자외선과 피부 문제는 현실성 없음

Lastly, CFLs could only cause the health problems mentioned in the article in very rare situations. The UV rays from the lamps are only problematic when people are exposed to the light for long time at distances less than 20cm which seldom happens. Moreover, the UV radiation from the lamps is too small to cause skin cancer, so the worst that could happen due to exposure to these lamps is sensitivity which only occurs in people with **pre-existing** skin diseases or rare skin conditions. [328]

마지막으로, CFL이 앞서 언급된 건강문제를 일으키긴 어렵습니다. 전구의 자외선은 20cm 이내에서 오래 쬐어야 문제가 되는데 이런 일은 거의 없습니다. 게다가, 전구의 자외선은 피부암을 일으키기엔 양이 너무 적고, 전구에 노출되어 일어날 수 있는 최악의 상황은 **이미** 피부질환이 **있거나** 피부체질이 특이한 사람에게만 일어나는 예민함 정도입니다.

Vocabulary

invalid [ìnvəlid/-lìːd]	n. 효력 없는, 무효의	initial [iníʃəl] a. 처음의, 초기의
generic [dʒnérik]	a. 일반	pre-existing a. 이전부터 존재하는

USHER

근거 1
높은 가격

세부사항
비슷한 밝기의 백열등보다 3배 이상 비싸다

First, ❶ the price of a CFL is way too high, when compared to the benefits it provides. The purchase price of a CFL is, usually, 3 to 10 times greater than that of an incandescent lamp. This high price prevents consumers from purchasing it. When buying lamps with the same watt, consumers have to pay much more for CFL lamps than for incandescent lamps, even though there is no difference in the power that the lamps have. From the perspective of the average consumer, it is a waste.

첫째로, CFL의 가격은 장점에 비해 가격이 너무 높은 편입니다. CFL가격은 백열등과 비교 했을 때 보통 3~10배 가량 높습니다. 이런 높은 가격은 소비자들이 구매를 망설이게 합니다. 같은 전력의 전구를 살 때, 소비자는 밝기의 차이가 없음에도 백열등보다 FCL을 구입할 때 훨씬 많은 돈을 지불해야 합니다. 일반적인 소비자의 입장에서 볼 때, 이는 낭비입니다.

근거 2
환경에 악영향

세부사항
안에 들어있는 수은이 문제를 일으킨다

Second, ❷ CFLs contain mercury, which causes environmental problems. Even a small amount of mercury is poisonous and results in air and water pollution. When mercury from the lamps is released or accumulated in landfills and **septic tanks**, the effect of it is **detrimental**. Moreover, the disposal of CFLs has become a problem to be solved, since each state has different rules for their disposal. While people dispose CFLs as universal waste, the recycling of the lamps should be urged.

둘째로, CFL은 환경문제를 일으키는 수은이 들어있습니다. 소량의 수은도 독성이 있고 공기와 수질오염을 초래합니다. 전구속 수은이 방출되어 매립지나 **하수도 탱크**에 쌓일 때, 그 영향은 **해롭습니다**. 게다가 CFL의 배출은 해결해야 할 숙제가 되고 있는데, 이는 주마다 CFL 처리원칙이 다르기 때문입니다. 사람들은 CFL를 일반쓰레기로 처리하지만 전구의 분리수거는 권고돼야 합니다.

근거 3
건강에 안좋다

세부사항
수등기는 폐 손상을 자외선은 피부암을 일으킨다

❸ The last, major problem of CFLs is related to health. Mercury in the lamps not only results in environmental problems, but also causes health problems. Similar to **kerosene** lamps, which release fumes that result in **chronic** lung disorders, CFLs can also damage lungs when the mercury vapor is breathed in. CFLs emit the ultraviolet (UV) rays that put health in risk and people with sensitive skin, or rare skin conditions, may even develop skin cancer. [308]

CFL의 마지막 문제는 건강과 관련있습니다. 전구 속 수은은 환경뿐 아니라, 건강 문제도 일으킵니다. **만성**폐질환을 유발하는 연기를 뿜는 **등유**램프처럼, CFL의 수은 증기를 들이마시면, 폐를 손상시킬 수 있습니다. CFL은 자외선을 방출해 건강을 위협하는데, 피부가 민감하거나, 피부체질이 특이하면 피부암까지 걸릴 수도 있습니다.

Sample Listening 작성 답안

인트로 문단 부분은 노트테이킹 하실 필요가 없습니다. 리딩 지문에 3가지 이유에 대한 3가지 반박을 들으시면 됩니다.

the price of CFLs is not expensive at all when we think of their long-term use. It is more expensive to purchase incandescent lamps since they have to be changed much more frequently.

environmental pollution due to the mercury in the bulbs, can be prevented through properly recycling. Regulation regarding the disposal of CFLs can prevent the pollution.

health problems occur to those with special skin conditions and only unrealistic uses of the lamps can cause a health risk to average people. In addition, it is not true that UV rays from the lamps can cause skin problems since the amount emitted is much too small.

STEP 08 | 리딩과 리스닝을 뼈대에 맞춰서 전체 다 작성해 보시겠습니다.

In the given set of materials, the reading passage and the lecture deal with _____ to debate (whether) _____. The reading passage is providing three pieces of evidence to prove its point, whereas the professor argues against it by providing three compelling rebuttals.

The reading passage asserts the idea that _____
_____
_____
_____. The professor casts doubt because _____
_____
_____
_____
_____.

The reading passage claims that _____
_____
_____
_____. The professor refutes the idea because _____
_____
_____
_____
_____.

The reading passage points out that _____
_____
_____
_____. The professor challenges the idea because ___
_____
_____
_____
_____.

※ 50page의 모범답안의 뼈대와 이 페이지의 뼈대가 다른 이유는 시험보러 가셨을 때 다른 사람과 뼈대가 겹치지 말라고 일부러 다양하게 구성해 두었습니다.

USHER

02. Compact Fluorescent Lamps 소형 형광등 — Integrated Task

STEP 1. 리딩 베끼기 > STEP 2. 리스닝 추려내기 > STEP 3. 재료준비 끝 > STEP 4. 작성하기 > STEP 5. 답안

서론

According to both the reading and the listening, they argue over compact fluorescent lamps **based on whether** they can solve energy efficient problem. **The reading strongly asserts three possible theories about the idea, but the listening refutes each theory by providing three compelling reasons.**

본론 1

The reading claims that the price of a CFL is way too high, when compared to the benefits it provides. This high price prevents customers from purchasing it. From the perspective of the average customer, it is a waste. **The listening is against this because** the price of CFLs is not expensive at all when we think of their long-term use. It is more expensive to purchase incandescent lamps since they have to be changed much more frequently.

본론 2

The reading explains that CFLs contain mercury, which causes environmental problems. Moreover, the disposal of CFLs has become a problem to be solved, since each state has different rules for their disposal. While people dispose CFLs as universal waste, the recycling of the lamps should be urged. **The listening refutes this because** environmental pollution due to the mercury in the bulbs, can be prevented through properly recycling. Regulation regarding the disposal of CFLs can prevent the pollution.

본론 3

The reading argues that major problem of CFLs is related to health. CFLs emit the ultraviolet (UV) rays that put health in risk and people with sensitive skin, or rare skin conditions, may even develop skin cancer. **The listening opposes this because** health problems occur to those with special skin conditions and only unrealistic uses of the lamps can cause a health risk to average people. In addition, it is not true that UV rays from the lamps can cause skin problems since the amount emitted is much too small.

USHER
iBT TOEFL
WRITING
DAY 03

Integrated Task

지문 / 해석 / 모범 답안

자기 평가표

USHER

03. Online Degrees 인터넷 학위제 — Integrated Task

STEP 1. 리딩 베끼기 > STEP 2. 리스닝 추려내기 > STEP 3. 재료준비 끝 > STEP 4. 작성하기 > STEP 5. 답안

주제
인터넷 학위제의 세 가지 단점

An online degree program refers to completing, or advancing, education by acquiring academic credits online. It is a kind of **distance learning** programs, which removes physical barriers between the school and the student, allows people to receive education from the institutions of their choices, no matter where they happen to live. However, this is a troubling trend because it may bring unfortunate **side effects** despite its various advantages.

온라인 학위제란 인터넷으로 학점을 취득해 공부를 계속하거나 끝내는 것입니다. 이 제도는 학교와 학생간 물리적 장애물을 없애는 **원격** 제도의 일종으로, 사람들이 어디에 살던 원하는 곳에서 교육을 받게 해줍니다. 하지만, 여러 이점에도 불구하고 이는 **부작용**을 일으킬 수 있는 문제적 경향입니다.

근거 1
사람들이 잘 모름
세부사항
일반적 대학교육을 선호해서 취업할 때 불이익

While an increasing number of people are acquiring education through distance learning programs, not everyone is familiar with them. This may **jeopardize** people when they are trying to find jobs, since human resources agents in charge of hiring new employees tend to prefer students with **undergraduate** degrees to those with online degrees. People may regard online degree programs as inferior since ❶ they don't have much knowledge about them.

원격으로 공부하는 사람들의 수가 점점 늘고 있지만, 모두에게 잘 알려져 있지는 않습니다. 신입사원을 고용하는 인사담당자들이 온라인 학위보다 **대학교 학위**를 선호해서, 취업할 때 사람들을 **곤란에 빠뜨릴** 수 있습니다. 사람들은 잘 알지 못해서 원격교육이 열등하다고 생각할 수 있습니다.

근거 2
사교성의 부재
세부사항
다른 학생들과 교류하는 능력이 떨어질 수 있음

Unfortunately, there is something else that students may miss out when taking an online degree program. Many people argue that distance learning program graduates lack social and interpersonal skills because they are isolated from their fellow students. Traditional classroom settings act as communities that prepare students to become socially active after graduation. This is much harder to **replicate** online. Therefore, graduates who have not experienced interpersonal interactions with others ❷ may have a hard time adjusting to social life.

불행히도, 학생들이 온라인 학위제에 등록하면 놓치는게 있습니다. 많은 사람들은 원격교육 졸업생들이 다른 학생들과 떨어져 있어 사회성이나 사교성이 떨어진다 주장합니다. 전통적 교실환경은 학생들의 졸업 이후의 사교활동을 준비시키는 공동체로써의 역할을 합니다. 이를 인터넷으로 **옮겨놓기**는 힘듭니다. 따라서, 남들과의 사회적 교류를 경험하지 못한 졸업생은 사회적응이 힘들 수 있습니다.

근거 3
신뢰할 수 없음
세부사항
직접 관리가 되지 않아 여러 부정행위가 가능함

❸ Being taught online may also leave room for cheating or **slacking off** as well. Since students are left alone at home taking quizzes or writing essays, they may use **secondhand** help. Not only that, they may also use other sources, such as the internet, while taking exams because they are not under direct **supervision**.

온라인으로 배우는건 부정행위나 **태만함**의 여지를 남깁니다. 시험을 보거나 논문을 쓸 때 집에 혼자 있기 때문에, **간접적인** 도움을 이용할 수 있습니다. 뿐만 아니라, 학생들은 직접적인 **관리**하에 있지 않기 때문에 인터넷 같은 다른 자료들을 사용할 수 있습니다.

Vocabulary

distance learning	n. 원격	side effects	n. 부작용
jeopardize [dʒépərdàiz]	v. ~을 위태롭게 하다	undergraduate	n. 학부생 / a. 학부의
replicate [répləkèit]	v. 복제하다	slack off [slækɔːf]	n. 태업
secondhand [sékəndhænd]	a. 중고의, 간접적인	supervision [sùːpərvíʒən]	n. 감독, 관리, 지휘

03 Online Degrees 인터넷 학위제 — Integrated Task

STEP 01 뼈대를 먼저 작성 해보도록 하겠습니다.

STEP 02 큰주제란!
1. 최대 5단어이며
2. 전치사 접속사를 포함하고 있으면 안되고
3. 명사 형태입니다

STEP 03 인트로 문단에서 큰 주제와 무엇을 토론하는지를 찾아서 작성해봅시다.

In the given set of materials, the reading passage and the lecture deal with _____ to debate (whether) _____. The reading passage is providing three pieces of evidence to prove its point, whereas the professor argues against it by providing three compelling rebuttals.

STEP 04 이제 FIVE RULES를 적어 보도록 하겠습니다

1.
2.
3.
4.
5.

STEP 05 FIVE RULES에 근거하여서 베껴야 할 문장을 하이라이트 해봅시다.

1. 50%~66%의 내용을 베낀다.
   (바디마다 6문장이면 3문장 베끼고, 5문장이면 3문장, 4문장이면 2문장, 3문장이면 2문장, 2문장이면 1문장을 베낍니다.)
2. 근거를 베낀다.
   (근거란 인트로 문단에서 무엇을 토론하는지에 들어간 리딩이 주장하는 근거입니다.)
3. 예시를 베끼지 않는다.
   (예시란 과거에 대한 설명, 과거 사건 설명, 특정한 인물 및 배경 설명, 사례, 숫자적 언급이 사례입니다.)
4. 근거와 내용이 겹치지 않는 문장을 베낀다.
   (동전의 뒷면이 나왔다. 동전이 서지 않았고 앞면도 나오지 않았다는 같은 내용입니다.)
5. 내용이 겹칠 때에는 먼저 적힌 문장을 베낀다.
   (근거하고는 안겹치더라도 바디 문장안에서 서로 겹칠 수 있습니다. 그럴 때는 먼저 적힌 문장을 베끼세요.)

 리스닝을 듣고 노트 테이킹 합니다.

 하단에 리스닝 스크립트를 보고 학생분이 노트테이킹 한 내용과 비교합니다.

인트로 문단 부분은 노트테이킹 하실 필요가 없습니다. 리딩 지문에 3가지 이유에 대한 3가지 반박을 들으시면 됩니다.

First, there is a variety of resources.
Also, the reviews tend to be updated.

students join the class discussion.
they get an equal opportunity to interact
international companies communicate through online messaging.

Finally, evaluations are timed carefully.
Also, the numerous programs match words with those from internet

Online Degrees 인터넷 학위제

Listening Script

주제
인터넷 학위제의 단점에 대한 반박

It is often said that an online degree program is not as good as in person, on campus education. Looking closely into it, we can find numerous benefits of distance learning programs.

종종 원격교육은 캠퍼스 교육보다 좋지 않다고 합니다. 자세히 들여다 보면, 우리는 원격교육의 많은 이점을 찾을 수 있습니다.

근거 1
요즘은 잘 알려져 있다
세부사항
온라인 학위제에 대한 평가가 활발히 이루어짐

First, people may not have much knowledge of online degree programs, but there are a variety of sources that they can use to see the rankings and the reviews of online programs. While the rankings of regular colleges or universities only reflect the academic performances, those of online programs include several aspects such as reviews on the quality of lectures and curriculum. Also, the reviews of distance learning programs **tend to** be updated **routinely**. So, with reviews, rankings, and more, people can better understand what each institution has to offer.

첫째, 사람들이 온라인 학위제에 대한 지식이 많지 않을 수 있지만 온라인 학위제의 순위나 평가를 볼 수 있는 곳이 많습니다. 대학교 순위는 학업성적만 반영하지만, 온라인 학위제 순위는 강의나 이수과정 평가와 같은 다양한 부분을 포함합니다. 또한, 원격교육에 대한 평가는 **정기적으로** 갱신되는 **경향이 있습니다**. 그러므로, 사람들은 평가나 순위 등을 통해 각 교육기관이 어떤지 더 잘 알 수 있습니다.

근거 2
온라인으로 토론함
세부사항
최근에 요구되는 온라인 소통능력을 키울 수 있음

Now, let's talk about the lack of social interactions the students may experience. Every student in an online course gets a chance to contribute and join the class discussion. Which means, they get an equal opportunity to interact with other students. Further, a distance learning program enables students to acquire online communication skills which can benefit them in the future. Think about the rise of international companies that communicate globally through online messaging. In **keeping up with** recent trends, online degree programs teach skills that are required by such companies.

이제 학생들이 경험할지 모를 사회적 교류의 부재에 대해 말해봅시다. 모든 온라인 학생들은 토론참가 기회를 갖습니다. 즉, 다른 학생과 교류할 동등한 기회를 갖는다는 거죠. 게다가, 원격교육은 나중에 학생들에게 도움이 될 온라인 소통능력을 갖게 합니다. 인터넷으로 세계와 소통하는 다국적기업들의 성장을 생각해보세요. 이에 **걸맞게**, 온라인 학위제는 그런 회사들에서 요구하는 기술을 가르칩니다.

근거 3
부정행위를 할 수 없음
세부사항
엄격한 시간관리와 표절방지 프로그램 등 장치가 많음

Finally, it's possible to think that students may have **inappropriate** help while taking exams or assignments. However, contrary to popular belief, such evaluations are timed carefully. Also, with online courses, all of the essays and exams are **submitted** online, right? Due to this, don't you think it's easier to detect cheating or **plagiarizing**? Think about the numerous programs that automatically match your words with those from internet sources or of other students. So, the theory that an online program is just an easier way of getting good grades is invalid. [302]

끝으로, 시험을 보거나 과제를 할 때 **부당한** 도움을 받을 수 있다 생각할 수 있습니다. 허나, 알려진 바와 달리, 이런 시험은 주의 깊게 시간을 잽니다. 또, 온라인 수업의 모든 논문과 시험은 온라인으로 **제출되지** 않습니까? 이래서, 부정행위나 **표절**을 찾기 쉽지 않을까요? 당신 글을 다른 학생이나 인터넷과 자동 비교하는 많은 프로그램들을 생각해보세요. 고로, 온라인 학위제가 점수를 쉽게 얻는 방법이란 이론은 근거 없습니다.

Vocabulary

tend to	phr. ~하는 경향이 있다	routinely [ruːtíːnli] ad. 일상적으로
keep up with	phr. ~에 뒤쳐지지 않게 하다	inappropriate [ìnəpróupriət] a. 부적절한
submit [səmít]	vt. 제출하다 / vi. 복종하다	plagiarize [pléidʒiəràiz] v. 표절하다, 도용하다

Sample Reading 작성 답안

1. 50%~66%의 내용을 베낀다.
   (바디마다 6문장이면 3문장 베끼고, 5문장이면 3문장, 4문장이면 2문장, 3문장이면 2문장, 2문장이면 1문장을 베낍니다.)
2. 근거를 베낀다.
   (근거란 인트로 문단에서 무엇을 토론하는지에 들어간 리딩이 주장하는 근거입니다.)
3. 예시를 베끼지 않는다.
   (예시란 과거에 대한 설명, 과거 사건 설명, 특정한 인물 및 배경 설명, 사례, 숫자적 언급이 사례입니다.)
4. 근거와 내용이 겹치지 않는 문장을 베낀다.
   (동전의 뒷면이 나왔다. 동전이 서지 않았고 앞면도 나오지 않았다는 같은 내용입니다.)
5. 내용이 겹칠 때에는 먼저 적힌 문장을 베낀다.
   (근거하고는 안겹치더라도 바디 문장안에서 서로 겹칠 수 있습니다. 그럴 때는 먼저 적힌 문장을 베끼세요.)

근거 1
사람들이 잘 모름
세부사항
일반적 대학교육을 선호해서 취업할 때 불이익

While an increasing number of people are acquiring education through distance learning programs, not everyone is familiar with them. This may **jeopardize** people when they are trying to find jobs, since human resources agents in charge of hiring new employees tend to prefer students with **undergraduate** degrees to those with online degrees. People may regard online degree programs as inferior since ❶ they don't have much knowledge about them.

원격으로 공부하는 사람들의 수가 점점 늘고 있지만, 모두에게 잘 알려져 있지는 않습니다. 신입사원을 고용하는 인사담당자들이 온라인 학위보다 **대학교** 학위를 선호해서, 취업할 때 사람들을 **곤란에 빠뜨릴** 수 있습니다. 사람들은 잘 알지 못해서 원격교육이 열등하다고 생각할 수 있습니다.

근거 2
사교성의 부재
세부사항
다른 학생들과 교류하는 능력이 떨어질 수 있음

Unfortunately, there is something else that students may miss out when taking an online degree program. Many people argue that distance learning program graduates lack social and interpersonal skills because they are isolated from their fellow students. Traditional classroom settings act as communities that prepare students to become socially active after graduation. This is much harder to **replicate** online. Therefore, graduates who have not experienced interpersonal interactions with others ❷ may have a hard time adjusting to social life.

불행히도, 학생들이 온라인 학위제에 등록하면 놓치는게 있습니다. 많은 사람들은 원격교육 졸업생들이 다른 학생들과 떨어져 있어 사회성이나 사교성이 떨어진다 주장합니다. 전통적 교실환경은 학생들의 졸업 이후의 사교활동을 준비시키는 공동체로써의 역할을 합니다. 이를 인터넷으로 **옮겨놓기**는 힘듭니다. 따라서, 남들과의 사회적 교류를 경험하지 못한 졸업생은 사회적응이 힘들 수 있습니다.

근거 3
신뢰할 수 없음
세부사항
직접 관리가 되지 않아 여러 부정행위가 가능함

❸ Being taught online may also leave room for cheating or **slacking off** as well. Since students are left alone at home taking quizzes or writing essays, they may use **secondhand** help. Not only that, they may also use other sources, such as the internet, while taking exams because they are not under direct **supervision**.

온라인으로 배우는건 부정행위나 **태만함**의 여지를 남깁니다. 시험을 보거나 논문을 쓸 때 집에 혼자 있기 때문에, **간접적인** 도움을 이용할 수 있습니다. 뿐만 아니라, 학생들은 직접적인 **관리**하에 있지 않기 때문에 인터넷 같은 다른 자료들을 사용할 수 있습니다.

Sample Listening 작성 답안

인트로 문단 부분은 노트테이킹 하실 필요가 없습니다. 리딩 지문에 3가지 이유에 대한 3가지 반박을 들으시면 됩니다.

there are various sources providing the rankings or reviews on online degree programs.

like students on campus, online degree students interact with others through class discussion. They can also acquire online communication skills which is useful for working in multinational companies.

there's not much room for cheating. Evaluations are done within a set period of time, and with the help of online programs, cheating and plagiarizing can be easily detected.

STEP 08 리딩과 리스닝을 뼈대에 맞춰서 전체 다 작성해 보시겠습니다.

In the given set of materials, the reading passage and the lecture deal with _____ to debate (whether) _____. The reading passage is providing three pieces of evidence to prove its point, whereas the professor argues against it by providing three compelling rebuttals.

The reading passage asserts the idea that _____
_____
_____
_____
_____. The professor casts doubt because _____
_____
_____
_____
_____.

The reading passage claims that _____
_____
_____
_____. The professor refutes the idea because _____
_____
_____
_____
_____.

The reading passage points out that _____
_____
_____
_____. The professor challenges the idea because _____
_____
_____
_____
_____.

※ 58page의 모범답안의 뼈대와 이 페이지의 뼈대가 다른 이유는 시험보러 가셨을 때 다른 사람과 뼈대가 겹치지 말라고 일부러 다양하게 구성해 두었습니다.

Online Degrees 인터넷 학위제

Integrated Task

서론

According to both the reading and the listening, they argue over an online degree program **based on whether** it brings unfortunate side effects. **The reading strongly asserts** three possible theories about the idea, but the listening refutes each theory by providing three compelling reasons.

본론 1

The reading claims that people are not familiar with them. People may regard online degree programs as inferior since they don't have much knowledge about them. **The listening is against this because** there are various sources providing the rankings or reviews on online degree programs.

본론 2

The reading explains that distance learning program graduates lack social and interpersonal skills because they are isolated from their fellow students. This is much harder to replicate online. Therefore, graduates who have not experienced interpersonal interactions with others may have a hard time adjusting to social life. **The listening refutes this because** like students on campus, online degree students interact with others through class discussion. They can also acquire online communication skills which is useful for working in multinational companies.

본론 3

The reading argues that being taught online may also leave room for cheating or slacking off as well. Not only that, they may also use other sources, such as the internet, while taking exams because they are not under direct supervision. **The listening opposes this because** there's not much room for cheating. Evaluations are done within a set period of time, and with the help of online programs, cheating and plagiarizing can be easily detected.

USHER
iBT TOEFL
WRITING
DAY 04

Integrated Task

지문 / 해석 / 모범 답안

자기 평가표

USHER 04 — National Park 국립공원 — Integrated Task

 STEP 1. 리딩 베끼기 >  STEP 2. 리스닝 추려내기 >  STEP 3. 재료준비 끝 >  STEP 4. 작성하기 >  STEP 5. 답안

주제
국립공원 입장료징수에 반대

A national park **refers to** natural or semi-natural land that is set aside for the recreational use and enjoyment of people and for environmental protection by the government. Not all, but most national parks collect admission fees. This fact **disturbs** some people who believe that charging visitors is unreasonable.

국립공원은 국민의 휴향, 즐거움, 그리고 환경보호를 위해 정부가 지정한 자연적 혹은 반자연적 지역을 **말합니다**. 대부분 국립공원은 입장료를 받습니다. 이는 입장료 청구가 비합리적이라 믿는 이들을 **불쾌하게** 합니다.

근거 1
정부지원을 받는다
세부사항
입장료를 걷으면 세금과 중복 징수됨

First, they may think that ❶ it is unfair that certain national park charge admission fees. This comes from the fact that the national parks are owned by the government which collects taxes from citizens. With the support of the government, national parks should operate **at no cost**. Therefore, charging entrance fees while receiving financial support from the government seems like **double-charging**.

우선, 일부 국립공원이 입장료를 받는게 불공평하다 생각할 수 있습니다. 이는 국립공원이 시민에게 세금을 받는 정부의 지원과 함께, 국립공원은 **무료로** 운영돼야 합니다. 따라서, 정부의 재정지원을 받으며 입장료를 청구하는 것은 **중복 징수**처럼 보입니다.

근거 2
방문자 수가 급감함
세부사항
사람들이 무료공원으로 발길을 돌림

Second, national parks are created not only for environmental protection but mainly for people's enjoyment. Thus, the parks' operations **largely depend on** the number of people visiting the parks. ❷ Demanding the admission fees discourages visitors from going since they have the option to visit other parks that don't charge them. In order for the national parks to attract more people to visit, they should **eliminate** the fees.

둘째, 국립공원은 환경보호뿐 아니라 국민의 즐거움을 위해서도 만들어졌습니다. 그래서, 국립공원 운영은 공원 방문자 수에 **주로 의존합니다**. 입장료를 청구하면 무료공원에 가지, 그 공원에 가지 않을 것입니다. 국립공원이 더 많은 사람을 끌기 위해서는 요금을 **없애야** 합니다.

근거 3
서비스 질이 떨어짐
세부사항
입장료만 오르면 상대적 만족도가 떨어짐

Third, ❸ charging admission fees will lower the quality of the service. This may seem **contradictory** since more money provides better services, but as service remains **static,** the satisfaction of the visitors will likely to reduce. When people are looking for a park to visit, they will compare the parks that they have to pay for, such as Yellowstone National Park, with the parks that do not charge. Since the services of national parks do not differ very much, their satisfaction level will decrease when they have to pay entrance fees while receiving normal park service.

셋째, 입장료를 청구하면 서비스의 질이 떨어질 겁니다. 더 많은 돈이 더 나은 서비스를 제공하므로 이것이 **모순처럼** 보이겠지만, 서비스는 **그대로라** 방문자의 만족도는 낮아질 것입니다. 사람들은 공원을 알아볼때, 옐로스톤 같은 유료공원과 무료공원을 비교할 겁니다. 국립공원의 서비스는 별반 다르지 않아, 보통의 서비스를 받으며 입장료를 내야하는 사람들의 만족도는 낮아질 것입니다.

Vocabulary

refer to	phr. (~라고) 부르다	disturb [distə́ːrb]	v. 방해하다
at no cost	phr. 무료로	double-charge	phr. 2중으로 부과하다
largely depend on	phr. ~에게 크게 의존하다	eliminate [ilímənèit]	v. ~을 제거하다, 없애다
contradictory [kàntrədíktəri]	a. 모순되는, 상반되는	static [stǽtik]	a. 움직임이 없는, 정적인

04. National Park 국립공원

Integrated Task

 뼈대를 먼저 작성 해보도록 하겠습니다.

 큰주제란!

1. 최대 5단어이며
2. 전치사 접속사를 포함하고 있으면 안되고
3. 명사 형태입니다

 인트로 문단에서 큰 주제와 무엇을 토론하는지를 찾아서 작성해봅시다.

In the given set of materials, the reading passage and the lecture deal with _____ to debate (whether) _____. The reading passage is providing three pieces of evidence to prove its point, whereas the professor argues against it by providing three compelling rebuttals.

이제 FIVE RULES를 적어 보도록 하겠습니다

1.
2.
3.
4.
5.

FIVE RULES에 근거하여서 베껴야 할 문장을 하이라이트 해봅시다.

1. 50%~66%의 내용을 베낀다.
   (바디마다 6문장이면 3문장 베끼고, 5문장이면 3문장, 4문장이면 2문장, 3문장이면 2문장, 2문장이면 1문장을 베낍니다.)
2. 근거를 베낀다.
   (근거란 인트로 문단에서 무엇을 토론하는지에 들어간 리딩이 주장하는 근거입니다.)
3. 예시를 베끼지 않는다.
   (예시란 과거에 대한 설명, 과거 사건 설명, 특정한 인물 및 배경 설명, 사례, 숫자적 언급이 사례입니다.)
4. 근거와 내용이 겹치지 않는 문장을 베낀다.
   (동전의 뒷면이 나왔다. 동전이 서지 않았고 앞면도 나오지 않았다는 같은 내용입니다.)
5. 내용이 겹칠 때에는 먼저 적힌 문장을 베낀다.
   (근거하고는 안겹치더라도 바디 문장안에서 서로 겹칠 수 있습니다. 그럴 때는 먼저 적힌 문장을 베끼세요.)

 리스닝을 듣고 노트 테이킹 합니다.

 하단에 리스닝 스크립트를 보고 학생분이 노트테이킹 한 내용과 비교합니다.

인트로 문단 부분은 노트테이킹 하실 필요가 없습니다. 리딩 지문에 3가지 이유에 대한 3가지 반박을 들으시면 됩니다.

The national parks receive support from the government.
charging people who actually visit the parks is more logical and fair.

less famous national parks will benefit
The differences in charges will bring about the balance of visitors to national parks.
The charges encourage people to visit the national parks.

the fees will increase the quality
visitors will be granted exclusive opportunities

National Park 국립공원 — Listening Script

주제
입장료 징수가 필요한 이유

The reading passage makes it look like national parks are **taking advantage of** people by demanding entrance fees, right? But each of the statements made in the reading passage can be **refuted**. Admission fees are only there to benefit the visitors, not the parks themselves.

지문에선 국립공원이 입장료를 요구하며 사람들을 **이용하는** 것처럼 보이죠? 하지만, 지문의 주장들은 **반박될** 수 있어요. 입장료는 국립공원 스스로가 아니라 방문자들을 위한 겁니다.

근거 1
세금이 절약됨
세부사항
공원 방문자들에게 돈을 걷는게 더 합리적

First off, let's talk about the unfairness of collecting entrance fees. The national parks receive financial support from the government. However, by collecting admission fees, parks need less governmental funding which means the taxes that people pay can be distributed to other national needs. Don't you think making people who don't visit the parks pay taxes to support the national parks seem more unfair? So, if people have to pay for the **maintenance** of the national parks either way, charging people who actually visit the parks is more logical and fair.

첫째, 입장료 징수의 불공평함에 대해 말해봅시다. 국립공원은 정부지원을 받지만, 입장료 덕에 정부자금이 덜 필요할거고, 세금은 다른 국가사업에 쓰일 수 있는거죠. 국립공원 지원을 위해 공원에 안 가는 사람들에게 세금을 내라는게 더 불공평하지 않나요? 어차피 국립공원 **유지**를 위해 돈을 내야 한다면, 실제로 공원에 가는 사람들에게 청구하는데 더 논리적이고 공평한 겁니다.

근거 2
균형있는 발전
세부사항
요금의 차이로 방문객의 수를 분배할 수 있음

In addition, charging the visitors does not **discourage them from visiting**. In fact, less famous national parks will benefit from the differences in the charges among the national parks. This is because as the reading passage mentioned, visitors may prefer the national parks that do not charge. The differences in charges will evenly **distribute** the visitors which will bring about the balance of visitors to national parks. The charges, therefore, do not discourage, but rather encourage people to visit the national parks.

게다가, 입장료 징수가 **사람들의 발길을 막진 않습니다**. 사실, 덜 유명한 국립공원은 요금의 차이로 득을 볼 겁니다. 지문에서 언급했듯, 사람들은 무료 국립공원을 선호하기 때문입니다. 요금의 차이는 방문자를 고르게 **분배할** 것이고 국립공원 방문자들의 균형을 가지고 올 겁니다. 고로, 요금제는 국립공원 방문을 저해하기보다 오히려 촉진시킬 겁니다.

근거 3
서비스가 개선됨
세부사항
독특한 경험을 위한 프로그램 신설 가능

Lastly, the fees will increase the quality of the service **regardless of** the visitor's level of satisfaction. The admission fees have recently increased as many national parks have tried to enhance their quality. Visitors can enjoy the unique opportunities of the parks, such as wildlife sightings, if the parks have more money to use for improving their service. Thus, visitors will be granted exclusive opportunities that they are unable to experience at any other parks.

끝으로, 요금제는 방문자의 만족도와 **상관없이** 서비스의 질을 높일 겁니다. 최근 많은 국립공원이 질을 높이려 입장료를 올렸습니다. 서비스 개선자금이 더 많으면, 방문자들은 국립공원에서 야생관찰같은 독특한 경험을 할 수 있습니다. 그래서, 방문자들은 다른 공원에는 없는 특별한 경험을 할 겁니다.

Vocabulary

take advantage of	phr. 이용하다, 속이다
maintenance [méintənəns]	n. 지속, 유지
distribute [distríbju:t]	v. 분배하다
refute [rifju:t]	v. ~을 반박하다, 논박하다
discourage A from ~ing	phr. ~하기를 단념시키다
regardless of	phr. ~와 상관없이

USHER

STEP 1. 리딩 베끼기 > **STEP 2.** 리스닝 추려내기 > **STEP 3.** 재료준비 끝 > **STEP 4.** 작성하기 > **STEP 5.** 답안

Sample Reading 작성 답안

1. 50%~66%의 내용을 베낀다.
   (바디마다 6문장이면 3문장 베끼고, 5문장이면 3문장, 4문장이면 2문장, 3문장이면 2문장, 2문장이면 1문장을 베낍니다.)
2. 근거를 베낀다.
   (근거란 인트로 문단에서 무엇을 토론하는지에 들어간 리딩이 주장하는 근거입니다.)
3. 예시를 베끼지 않는다.
   (예시란 과거에 대한 설명, 과거 사건 설명, 특정한 인물 및 배경 설명, 사례, 숫자적 언급이 사례입니다.)
4. 근거와 내용이 겹치지 않는 문장을 베낀다.
   (동전의 뒷면이 나왔다. 동전이 서지 않았고 앞면도 나오지 않았다는 같은 내용입니다.)
5. 내용이 겹칠 때에는 먼저 적힌 문장을 베낀다.
   (근거하고는 안겹치더라도 바디 문장안에서 서로 겹칠 수 있습니다. 그럴 때는 먼저 적힌 문장을 베끼세요.)

근거 1 — 정부지원을 받는다
세부사항 — 입장료를 걷으면 세금과 중복 징수됨

First, they may think that ❶ it is unfair that certain national park charge admission fees. This comes from the fact that the national parks are owned by the government which collects taxes from citizens. With the support of the government, national parks should operate **at no cost**. Therefore, charging entrance fees while receiving financial support from the government seems like **double-charging**.

우선, 일부 국립공원이 입장료를 받는게 불공평하다 생각할 수 있습니다. 이는 국립공원이 시민에게 세금을 받는 정부의 지원과 함께, 국립공원은 **무료로** 운영돼야 합니다. 따라서, 정부의 재정지원을 받으며 입장료를 청구하는 것은 **중복 징수**처럼 보입니다.

근거 2 — 방문자 수가 급감함
세부사항 — 사람들이 무료공원으로 발길을 돌림

Second, national parks are created not only for environmental protection but mainly for people's enjoyment. Thus, the parks' operations **largely depend on** the number of people visiting the parks. ❷ Demanding the admission fees discourages visitors from going since they have the option to visit other parks that don't charge them. In order for the national parks to attract more people to visit, they should **eliminate** the fees.

둘째, 국립공원은 환경보호뿐 아니라 국민의 즐거움을 위해서도 만들어졌습니다. 그래서, 국립공원 운영은 공원 방문자 수에 **주로 의존합니다**. 입장료를 청구하면 무료공원에 가지, 그 공원에 가지 않을 것입니다. 국립공원이 더 많은 사람을 끌기 위해서는 요금을 **없애야** 합니다.

근거 3 — 서비스 질이 떨어짐
세부사항 — 입장료만 오르면 상대적 만족도가 떨어짐

Third, ❸ charging admission fees will lower the quality of the service. This may seem **contradictory** since more money provides better services, but as service remains **static**, the satisfaction of the visitors will likely to reduce. When people are looking for a park to visit, they will compare the parks that they have to pay for, such as Yellowstone National Park, with the parks that do not charge. Since the services of national parks do not differ very much, their satisfaction level will decrease when they have to pay entrance fees while receiving normal park service.

셋째, 입장료를 청구하면 서비스의 질이 떨어질 겁니다. 더 많은 돈이 더 나은 서비스를 제공하므로 이것이 **모순처럼** 보이겠지만, 서비스는 **그대로라** 방문자의 만족도는 낮아질 것입니다. 사람들은 공원을 알아볼때, 옐로스톤 같은 유료공원과 무료공원을 비교할 겁니다. 국립공원의 서비스는 별반 다르지 않아, 보통의 서비스를 받으며 입장료를 내야하는 사람들의 만족도는 낮아질 것입니다.

Sample Listening 작성 답안

인트로 문단 부분은 노트테이킹 하실 필요가 없습니다. 리딩 지문에 3가지 이유에 대한 3가지 반박을 들으시면 됩니다.

national park which demands the fees will receive less support from the government, which is fair because people who do not visit the parks should not have to pay taxes to support the maintenance of national parks.

people will be encouraged to visit less famous national parks due to the differences in the charges, which cause the even distribution of national parks.

the national parks have increased the fees to provide unique opportunities to meet the expectation of the visitors.

STEP 08. 리딩과 리스닝을 뼈대에 맞춰서 전체 다 작성해 보시겠습니다.

In the given set of materials, the reading passage and the lecture deal with _____ to debate (whether) _____. The reading passage is providing three pieces of evidence to prove its point, whereas the professor argues against it by providing three compelling rebuttals.

The reading passage asserts the idea that _____
_____
_____
_____. The professor casts doubt because _____
_____
_____
_____.

The reading passage claims that _____
_____
_____
_____. The professor refutes the idea because _____
_____
_____
_____.

The reading passage points out that _____
_____
_____
_____. The professor challenges the idea because _____
_____
_____
_____.

※ 66page의 모범답안의 뼈대와 이 페이지의 뼈대가 다른 이유는 시험보러 가셨을 때 다른 사람과 뼈대가 겹치지 말라고 일부러 다양하게 구성해 두었습니다.

National Park 국립공원

04. Integrated Task

서론

According to both the reading and the listening, they argue over a national park **based on whether** charging national parks fees to visitors is reasonable. **The reading strongly asserts three possible theories about the idea, but the listening refutes each theory by providing three compelling reasons.**

본론 1

The reading claims that it is unfair that certain national park charge admission fees. This comes from the fact that the national parks are owned by the government which collects taxes from citizens. **The listening is against this because** national park which demands the fees will receive less support from the government, which is fair because people who do not visit the parks should not have to pay taxes to support the maintenance of national parks.

본론 2

The reading explains that the parks' operations largely depend on the number of people visiting the parks. Demanding the admission fees discourages visitors from going since they have the option to visit other parks that don't charge them. **The listening refutes this because** people will be encouraged to visit less famous national parks due to the differences in the charges, which cause the even distribution of national parks.

본론 3

The reading argues that charging admission fees will lower the quality of the service. This may seem contradictory since more money provides better services, but as service remains static, the satisfaction of the visitors will likely to reduce. **The listening opposes this because** the national parks have increased the fees to provide unique opportunities to meet the expectation of the visitors.

USHER
iBT TOEFL
WRITING
DAY 05

Integrated Task

지문 / 해석 / 모범 답안

자기 평가표

USHER

05. Sleep 수면 — Integrated Task

 STEP 1. 리딩 베끼기 >  STEP 2. 리스닝 추려내기 >  STEP 3. 재료준비 끝 >  STEP 4. 작성하기 >  STEP 5. 답안

주제 잠을 자야 하는 이유	Sleep is the unconscious state during which there is a lack of voluntary muscle and sensory activity. Humans and animals **apportion** a large amount of time to sleeping. There is no firm evidence pointing to the purpose of sleep, but there are three main arguments on the possible functions of sleep.	수면은 자발적 근육 및 시경활동이 없는 무의식 상태입니다. 인간과 동물은 많은 시간을 자는데 **할애합니다**. 잠의 목적에 관한 확실한 증거는 없지만 그 기능에 관한 주장은 세 가지가 있습니다.
근거 1 기억을 정리하려고 **세부사항** 하루 동안의 경험을 REM수면단계에서 정리함	First, ❶ sleep is required to organize and memorize the experiences that humans and animals had. Humans and animals learn and **encounter** various experiences each day. In order to **stratify** and **encode** these into memory, humans and animals spend portion of each day sleeping. Some researchers have shown that one stage of sleep, called rapid eye movement sleep (REM sleep), **consolidates** procedural memory, the ability to perform certain skills, and spatial memory, the ability to perceive space.	첫째, 잠은 인간과 동물이 경험한 것을 정리하고 기억하는데 필요합니다. 인간과 동물은 매일 다양한 경험을 **맞닥뜨리고** 배웁니다. 이를 **배열하고 코드화하려고** 일상의 일부를 자면서 보냅니다. 일부 과학자들은 REM 수면이라는 단계가, 특정 솜씨를 발휘하는 능력인 절차기억과 공간을 인지하는 능력인 공간기억을 **강화한다**는 것을 증명했습니다.
근거 2 열량을 아끼려고 **세부사항** 몸을 쉬게 하고 열량의 과소비를 막음	Second, it had been proposed by scientists that ❷ sleep allows steady maintenance of the body and energy conservation. Sleep enables the body to rest which contrasts with the active **anabolic** state, during which tissues and cells are built, of the waking hours. Without active movements during the state of sleep, humans and animals store and avoid unnecessary consumption of energy.	둘째, 잠은 신체의 안정 유지와 열량관리를 가능케 한다고 보고됐습니다. 잠은, 깨어있는 동안 세포조직이 만들어지는 상태인 **동화작용** 상태와 달리, 몸을 쉬게 합니다. 잘 때는 활발한 움직임이 없으므로, 인간과 동물은 열량은 저장하고 불필요한 소비는 막을 수 있습니다.
근거 3 면역체계의 강화 **세부사항** 잠을 많이 잔 쥐는 유독물질도 줄고 화상회복도 빠름	Third, ❸ humans and animals remove toxic substances and strengthen their immune system while asleep. Studies have shown that there is a significant loss of toxic substances in the brain and remarkable healing of rats that slept sufficient amounts in a day. Compared to sleep-**deprived** rats, the rats that had enough sleep also had faster recoveries from burns.	셋째, 인간과 동물은 잘 때 면역체계를 강화하고 유독물질을 제거합니다. 연구를 통해 충분히 잔 쥐의 뇌 유해물질 감소와 놀라운 치유력을 볼 수 있었습니다. 잠이 **부족한** 쥐에 비해 충분히 잔 쥐는 화상으로부터도 더 빠른 회복을 보였습니다.

Vocabulary

apportion [əpɔ́ːrʃən]	v. ~을 배분하다	encounter [inkáuntər]	v. ~와 (우연히) 마주치다
stratify [strǽtəfài]	v. ~을 층별로 정리하다	encode [inkóud]	v. (정보 등을) 암호화하다
consolidate [kənsálədèit]	v. 공고하게 하다	deprive [dipráiv]	v. 빼앗다
anabolic [æ̀nəbálik]	a. 동화작용의 (同化-: 섭취한 영양물을 자기 몸에 알맞은 성분으로 변화시키는 작용)		

05 Sleep 수면　　　　　　　　　　　　　　　　　　Integrated Task

STEP 01　뼈대를 먼저 작성 해보도록 하겠습니다.

STEP 02　큰주제란!
1. 최대 5단어이며
2. 전치사 접속사를 포함하고 있으면 안되고
3. 명사 형태입니다

STEP 03　인트로 문단에서 큰 주제와 무엇을 토론하는지를 찾아서 작성해봅시다.

In the given set of materials, the reading passage and the lecture deal with _____ to debate (whether) _____. The reading passage is providing three pieces of evidence to prove its point, whereas the professor argues against it by providing three compelling rebuttals.

STEP 04　이제 FIVE RULES를 적어 보도록 하겠습니다

1.
2.
3.
4.
5.

STEP 05　FIVE RULES에 근거하여서 베껴야 할 문장을 하이라이트 해봅시다.

1. 50%~66%의 내용을 베낀다.
   (바디마다 6문장이면 3문장 베끼고, 5문장이면 3문장, 4문장이면 2문장, 3문장이면 2문장, 2문장이면 1문장을 베낍니다.)
2. 근거를 베낀다.
   (근거란 인트로 문단에서 무엇을 토론하는지에 들어간 리딩이 주장하는 근거입니다.)
3. 예시를 베끼지 않는다.
   (예시란 과거에 대한 설명, 과거 사건 설명, 특정한 인물 및 배경 설명, 사례, 숫자적 언급이 사례입니다.)
4. 근거와 내용이 겹치지 않는 문장을 베낀다.
   (동전의 뒷면이 나왔다. 동전이 서지 않았고 앞면도 나오지 않았다는 같은 내용입니다.)
5. 내용이 겹칠 때에는 먼저 적힌 문장을 베낀다.
   (근거하고는 안겹치더라도 바디 문장안에서 서로 겹칠 수 있습니다. 그럴 때는 먼저 적힌 문장을 베끼세요.)

 리스닝을 듣고 노트 테이킹 합니다.

 하단에 리스닝 스크립트를 보고 학생분이 노트테이킹 한 내용과 비교합니다.

인트로 문단 부분은 노트테이킹 하실 필요가 없습니다. 리딩 지문에 3가지 이유에 대한 3가지 반박을 들으시면 됩니다.

there is a counterexample against it.
Many people do not experience rapid eye movement
These people do not have impaired memories

the difference is very minimal.
For example, the scientists found that the energy saved is only 50 calories.
It is a negligible amount.

the experiment is skewed in terms of its abnormal variable conditions.
This rare condition does not apply to the general public

Sleep 수면

Listening Script

주제
잠을 자는 이유에 대한 반박

Okay, we, just like other animals, must sleep for a certain amount of time each day. When we are deprived of sleep, it causes various problems. But, there isn't an explicit reason for why we have to sleep. There are three theories on the necessity of sleep, but none has gained a **consensus** in the scientific community.

우린 다른 동물들처럼 매일 어느 정도 자야 됩니다. 잠이 부족하면 여러 문제가 생깁니다. 하지만 왜 자야 하는지에 대한 이유는 딱히 없습니다. 잠의 필요성에 대한 세 학설 중 어느 것도 **의견의 일치**를 이루지 못했습니다.

근거 1
REM수면 없이도 기억가능
세부사항
약물복용 환자들도 기억에 문제가 없음

First, let's consider the theory that sleep is needed in order to organize and establish certain types of memories. Well, this seems like a **plausible** purpose of sleep, but there is a firm counterexample against it. Many people do not experience rapid eye movement sleep due to the medication such as **antidepressants**. These people, however, do not have **impaired** memories or difficulties in accessing other types of memories which were believed to be functional only when humans have sufficient rapid eye movement sleep.

첫째, 잠이 특정 유형의 기억을 정리하고 확립하는데 필요하단 학설을 생각해봅시다. 이 목적은 **그럴싸하지만** 확실한 반례가 있습니다. REM수면은 **항울제**와 같은 약물 복용으로 경험할 수 없습니다. 하지만 이들은 기억이 **손상된** 일도 없고, 충분한 REM수면을 취해야만 제 구실을 한다고 여겨졌던 다른 기억유형에 접근하는 데에도 문제가 없습니다.

근거 2
열량 차이가 미세함
세부사항
50칼로리는 의미 없는 수치임

Second, consider that sleep is needed to maintain bodily functions. It is true that humans and animals use less energy when asleep than when awake, but the difference is very minimal. For example, the scientists found that the energy saved when humans sleep for 8 hours a day is only 50 calories, which is considered a **negligible** amount. Furthermore, there isn't any evidence that sleep increases the energy level of humans or animals.

둘째, 잠이 신체기능에 필요하다는 점을 생각해 봅시다. 인간과 동물이 잘 때 더 적은 에너지를 쓰는건 맞지만 차이는 미미합니다. 예를 들어, 과학자들은 8시간을 자서 아끼는 열량이, **무시해도 좋을** 50칼로리라는걸 알아냈습니다. 게다가, 잠이 인간이나 동물의 에너지 레벨을 높인다는 증거가 없습니다.

근거 3
면역강화 근거 없음
세부사항
근거가 되는 실험의 상황이 비현실적임

Finally, consider the argument that sleep aids the body's healing processes such as removing toxic substances from the brain. Unfortunately, the experiment that is the basis of this theory is **skewed** in terms of its abnormal variable conditions. The subjects of the study were deprived of sleep for several days before they were tested, which then made them sleep for a long period of time at once. This rare condition does not apply to the general public which generally sleeps every day in real world situations.

끝으로, 잠이 뇌의 유해물질을 제거하듯 몸의 치유를 돕는다는 주장을 생각해봅시다. 불행히도, 이 학설의 기반이 되는 실험은 비정상적인 상태에서 **왜곡되었습니다**. 실험에 쓰인 쥐들은 검사 전 며칠간 못 자서 한번에 오랫동안 잤습니다. 이런 드문 환경은 보통 매일 자는 현대인들에게는 해당되지 않습니다.

Vocabulary

consensus [kənsénsəs]	n. (의견의) 일치, 조화	plausible [plɔ́:zəbl]	a. 그럴듯한, 정말 같은
antidepressant [æ̀ntidiprèsənt, -tai-]	n. 항울제	impair [impɛ́ər]	v. 해치다, 손상시키다
negligible [néglidʒəbl]	a. 무시해도 좋은	skew [skju:]	v. 비스듬히 되다, 왜곡되다

 >  > >  >

STEP 1. 리딩 베끼기 > STEP 2. 리스닝 추려내기 > STEP 3. 재료준비 끝 > STEP 4. 작성하기 > STEP 5. 답안

Sample Reading 작성 답안

1. 50%~66%의 내용을 베낀다.
   (바디마다 6문장이면 3문장 베끼고, 5문장이면 3문장, 4문장이면 2문장, 3문장이면 2문장, 2문장이면 1문장을 베낍니다.)
2. 근거를 베낀다.
   (근거란 인트로 문단에서 무엇을 토론하는지에 들어간 리딩이 주장하는 근거입니다.)
3. 예시를 베끼지 않는다.
   (예시란 과거에 대한 설명, 과거 사건 설명, 특정한 인물 및 배경 설명, 사례, 숫자적 언급이 사례입니다.)
4. 근거와 내용이 겹치지 않는 문장을 베낀다.
   (동전의 뒷면이 나왔다. 동전이 서지 않았고 앞면도 나오지 않았다는 같은 내용입니다.)
5. 내용이 겹칠 때에는 먼저 적힌 문장을 베낀다.
   (근거하고는 안겹치더라도 바디 문장안에서 서로 겹칠 수 있습니다. 그럴 때는 먼저 적힌 문장을 베끼세요.)

근거 1
기억을 정리하려고
세부사항
하루 동안의 경험을 REM수면단계에서 정리함

First, ❶ sleep is required to organize and memorize the experiences that humans and animals had. Humans and animals learn and **encounter** various experiences each day. In order to **stratify** and **encode** these into memory, humans and animals spend portion of each day sleeping. Some researchers have shown that one stage of sleep, called rapid eye movement sleep (REM sleep), **consolidates** procedural memory, the ability to perform certain skills, and spatial memory, the ability to perceive space.

첫째, 잠은 인간과 동물이 경험한 것을 정리하고 기억하는데 필요합니다. 인간과 동물은 매일 다양한 경험을 **맞닥뜨리고** 배웁니다. 이를 **배열하고 코드화하려고** 일상의 일부를 자면서 보냅니다. 일부 과학자들은 REM 수면이라는 단계가, 특정 솜씨를 발휘하는 능력인 절차기억과 공간을 인지하는 능력인 공간기억을 **강화한다**는 것을 증명했습니다.

근거 2
열량을 아끼려고
세부사항
몸을 쉬게 하고 열량의 과소비를 막음

Second, it had been proposed by scientists that ❷ sleep allows steady maintenance of the body and energy conservation. Sleep enables the body to rest which contrasts with the active **anabolic** state, during which tissues and cells are built, of the waking hours. Without active movements during the state of sleep, humans and animals store and avoid unnecessary consumption of energy.

둘째, 잠은 신체의 안정 유지와 열량관리를 가능케 한다고 보고됐습니다. 잠은, 깨어있는 동안 세포조직이 만들어지는 상태인 **동화작용** 상태와 달리, 몸을 쉬게 합니다. 잘 때는 활발한 움직임이 없으므로, 인간과 동물은 열량은 저장하고 불필요한 소비는 막을 수 있습니다.

근거 3
면역체계의 강화
세부사항
잠을 많이 잔 쥐는 유독물질도 줄고 화상회복도 빠름

Third, ❸ humans and animals remove toxic substances and strengthen their immune system while asleep. Studies have shown that there is a significant loss of toxic substances in the brain and remarkable healing of rats that slept sufficient amounts in a day. Compared to sleep-**deprived** rats, the rats that had enough sleep also had faster recoveries from burns.

셋째, 인간과 동물은 잘 때 면역체계를 강화하고 유독물질을 제거합니다. 연구를 통해 충분히 잔 쥐의 뇌 유해물질 감소와 놀라운 치유력을 볼 수 있었습니다. 잠이 **부족한** 쥐에 비해 충분히 잔 쥐는 화상으로부터도 더 빠른 회복을 보였습니다.

Sample Listening 작성 답안

인트로 문단 부분은 노트테이킹 하실 필요가 없습니다. 리딩 지문에 3가지 이유에 대한 3가지 반박을 들으시면 됩니다.

there are people who do not go into a stage of rapid eye movement sleep due to the medication usage but still able to function normally like everyone else.

the body does not necessarily need to sleep in order to accumulate energy since the amount of energy being saved by sleeping is very small. For example, people who slept eight hours only saved 50 calories compared to when they are awake.

says that the experiment on sleep is invalid because the conditions of the subjects had been distorted.

STEP 08 리딩과 리스닝을 뼈대에 맞춰서 전체 다 작성해 보시겠습니다.

In the given set of materials, the reading passage and the lecture deal with _____ to debate (whether) _____. The reading passage is providing three pieces of evidence to prove its point, whereas the professor argues against it by providing three compelling rebuttals.

The reading passage asserts the idea that _____
_____
_____
_____. The professor casts doubt because _____
_____
_____
_____.

The reading passage claims that _____
_____
_____
_____. The professor refutes the idea because _____
_____
_____
_____.

The reading passage points out that _____
_____
_____
_____. The professor challenges the idea because _____
_____
_____
_____.

※ 74page의 모범답안의 뼈대와 이 페이지의 뼈대가 다른 이유는 시험보러 가셨을 때 다른 사람과 뼈대가 겹치지 말라고 일부러 다양하게 구성해 두었습니다.

Sleep 수면

Integrated Task

서론

According to both the reading and the listening, they argue over sleep **based on whether** there is firm evidence pointing to the purpose of sleep. **The reading strongly asserts three possible theories about the idea, but the listening refutes each theory by providing three compelling reasons.**

본론 1

The reading claims that sleep is required to organize and memorize the experience that humans and animals had. Some researchers have shown that one stage of sleep, called rapid eye movement sleep (REM sleep), consolidates procedural memory, the ability to perform certain skills, and spatial memory, the ability to perceive space. **The listening is against this because** there are people who do not go into a stage of rapid eye movement sleep due to the medication usage but still able to function normally like everyone else.

본론 2

The reading explains that sleep allows steady maintenance of the body and energy conservation. Without active movements during the state of sleep, humans and animals store and avoid unnecessary consumption of energy. **The listening refutes this because** the body does not necessarily need to sleep in order to accumulate energy since the amount of energy being saved by sleeping is very small. For example, people who slept eight hours only saved 50 calories compared to when they are awake.

본론 3

The reading argues that humans and animals remove toxic substances and strengthen their immune system while asleep. Studies have shown that there is a significant loss of toxic substances in the brain and remarkable healing of rats that slept sufficient amounts in a day. **The listening opposes this because** says that the experiment on sleep is invalid because the conditions of the subjects had been distorted.

USHER
iBT TOEFL
WRITING
DAY 06

Integrated Task

지문 / 해석 / 모범 답안

자기 평가표

Global Warming 지구 온난화

Integrated Task

STEP 1. 리딩 베끼기 > STEP 2. 리스닝 추려내기 > STEP 3. 재료준비 끝 > STEP 4. 작성하기 > STEP 5. 답안

주제 지구 온난화를 막을 세가지 방법	Global warming, which is the increase in the average temperature of the Earth, is a worldwide problem begging for a solution. Among all the solutions suggested by scientists, the three most plausible are the followings; using **sulfur dioxide, algae** and the **sequestration of carbon dioxide**.	지구의 평균온도 상승을 뜻하는 지구온난화는 해결이 절실한 세계적 문제입니다. 과학자들이 제시한 해결책들 중에 가장 그럴듯한건 다음 셋입니다; **이상화황**의 사용, **해조류**의 이용, 그리고 **이산화탄소 격리** 입니다.
근거 1 이산화황 살포 **세부사항** 대기권 위에 층을 형성하여 햇빛을 차단	First, ❶ spraying sulfur dioxide above the atmosphere of the Earth is suggested as a solution to global warming. Sulfur particles could be spread over the atmosphere using sulfur rockets or helium balloons. If sulfur dioxide were to be sprayed into the atmosphere of the Earth, it would form a gas barrier. This barrier would reflect back some sunlight that would otherwise hit the surface of the Earth.	첫째, 대기층에 이산화황을 뿌리는 것이 해결책으로 제시되었습니다. 황 입자들은 황 로켓이나 헬륨 기구를 이용, 대기 중에 뿌릴 수 있습니다. 이산화황이 대기층에 뿌려지면, 기체 장벽은 지구에 닿을 햇빛을 반사시킵니다.
근거 2 바다에 철분살포 **세부사항** 식물성 플랑크톤의 성장을 도와 이산화탄소 흡수	Another solution to the problem is **iron fertilization**. Iron fertilization is **scattering** iron powder over the ocean to stimulate the growth of **phytoplankton**. It has been recently discovered that iron accelerates the growth of phytoplankton. Since phytoplankton can absorb carbon dioxide from the atmosphere, which is the main cause of global warming, ❷ promoting its growth can prevent global warming from getting worse.	또 다른 해결책은 **철분살포**입니다. 철분살포는 **식물성 플랑크톤의** 성장촉진을 위해 바다에 철분을 **뿌리는 겁니다**. 최근, 철분이 식물성 플랑크톤의 성장을 돕는다고 밝혀졌습니다. 식물성 플랑크톤은 지구 온난화의 주범인 이산화탄소를 흡수하므로, 성장을 촉진시키면 지구온난화의 악화를 막을 수 있습니다.
근거 3 이산화탄소 매립 **세부사항** 이산화탄소를 고체로 만들어 바다에 버림	❸ The last solution to consider is dumping carbon dioxide deep into the sea. When carbon dioxide is buried under the sea in a rock form, no carbon dioxide would be released into the atmosphere. In addition to this, companies that do not release carbon dioxide, but sequester it under the sea would not have to pay the fines for releasing carbon dioxide. Hence, sub-sea carbon dioxide storage is useful in many ways; it fixes the problem, provides useful natural sources and allows companies to save money.	마지막 해결책은 이산화탄소를 심해에 버리는 겁니다. 이산화탄소가 덩어리 형태로 바다에 묻히면 대기에 방출되지 않을 겁니다. 게다가, 이산화탄소를 방출하지 않고 바다에 가두는 기업은, 방출로 인한 벌금을 안 내도 됩니다. 고로, 바다 속 이산화탄소 저장은 여러 면에서 유용합니다; 문제를 해결하고, 자원을 제공하며 기업의 지출을 줄입니다.

Vocabulary

sulfur dioxide [sʌlfər-daiáksaid]	n. 이산화황	algae [ǽldʒi:]	n. [복수] 말, 조류[藻類]
sequestration [si:kwestréiʃən]	a. 제거, 격리	carbon dioxide [ká:rbən-daiéksaid]	n. 이산화탄소
iron fertilization [áiərnfə:rtəlizéiʃən]	n. 철분 살포	fertilization [fə:rtə-lizéiʃən]	n. 비옥화, [생물] 수정
scatter [skǽtər]	v. ~을 뿌리다	phytoplankton [fàitəplǽŋktən]	n. 식물성 플랑크톤

06. Global Warming 지구 온난화

Integrated Task

STEP 01 뼈대를 먼저 작성 해보도록 하겠습니다.

STEP 02 큰주제란!
1. 최대 5단어이며
2. 전치사 접속사를 포함하고 있으면 안되고
3. 명사 형태입니다

STEP 03 인트로 문단에서 큰 주제와 무엇을 토론하는지를 찾아서 작성해봅시다.

In the given set of materials, the reading passage and the lecture deal with _____ to debate (whether) _____. The reading passage is providing three pieces of evidence to prove its point, whereas the professor argues against it by providing three compelling rebuttals.

STEP 04 이제 FIVE RULES를 적어 보도록 하겠습니다
1.
2.
3.
4.
5.

STEP 05 FIVE RULES에 근거하여서 베껴야 할 문장을 하이라이트 해봅시다.
1. 50%~66%의 내용을 베낀다.
   (바디마다 6문장이면 3문장 베끼고, 5문장이면 3문장, 4문장이면 2문장, 3문장이면 2문장, 2문장이면 1문장을 베낍니다.)
2. 근거를 베낀다.
   (근거란 인트로 문단에서 무엇을 토론하는지에 들어간 리딩이 주장하는 근거입니다.)
3. 예시를 베끼지 않는다.
   (예시란 과거에 대한 설명, 과거 사건 설명, 특정한 인물 및 배경 설명, 사례, 숫자적 언급이 사례입니다.)
4. 근거와 내용이 겹치지 않는 문장을 베낀다.
   (동전의 뒷면이 나왔다. 동전이 서지 않았고 앞면도 나오지 않았다는 같은 내용입니다.)
5. 내용이 겹칠 때에는 먼저 적힌 문장을 베낀다.
   (근거하고는 안겹치더라도 바디 문장안에서 서로 겹칠 수 있습니다. 그럴 때는 먼저 적힌 문장을 베끼세요.)

 리스닝을 듣고 노트 테이킹 합니다.

 하단에 리스닝 스크립트를 보고 학생분이 노트테이킹 한 내용과 비교합니다.

인트로 문단 부분은 노트테이킹 하실 필요가 없습니다. 리딩 지문에 3가지 이유에 대한 3가지 반박을 들으시면 됩니다.

First, spraying sulfur dioxide would cause catastrophic weather changes
sulfur dioxide would increase acid rain

increasing the number of phytoplankton would cause the death of other marine life
The underwater ecosystem would be destroyed
other natural resources would be exhausted

we cannot be certain about its success
the cost for producing CO2 rocks is very high
The technology is currently too expensive to be used

Global Warming 지구 온난화

Listening Script

주제
세가지 방법에 대한 반박

If you read the materials I gave you last time, you know that there are various solutions being suggested by scientists. Unfortunately, the solutions presented are all useless since they are all ineffective solutions to the problem.

저번에 드린 자료를 읽었다면 과학자들이 여러 해결책을 제시하고 있음을 알겁니다. 아쉽게도, 제시된 모든 해결책들은 문제해결에 효과도 없고 쓸모도 없습니다.

근거 1
기후변동을 일으킴
세부사항
기후가 극성스럽게 변하고 산성비가 생김

First, spraying sulfur dioxide into the atmosphere would cause other problems while attempting to stop global warming. It would cause **catastrophic** weather changes in some areas. Dry places would be drier and wet places would be wetter. In addition, sulfur dioxide would increase **acid rain**, which would result in trading one problem for another.

첫째, 이산화황을 대기에 뿌리는 건 지구온난화 대신 더 많은 문제를 일으킬 겁니다. 이는 일부 지역에 **재앙적** 기후 변동을 일으킬 겁니다. 건조한 지역은 더 건조해지고 습한 지역은 더 습해질 겁니다. 게다가, 이산화황은 **산성비**를 증가시켜 또 다른 문제를 일으킬 겁니다.

근거 2
다른 생물을 죽임
세부사항
플랑크톤의 증가는 산소부족을 초래해 생태계를 파괴

Second, increasing the number of phytoplankton would also bring other problems while fixing the problem of global warming. An enormous increase in the number of phytoplankton would cause the death of other marine life due to the lack of oxygen in the seas as the phytoplankton would cover the surface of the seas and prevent oxygen from entering the sea. The underwater ecosystem would be destroyed as large number of species would die off. Consequently, other natural resources would be exhausted and the world would be **in a pickle**.

둘째, 식물성 플랑크톤의 수를 늘리는 것 또한 지구온난화 대신 다른 문제를 일으킬 겁니다. 식물성 플랑크톤의 큰 증가는 식물성 플랑크톤이 해수면을 덮으면서 산소의 침투를 막아 산소부족을 초래하고 다른 해양 생물들의 죽음을 초래할 겁니다. 많은 생물들이 죽으면서 해양 생태계가 파괴될 겁니다. 결과적으로 다른 자원은 고갈될 것이고 세계는 **곤경에 처할** 것입니다.

근거 3
비현실적인 비용
세부사항
세계적으로 도입되기엔 너무 비쌈

Lastly, even making underground storage **pods** for CO_2 is problematic. First off, the proposal suggested is based on small samples of CO_2 storage, which means that we cannot be certain about its success if it were applied on a worldwide scale. Moreover, the cost for producing CO_2 rocks is very high. In order to produce the rocks, CO_2 should be separated and **extracted** from other gases using a technique called **carbon-capture** technology. The **technology** is currently too expensive to be used solely for the purpose of protecting the environment.

마지막으로, 지하에 이산화탄소 **저장소**를 만드는 것도 문제입니다. 일단, 제시된 계획은 소량 저장을 기준으로 제시된거라, 세계적으로 도입되면 성공을 확신할 수 없습니다. 게다가, 이산화탄소 덩어리 제조는 아주 비쌉니다. 덩어리를 만들려면 **탄소 포집기술**로 다른 가스로부터 이산화탄소가 분리되고 **추출돼야** 합니다. 단지 환경보호를 위해 이 기술을 쓰기엔 너무 비쌉니다.

Vocabulary

worrisome [wɔ́ːrisəm]	a. 걱정되는	catastrophic [kæ̀təstráfik]	a. 대재해의
acid rain	n. 산성비	be in a pickle	phr. 궁지에 빠지다
pod [pad/pɔd]	n. (콩 등의) 꼬투리, 주머니	extract [ikstrǽkt]	v. 추출하다 / n. 추출물

USHER

Sample Reading 작성 답안

1. 50%~66%의 내용을 베낀다.
   (바디마다 6문장이면 3문장 베끼고, 5문장이면 3문장, 4문장이면 2문장, 3문장이면 2문장, 2문장이면 1문장을 베낍니다.)
2. 근거를 베낀다.
   (근거란 인트로 문단에서 무엇을 토론하는지에 들어간 리딩이 주장하는 근거입니다.)
3. 예시를 베끼지 않는다.
   (예시란 과거에 대한 설명, 과거 사건 설명, 특정한 인물 및 배경 설명, 사례, 숫자적 언급이 사례입니다.)
4. 근거와 내용이 겹치지 않는 문장을 베낀다.
   (동전의 뒷면이 나왔다. 동전이 서지 않았고 앞면도 나오지 않았다는 같은 내용입니다.)
5. 내용이 겹칠 때에는 먼저 적힌 문장을 베낀다.
   (근거하고는 안겹치더라도 바디 문장안에서 서로 겹칠 수 있습니다. 그럴 때는 먼저 적힌 문장을 베끼세요.)

근거 1 — 이산화황 살포
세부사항 대기권 위에 층을 형성하여 햇빛을 차단

First, ❶ spraying sulfur dioxide above the atmosphere of the Earth is suggested as a solution to global warming. Sulfur particles could be spread over the atmosphere using sulfur rockets or helium balloons. If sulfur dioxide were to be sprayed into the atmosphere of the Earth, it would form a gas barrier. This barrier would reflect back some sunlight that would otherwise hit the surface of the Earth.

첫째, 대기층에 이산화황을 뿌리는 것이 해결책으로 제시되었습니다. 황 입자들은 황 로켓이나 헬륨 기구를 이용, 대기 중에 뿌릴 수 있습니다. 이산화황이 대기층에 뿌려지면, 기체 장벽은 지구에 닿을 햇빛을 반사시킵니다.

근거 2 — 바다에 철분살포
세부사항 식물성 플랑크톤의 성장을 도와 이산화탄소 흡수

Another solution to the problem is **iron fertilization**. Iron fertilization is **scattering** iron powder over the ocean to stimulate the growth of **phytoplankton**. It has been recently discovered that iron accelerates the growth of phytoplankton. Since phytoplankton can absorb carbon dioxide from the atmosphere, which is the main cause of global warming, ❷ promoting its growth can prevent global warming from getting worse.

또 다른 해결책은 **철분살포**입니다. 철분살포는 **식물성 플랑크톤의 성장촉진을 위해 바다에 철분을 뿌리는 겁니다**. 최근, 철분이 식물성 플랑크톤의 성장을 돕는다고 밝혀졌습니다. 식물성 플랑크톤은 지구 온난화의 주범인 이산화탄소를 흡수하므로, 성장을 촉진시키면 지구온난화의 악화를 막을 수 있습니다.

근거 3 — 이산화탄소 매립
세부사항 이산화탄소를 고체로 만들어 바다에 버림

❸ The last solution to consider is dumping carbon dioxide deep into the sea. When carbon dioxide is buried under the sea in a rock form, no carbon dioxide would be released into the atmosphere. In addition to this, companies that do not release carbon dioxide, but sequester it under the sea would not have to pay the fines for releasing carbon dioxide. Hence, sub-sea carbon dioxide storage is useful in many ways; it fixes the problem, provides useful natural sources and allows companies to save money.

마지막 해결책은 이산화탄소를 심해에 버리는 겁니다. 이산화탄소가 덩어리 형태로 바다에 묻히면 대기에 방출되지 않을 겁니다. 게다가, 이산화탄소를 방출하지 않고 바다에 가두는 기업은, 방출로 인한 벌금을 안 내도 됩니다. 고로, 바다 속 이산화탄소 저장은 여러 면에서 유용합니다; 문제를 해결하고, 자원을 제공하며 기업의 지출을 줄입니다.

Sample Listening 작성 답안

인트로 문단 부분은 노트테이킹 하실 필요가 없습니다. 리딩 지문에 3가지 이유에 대한 3가지 반박을 들으시면 됩니다.

spraying sulfur dioxide would cause changes in the climate, such as making some climates more extreme and increasing acid rain.

using phytoplankton to stop global warming would cause another problem. When the amount of phytoplankton increases, it would drop the oxygen level, which results in the deaths of other marine species.

producing carbon dioxide rocks and burying them under the sea is not a solution that can be used due to the high cost of technology and the uncertainty of its success.

STEP 08 리딩과 리스닝을 뼈대에 맞춰서 전체 다 작성해 보시겠습니다.

In the given set of materials, the reading passage and the lecture deal with _____ to debate (whether) _____. The reading passage is providing three pieces of evidence to prove its point, whereas the professor argues against it by providing three compelling rebuttals.

The reading passage asserts the idea that _____
_____
_____
_____
_____. The professor casts doubt because _____
_____
_____
_____
_____.

The reading passage claims that _____
_____
_____
_____
_____. The professor refutes the idea because _____
_____
_____
_____
_____.

The reading passage points out that _____
_____
_____
_____
_____. The professor challenges the idea because _____
_____
_____
_____
_____.

※ 82page의 모범답안의 뼈대와 이 페이지의 뼈대가 다른 이유는 시험보러 가셨을 때 다른 사람과 뼈대가 겹치지 말라고 일부러 다양하게 구성해 두었습니다.

Global Warming 지구 온난화

06 | Integrated Task

서론

According to both the reading and the listening, they argue over global warming **based on whether** the three theories are plausible. **The reading strongly asserts** three possible theories about the idea, but the listening refutes each theory by providing three compelling reasons.

본론 1

The reading claims that spraying sulfur particles could be spread over the atmosphere using surfer rockets or helium balloons. This barrier would reflect back some sunlight that would otherwise hit the surface of the Earth. **The listening is against this because** spraying sulfur dioxide would cause changes in the climate, such as making some climates more extreme and increasing acid rain.

본론 2

The reading explains that another solution to the problem is iron fertilization. Since phytoplankton can absorb carbon dioxide from the atmosphere, which is the main cause of global warming, promoting its growth can prevent global warming from getting worse. **The listening refutes this because** using phytoplankton to stop global warming would cause another problem. When the amount of phytoplankton increases, it would drop the oxygen level, which results in the deaths of other marine species.

본론 3

The reading argues that the last solution to consider is dumping carbon dioxide deep into the sea. Sub-sea carbon dioxide storage is useful in many ways; it fixes the problem, provides useful natural sources and allows companies to save money. **The listening opposes this because** producing carbon dioxide rocks and burying them under the sea is not a solution that can be used due to the high cost of technology and the uncertainty of its success.

USHER
iBT TOEFL
WRITING
DAY 07

Integrated Task

지문 / 해석 / 모범 답안

자기 평가표

07 Animal Play 동물들의 놀이 — Integrated Task

주제 어린 동물들이 놀이를 하는 이유	Playing is one of the main behaviors of animals when they are young. Most young animals can be seen playing, whether alone, with each other, or even with others species of animals. In earlier times, people did not pay too much attention to animal play. However, there are more studies being done on animal play and quite a lot of theories have been developed about it. There are several reasons why animals play.	놀이는 동물이 어릴 때 하는 주요행동 중 하나입니다. 대부분의 어린 동물은 혼자, 함께, 심지어는 다른 종과 놀기도 합니다. 옛날엔 사람들이 동물의 놀이에 관심이 적었습니다. 그러나 동물의 놀이에 관한 많은 연구가 행해졌고, 그에 관한 많은 이론이 생겼습니다. 동물의 놀이에는 여러 이유가 있습니다.
근거 1 남는 에너지를 소비 **세부사항** 포식자들은 매 순간 사냥하지 않으므로 에너지가 남음	First, ❶ young animals play in order to consume their **surplus** energy. Play is a seemingly useless behavior, but it has arisen as a result of the inactivity of animals in the higher food chain such as the predators. They don't need to spend every minute of the day hunting in order to survive, so they become bored and play in order to entertain themselves.	첫째, 어린 동물은 **남는** 에너지를 쓰려고 놉니다. 놀이는 쓸모없어 보이지만, 이는 먹이사슬 상위에 있는 포식자들이 움직이지 않아 나타난 행동입니다. 그들은 살아 남으려고 매 순간 사냥할 필요가 없으므로, 지루해지면 자신을 즐겁게 하려고 놀이를 합니다.
근거 2 생존의 기술을 익힘 **세부사항** 포식자는 사냥법을, 먹잇감은 도망치는 법을 익힘	Also, ❷ young animals can learn skills and strategies needed for their survival when they grow up. The play may differ depending on whether the animal is a predator or prey. Most predators learn ways of hunting, killing, and consuming food through play, while preys learn ways to find food and escape from predators. Thus, the play of animals **plays an important role** in the learning process of animals.	또, 어린 동물은 자라서 생존하기 위한 기술과 방법을 배웁니다. 놀이는 동물이 포식자냐 먹잇감이냐에 따라 달라집니다. 대부분의 포식자들은 놀이를 통해 사냥법, 죽이는 법, 먹는 법을 배우고, 먹잇감들은 먹이를 찾고 포식자로부터 도망치는 법을 배웁니다. 따라서, 동물의 놀이는 학습과정에서 **역할이 큽니다.**
근거 3 사회적 관계 발전 **세부사항** 서로를 다루고, 돕고, 동맹하는 법을 놀면서 익힘	Third and last, ❸ young animals develop social relationships through play. Play allows **juveniles** to learn how to deal with their fellow animals and **facilitate** cooperation, develop **alliances**, and encourage innovation in social behavioral patterns. To do this, the young may wrestle with each other, **play chase**, or exhibit aggressive and competitive behaviors similar to that of the adults, but without the actual violence. Some animals even cross the species boundary to find play partners such as young chimpanzees and **baboons**, who occasionally **tussle** together.	셋째이자 마지막으로, 어린 동물은 놀이를 통해 사회적 관계를 발전시킵니다. 놀이는 **어린** 동물이 동료를 다루는 법, 협력을 **촉진하는** 법, **동맹**하는 법을 배우게하고 새로운 사회적 행동양식을 찾게합니다. 이를 위해, 어린 동물은 서로 뒹굴거나, **쫓거나**, 혹은 어른처럼 공격성과 경쟁의식을 보입니다. 가끔 **싸우는** 어린 침팬지와 **개코 원숭이**처럼 어떤 동물은 놀이친구를 다른 종에서 찾기도 합니다.

Vocabulary

surplus [sə́ːrplʌs, -pləs]	n.잉여, 여분 / a. 여분의	play a role	phr. 역할을 하다.
juvenile [dʒúːvənəl, -nàil]	a. 젊은, 어린 / n. 연소자	facilitate [fəsílətèit]	v. ~을 수월하게 하다.
alliance [əláiəns]	n. 결연, 동맹	play chase	v. 술래잡기를 하다
baboon [bæbúːn / bə-]	n. 개코 원숭이	tussle [tʌ́sl]	n. 난투, 드잡이 / v. 드잡이 하다

07 Animal Play 동물들의 놀이

Integrated Task

뼈대를 먼저 작성 해보도록 하겠습니다.

큰주제란!
1. 최대 5단어이며
2. 전치사 접속사를 포함하고 있으면 안되고
3. 명사 형태입니다

인트로 문단에서 큰 주제와 무엇을 토론하는지를 찾아서 작성해봅시다.

In the given set of materials, the reading passage and the lecture deal with _____ to debate (whether) _____. The reading passage is providing three pieces of evidence to prove its point, whereas the professor argues against it by providing three compelling rebuttals.

이제 FIVE RULES를 적어 보도록 하겠습니다

1.
2.
3.
4.
5.

FIVE RULES에 근거하여서 베껴야 할 문장을 하이라이트 해봅시다.

1. 50%~66%의 내용을 베낀다.
   (바디마다 6문장이면 3문장 베끼고, 5문장이면 3문장, 4문장이면 2문장, 3문장이면 2문장, 2문장이면 1문장을 베낍니다.)
2. 근거를 베낀다.
   (근거란 인트로 문단에서 무엇을 토론하는지에 들어간 리딩이 주장하는 근거입니다.)
3. 예시를 베끼지 않는다.
   (예시란 과거에 대한 설명, 과거 사건 설명, 특정한 인물 및 배경 설명, 사례, 숫자적 언급이 사례입니다.)
4. 근거와 내용이 겹치지 않는 문장을 베낀다.
   (동전의 뒷면이 나왔다. 동전이 서지 않았고 앞면도 나오지 않았다는 같은 내용입니다.)
5. 내용이 겹칠 때에는 먼저 적힌 문장을 베낀다.
   (근거하고는 안겹치더라도 바디 문장안에서 서로 겹칠 수 있습니다. 그럴 때는 먼저 적힌 문장을 베끼세요.)

 리스닝을 듣고 노트 테이킹 합니다.

 하단에 리스닝 스크립트를 보고 학생분이 노트테이킹 한 내용과 비교합니다.

인트로 문단 부분은 노트테이킹 하실 필요가 없습니다. 리딩 지문에 3가지 이유에 대한 3가지 반박을 들으시면 됩니다.

why the young spends the energy that's left?
This theory makes no sense at all.

animals don't learn from play.
Playing is just an instinctual act.
They don't need to play in order to learn.

Third, animals do not play in order to develop social relationships.
The professor provides an example of rats
They don't need to know how to deal with their fellow animals

Animal Play 동물들의 놀이 — Listening Script

주제
동물의 놀이에는 이유가 없음

Young animals don't have any particular reason for playing as the reading suggests. All the studies done about animal play are mere **speculation** as no one can **confidently state** the young animal's reason for playing. So you can consider all the information and evidence provided about animal play to be false.

지문에서처럼 어린 동물이 이유가 있어 노는 건 아닙니다. 누구도 어린 동물이 노는 이유를 **확신할** 수 없듯, 관련된 모든 연구는 **추측**일 뿐입니다. 따라서, 동물의 놀이에 관련된 모든 정보와 증거는 틀렸다 생각해도 됩니다.

근거 1
힘 뺄 필요 없음
세부사항
일부 해양동물 조차 마땅한 이유 없음

First, young animals don't play in order to simply consume all their surplus energy. This may be the case with some marine mammals, such as the seals, but even looking at the play, we can't fully prove that they play to consume surplus energy. I mean, why must the young spend the energy that's left? This theory **makes no sense** at all.

첫째, 어린 동물은 남은 에너지를 쓰려고 놀지 않습니다. 물개 같은 몇몇 해양동물은 그럴 수 있지만, 남은 에너지를 쓰려고 논다고 확실히 증명할 순 없습니다. 다시 말해, 어린 동물이 왜 굳이 남는 에너지를 써야 할까요? 이 이론은 **전혀 말이 안됩니다**.

근거 2
배우는 것 없음
세부사항
즐기려고 하는 본능일 뿐

Second, animals don't particularly learn much from their play. For example, if you look at the play of juvenile cats, it has nothing to do with learning skills and strategies needed for survival. Part of their play is jumping and spinning so I don't see how this could develop the skills or strategies needed for survival. Playing is just an **instinctual** act. The juveniles play in order to entertain themselves. These animals are born with the skills they need for survival as adults. They don't need to play in order to learn anything.

둘째, 동물이 특별히 놀면서 배우는 건 없습니다. 한 예로, 어린 고양이가 노는 걸 보면, 생존술이나 그 방법과는 관련이 없습니다. 놀이의 일부는 점프와 빙빙 도는 건데, 어떻게 생존에 도움이 되는지 알 수 없습니다. 놀이는 **본능**일 뿐입니다. 새끼들은 스스로 즐기려고 놉니다. 동물은 필요한 생존술을 갖고 태어납니다. 뭘 배우려고 놀지 않아도 됩니다.

근거 3
사회관계 불필요
세부사항
어차피 다 자라면 혼자 생활함

Third, animals do not play in order to develop social relationships. The example of rats' behavior proves this to be true. When rats are young, they live in groups and play with each other, so this may look like developing social relationships to most people. However, once the rats grow up, they don't live **in groups** and most of them act individually. They don't need to know how to deal with their fellow animals or facilitate cooperation in order to live through their adulthood. All animals are born with what they need for survival, so they don't have to learn this.

셋째, 동물은 사회적 관계의 발전을 위해 놀지 않습니다. 위의 행동이 이를 증명합니다. 쥐들은 어릴 때 떼지어 살고 함께 놀아서 사람들에겐 이들이 사회적 관계를 발전시키는 듯 보입니다. 그러나, 자라고 나면 **떼지어** 살지 않고 개인활동을 합니다. 다 자라서 살기 위해 동료를 다루는 법이나 돕는 법을 배울 필요가 없습니다. 동물들은 생존의 필수요소를 갖고 태어나므로 이를 배울 필요는 없습니다.

Vocabulary

speculation [spékjuléiʃən]	n. 추론, 심사숙고	confidently [kánfədəntli]	ad. 자신 있게
state [steit]	v. ~을 분명히 하다	make sense	v. 말이 되다, 이치에 맞다
instinctual [instíŋktʃuəl]	a. 직관적인 (= instinctive)	in a group	phr. 무리지어

근거 1
남는 에너지를 소비

세부사항
포식자들은 매 순간 사냥하지 않으므로 에너지가 남음

First, ❶ young animals play in order to consume their **surplus** energy. Play is a seemingly useless behavior, but it has arisen as a result of the inactivity of animals in the higher food chain such as the predators. They don't need to spend every minute of the day hunting in order to survive, so they become bored and play in order to entertain themselves.

첫째, 어린 동물은 **남는** 에너지를 쓰려고 놉니다. 놀이는 쓸모없어 보이지만, 이는 먹이사슬 상위에 있는 포식자들이 움직이지 않아 나타난 행동입니다. 그들은 살아 남으려고 매 순간 사냥할 필요가 없으므로, 지루해지면 자신을 즐겁게 하려고 놀이를 합니다.

근거 2
생존의 기술을 익힘

세부사항
포식자는 사냥법을, 먹잇감은 도망치는 법을 익힘

Also, ❷ young animals can learn skills and strategies needed for their survival when they grow up. The play may differ depending on whether the animal is a predator or prey. Most predators learn ways of hunting, killing, and consuming food through play, while preys learn ways to find food and escape from predators. Thus, the play of animals **plays an important role** in the learning process of animals.

또, 어린 동물은 자라서 생존하기 위한 기술과 방법을 배웁니다. 놀이는 동물이 포식자냐 먹잇감이냐에 따라 달라집니다. 대부분의 포식자들은 놀이를 통해 사냥법, 죽이는 법, 먹는 법을 배우고, 먹잇감들은 먹이를 찾고 포식자로부터 도망치는 법을 배웁니다. 따라서, 동물의 놀이는 학습과정에서 **역할이 큽니다.**

근거 3
사회적 관계 발전

세부사항
서로를 다루고, 돕고, 동맹하는 법을 놀면서 익힘

Third and last, ❸ young animals develop social relationships through play. Play allows **juveniles** to learn how to deal with their fellow animals and **facilitate** cooperation, develop **alliances**, and encourage innovation in social behavioral patterns. To do this, the young may wrestle with each other, **play chase**, or exhibit aggressive and competitive behaviors similar to that of the adults, but without the actual violence. Some animals even cross the species boundary to find play partners such as young chimpanzees and **baboons**, who occasionally **tussle** together.

셋째이자 마지막으로, 어린 동물은 놀이를 통해 사회적 관계를 발전시킵니다. 놀이는 어린 동물이 동료를 다루는 법, 협력을 **촉진하는** 법, **동맹**하는 법을 배우게하고 새로운 사회적 행동양식을 찾게합니다. 이를 위해, 어린 동물은 서로 뒹굴거나, **쫓거나**, 혹은 어른처럼 공격성과 경쟁의식을 보입니다. 가끔 **싸우는** 어린 침팬지와 **개코 원숭이**처럼 어떤 동물은 놀이친구를 다른 종에서 찾기도 합니다.

Sample Listening 작성 답안

인트로 문단 부분은 노트테이킹 하실 필요가 없습니다. 리딩 지문에 3가지 이유에 대한 3가지 반박을 들으시면 됩니다.

young animals do not play in order to consume all their surplus energy. Some marine animals such as seals are believed to play to consume their energy but even this doesn't prove the theory.

young animals do not particularly learn much from their play. For example, cats do things that don't seem to teach them anything while playing.

some animals that play as juveniles grow up to live individually. According to the lecture, all animals play because it is in their nature to do so. There is no reason in animal play.

STEP 08 — 리딩과 리스닝을 뼈대에 맞춰서 전체 다 작성해 보시겠습니다.

In the given set of materials, the reading passage and the lecture deal with _____ to debate (whether) _____. The reading passage is providing three pieces of evidence to prove its point, whereas the professor argues against it by providing three compelling rebuttals.

The reading passage asserts the idea that _____
_____
_____
_____. The professor casts doubt because _____
_____
_____
_____.

The reading passage claims that _____
_____
_____
_____. The professor refutes the idea because _____
_____
_____
_____.

The reading passage points out that _____
_____
_____
_____. The professor challenges the idea because _____
_____
_____
_____.

※ 90page의 모범답안의 뼈대와 이 페이지의 뼈대가 다른 이유는 시험보러 가셨을 때 다른 사람과 뼈대가 겹치지 말라고 일부러 다양하게 구성해 두었습니다.

07 Animal Play 동물들의 놀이 — Integrated Task

서론

According to both the reading and the listening, they argue over playing **based on whether** why animals play. **The reading strongly asserts three possible theories about the idea, but the listening refutes each theory by providing three compelling reasons.**

본론 1

The reading claims that young animals play in order to consume their surplus energy. They don't need to spend every minute of the day hunting in order to survive, so they become bored and play in order to entertain themselves. **The listening is against this because** young animals do not play in order to consume all their surplus energy. Some marine animals such as seals are believed to play to consume their energy but even this doesn't prove the theory.

본론 2

The reading explains that young animals can learn skills and strategies needed for their survival when they grow up. The play of animals plays an important role in the learning process of animals. **The listening refutes this because** young animals do not particularly learn much from their play. For example, cats do things that don't seem to teach them anything while playing.

본론 3

The reading argues that young animals develop social relationships through play. Some animals even cross the species boundary to find play partners such as young chimpanzees and baboons, who occasionally tussle together. **The listening opposes this because** some animals that play as juveniles grow up to live individually. According to the lecture, all animals play because it is in their nature to do so. There is no reason in animal play.

USHER
iBT TOEFL
WRITING
DAY 08

Integrated Task

지문 / 해석 / 모범 답안

자기 평가표

USHER

08. China's Discovery of Americas
중국의 미대륙 발견

Integrated Task

 >  >  >  >

STEP 1. 리딩 베끼기 > **STEP 2.** 리스닝 추려내기 > **STEP 3.** 재료준비 끝 > **STEP 4.** 작성하기 > **STEP 5.** 답안

주제
최초의 신대륙 발견은 정화가 했음

While most people believe that Christopher Columbus discovered the Americas in 1492, new research has revealed that the Chinese may have actually discovered North and South America as early as 1421. Some believe that Chinese explorer and **diplomat** Zheng He's seven voyages around this time were actually the first **circumnavigation** of the globe.

많은 이들이 크리스토퍼 콜럼버스가 1492년 미대륙을 발견했다 믿는데, 중국인들이 이미 1421년에 북남미를 발견했다고 새로이 밝혀졌습니다. 일부 사람들은 중국 탐험가이자 **외교관**인 정화의 일곱 항해가 사실상 최초의 **세계일주**라 믿습니다.

근거 1
정화의 지도
세부사항
7개 대륙의 위치와 모양이 비교적 정확히 표시됨

The case for this circumnavigation is presented in Gavin Menzies' book 1421: The Year China Discovered the World. In it, Menzies shows that Zheng He and his fleet sailed not only to America, but also Australia, New Zealand and **Antarctica**. ❶ These **assertions** are based mainly on the existence of the "Zheng He Map" of 1418. According to Menzies, Zheng He created this map with all seven continents, along with their general shapes and locations, thus proving that his voyages had, in fact, led him fully around the globe.

이 세계일주의 경우, 가빈 멘지스의 책 "1421: 중국이 세계를 발견한 해"에 소개됩니다. 거기서, 멘지스는 정화화 그의 함대가 미대륙 뿐 아니라, 호주, 뉴질랜드, 그리고 **남극**도 항해했음을 보여줍니다. 이 **주장**은 1418년의 "정화의 지도"의 존재에 기초한 것입니다. 멘지에에 따르면, 정화는 이 지도를 7개 대륙의 모양과 위치를 가지고 만들었으므로, 사실상 그가 세계를 항해했음을 증명합니다.

근거 2
중국식 닻의 발견
세부사항
캘리포니아 해안서 발견된 닻이 이론을 증명함

This map isn't the only evidence that points to an earlier Chinese discovery of the New World. Another bit of proof was the discovery of Chinese **anchors** along the California coastline in the mid-1970s. These 20 circular stone anchors match the size and structure of those used by Chinese fisherman from at least 500 AD. ❷ The discovery of these anchors, which are unique in design, proves that Chinese sailors' explorations had **predated** Columbus' discovery of the Americas.

중국이 먼저 신대륙을 발견한 증거는 이 지도만이 아닙니다. 다른 증거는 1970년대 중반 캘리포니아 해안에서 발견된 중국식 **닻**입니다. 동그란 돌로된 20개의 닻은 최소 서기 500년 이후의 중국 어부의 닻과 크기 및 구조가 같습니다. 모양이 특이한 이 닻의 발견은 중국 항해사들의 모험이 콜럼버스의 미대륙 발견보다 **앞섰음**을 증명합니다.

근거 3
탐험가들의 기록
세부사항
신대륙에서 중국인들을 봤다는 기록이 존재함

A final factor leading to the conclusion that the Chinese had **preceded** the European explorers can be found in the writings of famous explorers like Magellan. ❸ These early explorers noted that there were Chinese scattered throughout the newly discovered lands. According to them, they found Chinese people from the coasts of Florida to those of California, and even into Mexico. This proves that the Chinese had not only previouslyfound the New World, but had also **inhabited** it.

중국이 유럽 탐험가보다 **앞섰다고** 증명하는 마지막 요인은 마젤란같은 유명한 탐험가의 글에서 발견됩니다. 초기 탐험가들은 새로이 찾은 땅에 중국인들이 퍼져있다고 적었습니다. 그들에 의하면, 플로리다 해안부터 캘리포니아 해안까지, 심지어 멕시코에서도 중국인들을 찾아냈습니다. 이는 신대륙을 중국인들이 찾았을 뿐 아니라, 거기 **살았음**을 증명합니다.

Vocabulary

diplomat [dípləmæt]	n. 외교관, 수완가	circumnavigation [sə:rkəmnævəgeiʃən]	n. (세계)일주
Antarctica [æntá:rktikə]	n. 남극 대륙	assertion [əsə́:rʃən]	n. 주장, 단언
anchor [ǽŋkər]	n. 닻, 의지의 대상, 앵커	predate [prideit]	n. (시간적으로)~에 앞서다
precede [prisí:d]	n. (시간, 공간적으로)~에 앞서다	inhabit [inhǽbit]	v. 거주하다, 서식하다

08. China's Discovery of Americas
중국의 미대륙 발견

Integrated Task

 STEP 01 뼈대를 먼저 작성 해보도록 하겠습니다.

 STEP 02 큰주제란!
1. 최대 5단어이며
2. 전치사 접속사를 포함하고 있으면 안되고
3. 명사 형태입니다

 STEP 03 인트로 문단에서 큰 주제와 무엇을 토론하는지를 찾아서 작성해봅시다.

In the given set of materials, the reading passage and the lecture deal with _____ to debate (whether) _____. The reading passage is providing three pieces of evidence to prove its point, whereas the professor argues against it by providing three compelling rebuttals.

 STEP 04 이제 FIVE RULES를 적어 보도록 하겠습니다

1.
2.
3.
4.
5.

STEP 05 FIVE RULES에 근거하여서 베껴야 할 문장을 하이라이트 해봅시다.

1. 50%~66%의 내용을 베낀다.
   (바디마다 6문장이면 3문장 베끼고, 5문장이면 3문장, 4문장이면 2문장, 3문장이면 2문장, 2문장이면 1문장을 베낍니다.)
2. 근거를 베낀다.
   (근거란 인트로 문단에서 무엇을 토론하는지에 들어간 리딩이 주장하는 근거입니다.)
3. 예시를 베끼지 않는다.
   (예시란 과거에 대한 설명, 과거 사건 설명, 특정한 인물 및 배경 설명, 사례, 숫자적 언급이 사례입니다.)
4. 근거와 내용이 겹치지 않는 문장을 베낀다.
   (동전의 뒷면이 나왔다. 동전이 서지 않았고 앞면도 나오지 않았다는 같은 내용입니다.)
5. 내용이 겹칠 때에는 먼저 적힌 문장을 베낀다.
   (근거하고는 안겹치더라도 바디 문장안에서 서로 겹칠 수 있습니다. 그럴 때는 먼저 적힌 문장을 베끼세요.)

 리스닝을 듣고 노트 테이킹 합니다.

하단에 리스닝 스크립트를 보고 학생분이 노트테이킹 한 내용과 비교합니다.

인트로 문단 부분은 노트테이킹 하실 필요가 없습니다. 리딩 지문에 3가지 이유에 대한 3가지 반박을 들으시면 됩니다.

carbon dating shows the map to be from the 18th century

it is after the Europeans had explored the Americas.

carbon dating of the anchors shows that they were from the 19th century.

the explorers thought them to be Chinese

they were the Native Americans.

China's Discovery of Americas 중국의 미대륙 발견

Listening Script

주제
신대륙 발견의 증거에 대한 반박

We all know of Columbus' 1492 discovery of the Americas, don't we? Well, interestingly enough, some people, such as the author of our reading assignment, claim that this long held truth is actually inaccurate. They claim that Zheng He, the Chinese **admiral** and diplomat, had **anteceded** Columbus by 70 years.

우리 모두 콜럼버스의 1942년 미대륙 발견에 대해 압니다. 그렇죠? 흥미롭게도, 어떤 이들은 저자처럼 이 오랜 사실을 틀렸다고 합니다. 정화라는 중국의 **제독** 겸 외교관이 콜럼버스를 70년 **앞섰다** 주장합니다.

근거 1
잘못된 지도의 연대
세부사항
정화의 지도는 18세기에 만들어졌음

These people point to the "Zheng He Map" of 1418 as proof that his voyages had **traversed** most of the world. This is because the map contains all of the continents in their approximate locations, with nearly accurate descriptions of their general shape and dimensions. They hold that since it was from the early 15th century, Zheng He must have seen them before Columbus. Unfortunately for **adherents** to this theory, **carbon dating** shows the map to be from the 18th century … long after the Europeans had explored the Americas.

이들은 1418년의 "정화 지도"가 세계를 **일주한** 증거라 합니다. 지도가 모든 대륙의 위치를 담고 있고, 모양과 규모를 거의 정확히 묘사하고 있기 때문입니다. 그들은 이것이 15세기 초반 것이므로, 정화가 콜럼버스 전에 그것들을 봤다고 주장합니다. 이 이론의 **지지자들**에겐 안됐지만, **탄소 연대 측정법**은 이 지도가 유럽인의 미대륙 탐험 후인 18세기 것임을 밝혀냈습니다.

근거 2
잘못된 닻의 연대
세부사항
중국식 닻도 19세기에 만들어졌음

These people also claim that doughnut-shaped anchors found off of the California coast in the 1970s prove that Chinese mariners predated the European explorers. While the design of these anchors may prove that Chinese fishing ships sailed near the American coast, it doesn't prove that they did so before Europeans. In fact, carbon dating of the anchors shows that they were from the 19th century.

이들은 또, 1970년대 캘리포니아 해안에서 발견된 도넛 모양의 닻이, 중국 선원들이 유럽 탐험가들을 앞섰음을 증명한다고 합니다. 닻 모양이 중국 어선이 미국 해안에 왔음을 증명할진 몰라도, 유럽인 이전에 그랬음을 증명하진 않습니다. 사실, 탄소 연대 측정법은 이것이 19세기 것이라 밝혔습니다.

근거 3
탐험가들의 오해
세부사항
원주민들을 중국인으로 착각해 기록했음

Finally, their claims that the Europeans found Chinese people living in the New World are laughable. While it's true that the explorers found people they thought to be Chinese, we now know that they were the Native Americans. Coming from Europe, many of these explorers hadn't met **aboriginal** people before and upon seeing the dark-skinned Native Americans; they may have **related** them **to** other races that they had encountered, such as the Chinese.

끝으로, 중국인이 신대륙에 살았음을 유럽인이 발견했다는 건 우스운 주장입니다. 탐험가들이 중국인으로 추정되는 사람들을 발견한 건 사실이지만, 우린 그들이 북미 **원주민**이라는걸 압니다. 많은 유럽의 탐험가들은 원주민을 처음 봐서, 원주민들의 그을은 피부를 보고 이전에 본 중국인과 **연관시켰습니다**.

Vocabulary

admiral [ǽdmərəl]	n. 제독, 해군 장성	antecede [æntisíːd]	v. (시각적으로) ~에 앞서다
traverse [trǽvəːrs]	v. 횡단하다, 넘다	adherent [ædhíːərənt]	v. 지지자 / a. 접착성의
carbon dating	n. 방사선 탄소 연대 측정법	aboriginal [æbəríːdʒənl]	a. 원주민의 / n. 원주민

USHER

근거 1 — 정화의 지도 세부사항 7개 대륙의 위치와 모양이 비교적 정확히 표시됨	The case for this circumnavigation is presented in Gavin Menzies' book *1421: The Year China Discovered the World*. In it, Menzies shows that Zheng He and his fleet sailed not only to America, but also Australia, New Zealand and **Antarctica**. ❶ These **assertions** are based mainly on the existence of the "Zheng He Map" of 1418. According to Menzies, Zheng He created this map with all seven continents, along with their general shapes and locations, thus proving that his voyages had, in fact, led him fully around the globe.	이 세계일주의 경우, 가빈 멘지스의 책 "1421: 중국이 세계를 발견한 해"에 소개됩니다. 거기서, 멘지스는 정화와 그의 함대가 미대륙 뿐 아니라, 호주, 뉴질랜드, 그리고 **남극**도 항해했음을 보여줍니다. 이 **주장**은 1418년의 "정화의 지도"의 존재에 기초한 것입니다. 멘지스에 따르면, 정화는 이 지도를 7개 대륙의 모양과 위치를 가지고 만들었으므로, 사실상 그가 세계를 항해했음을 증명합니다.
근거 2 — 중국식 닻의 발견 세부사항 캘리포니아 해안서 발견된 닻이 이론을 증명함	This map isn't the only evidence that points to an earlier Chinese discovery of the New World. Another bit of proof was the discovery of Chinese **anchors** along the California coastline in the mid-1970s. These 20 circular stone anchors match the size and structure of those used by Chinese fisherman from at least 500 AD. ❷ The discovery of these anchors, which are unique in design, proves that Chinese sailors' explorations had **predated** Columbus' discovery of the Americas.	중국이 먼저 신대륙을 발견한 증거는 이 지도만이 아닙니다. 다른 증거는 1970년대 중반 캘리포니아 해안에서 발견된 중국식 **닻**입니다. 동그란 돌로된 20개의 닻은 최소 서기 500년 이후의 중국 어부의 닻과 크기 및 구조가 같습니다. 모양이 특이한 이 닻의 발견은 중국 항해사들의 모험이 콜럼버스의 미대륙 발견보다 **앞섰음**을 증명합니다.
근거 3 — 탐험가들의 기록 세부사항 신대륙에서 중국인들을 봤다는 기록이 존재함	A final factor leading to the conclusion that the Chinese had preceded the European explorers can be found in the writings of famous explorers like Magellan. ❸ These early explorers noted that there were Chinese scattered throughout the newly discovered lands. According to them, they found Chinese people from the coasts of Florida to those of California, and even into Mexico. This proves that the Chinese had not only previously found the New World, but had also **inhabited** it.	중국이 유럽 탐험가보다 **앞섰다고** 증명하는 마지막 요인은 마젤란같은 유명한 탐험가의 글에서 발견됩니다. 초기 탐험가들은 새로이 찾은 땅에 중국인들이 퍼져있다고 적었습니다. 그들에 의하면, 플로리다 해안부터 캘리포니아 해안까지, 심지어 멕시코에서도 중국인들을 찾아냈습니다. 이는 신대륙을 중국인들이 찾았을 뿐 아니라, 거기 **살았음**을 증명합니다.

Sample Listening 작성 답안

인트로 문단 부분은 노트테이킹 하실 필요가 없습니다. 리딩 지문에 3가지 이유에 대한 3가지 반박을 들으시면 됩니다.

the "Zheng He Map" of 1418 is likely a forgery, as carbon dating shows it to have been created in the 18th century.

the discovery of ancient, Chinese-style anchors off the California coast does not prove that the Chinese were in the Americas first, as they can be proven to be from the 1800s.

the early European explorers' accounts of seeing Chinese people in the Americas were actually a misunderstanding caused by the explorers having never encountered an aboriginal people before.

STEP 08 — 리딩과 리스닝을 뼈대에 맞춰서 전체 다 작성해 보시겠습니다.

In the given set of materials, the reading passage and the lecture deal with _____ to debate (whether) _____. The reading passage is providing three pieces of evidence to prove its point, whereas the professor argues against it by providing three compelling rebuttals.

The reading passage asserts the idea that _____
_____
_____
_____. The professor casts doubt because _____
_____
_____
_____
_____.

The reading passage claims that _____
_____
_____
_____. The professor refutes the idea because _____
_____
_____
_____
_____.

The reading passage points out that _____
_____
_____
_____. The professor challenges the idea because _____
_____
_____
_____
_____.

※ 98page의 모범답안의 뼈대와 이 페이지의 뼈대가 다른 이유는 시험보러 가셨을 때 다른 사람과 뼈대가 겹치지 말라고 일부러 다양하게 구성해 두었습니다.

08. China's Discovery of Americas
중국의 미대륙 발견

Integrated Task

서론

According to both the reading and the listening, they argue over the Americas **based on whether** Chinese explorer Zheng He was the first one to discover America. **The reading strongly asserts three possible theories about the idea, but the listening refutes each theory by providing three compelling reasons.**

본론 1

The reading claims that the case of this circumnavigation is presented in Gavin Menzies' book 1421: The Year China Discovered The World. These assertions are based mainly on the existence of the "Zheng He map" of 1418. **The listening is against this because** the "Zheng He Map" of 1418 is likely a forgery, as carbon dating shows it to have been created in the 18th century.

본론 2

The reading explains that another bit of proof was the discovery of Chinese anchors along the California coastline in the mid-1970s. The discovery of these anchors, which are unique in design, proves that Chinese sailor's explorations had predated Columbus's discovery of the Americas. **The listening refutes this because** the discovery of ancient, Chinese-style anchors off the California coast does not prove that the Chinese were in the Americas first, as they can be proven to be from the 1800s.

본론 3

The reading argues that Chinese had preceded the European explorers can be found in the writings of famous explorers like Magellan. This proves that the Chinese had not only previously found the New World, but had also inhabited it. **The listening opposes this because** the early European explorers' accounts of seeing Chinese people in the Americas were actually a misunderstanding caused by the explorers having never encountered an aboriginal people before.

USHER
iBT TOEFL
WRITING
DAY 09

Integrated Task

지문 / 해석 / 모범 답안

자기 평가표

USHER 09: Pyramids Built with Concrete?
콘크리트로 지은 피라미드?

Integrated Task

STEP 1. 리딩 베끼기 > STEP 2. 리스닝 추려내기 > STEP 3. 재료준비 끝 > STEP 4. 작성하기 > STEP 5. 답안

주제 — 피라미드를 콘크리트로 지었다는 근거

The great pyramids of Egypt have always been a mystery, even to modern people. There have been several plausible theories regarding the construction of pyramids including using quarried stones to build the pyramids and moving the stones by rolling them, using **cranes**, or using **ramps**. However, several Egyptologists have recently **come up with** a new theory. They claim that the pyramids were built not with stones but with **limestone** concrete instead.

이집트의 거대한 피라미드는 현대인에게도 불가사의입니다. 피라미드를 위해 돌을 채석하고, 굴려 옮기고, **기중기**나 **경사로**를 이용하는 등 건축법에 관한 이론이 많았습니다. 그러나 몇 이집트학자들이 최근 새로운 이론을 **생각해 냈습니다**. 피라미드가 돌이 아닌 **석회석** 콘크리트로 지어졌다고 주장합니다.

근거 1 — 목이 긴 물병
세부사항 — 콘크리트 주조법이 아니면 만들 수 없었음

Egyptologists discovered ❶ use of concrete in the process of making Egyptian long-necked vases. Like the pyramids, no one could conventionally figure out how the vases were made because such a delicate shape could not be explained without using the **casting** method. Egyptologists assume that these long-necked artifacts would have been impossible to create without using concrete.

이집트학자들은 목이 긴 물병의 제조과정에서 콘크리트 사용을 발견했습니다. 그런 섬세한 모양은 **주조**법으로 밖에 설명할 수 없었기 때문에, 물병이 어떻게 만들어졌는지 지금껏 알 수 없었습니다. 학자들은 콘크리트가 아니면 이 유물을 만들 수 없었다고 생각합니다.

근거 2 — 기포가 발견됨
세부사항 — 콘크리트는 준비과정에서 기포가 생김

In addition, ❷ the pyramid blocks contained air bubbles. Today, rocks and concrete can be easily distinguished from one another, because concrete contains microscopic air bubbles from the **slurry** preparation and pouring whereas **granite** does not. When a sample from one of the pyramid blocks was examined and bubbles were found.

게다가, 피라미드 블록은 기포가 있습니다. 오늘날, 돌과 콘크리트는 쉽게 구분이 되는데, 콘크리트는 **슬러리** 준비과정과 붓는 과정에서 미세한 기포가 생기지만, **화강암**은 그렇지 않기 때문입니다. 피라미드블럭 샘플을 조사하니 기포들이 발견됐습니다.

근거 3 — 내부의 습도
세부사항 — 콘크리트가 굳는 과정에서 수분이 방출됨

Lastly, ❸ the humidity inside the pyramids is another clue pointing to the use of limestone concrete. When scientists measured the humidity inside the pyramids, it was much higher than would be expected in buildings in a desert environment. The Egyptologists claim that this was caused by moisture released into the halls while the blocks were being **cured**. [301]

마지막으로, 피라미드 안의 습도가 석회석 콘크리트 사용의 다른 단서입니다. 과학자들이 피라미드 안의 습도를 쟀을 때, 사막의 건물치고는 예상보다 훨씬 높게 나왔습니다. 이집트학자들은 이것이 블록의 **양생** 과정에서 복도로 배출된 수분 때문이라 주장합니다.

Vocabulary

crane [krein]	n. 두루미, 학, 기중기, 크레인	ramp [ræmp]	n. 경사면, 경사로, 비탈길
come up with	phr. 생각해내다, 고안해내다	limestone [láimstòun]	n. 석회석, 석회암
cast [kæst]	v. 주조하다 / n. 깁스	slurry [slə́:ri]	n. 시멘트에 물을 섞은 현탁액
granite [grǽnit]	n. 화강암, 단단한 것	cure [kjuər]	v. 경화시키다, 굳게하다

09 Pyramids Built with Concrete?
콘크리트로 지은 피라미드?

Integrated Task

STEP 01 뼈대를 먼저 작성 해보도록 하겠습니다.

STEP 02 큰주제란!
1. 최대 5단어이며
2. 전치사 접속사를 포함하고 있으면 안되고
3. 명사 형태입니다

STEP 03 인트로 문단에서 큰 주제와 무엇을 토론하는지를 찾아서 작성해봅시다.

In the given set of materials, the reading passage and the lecture deal with _____ to debate (whether) _____. The reading passage is providing three pieces of evidence to prove its point, whereas the professor argues against it by providing three compelling rebuttals.

STEP 04 이제 FIVE RULES를 적어 보도록 하겠습니다
1.
2.
3.
4.
5.

STEP 05 FIVE RULES에 근거하여서 베껴야 할 문장을 하이라이트 해봅시다.
1. 50%~66%의 내용을 베낀다.
   (바디마다 6문장이면 3문장 베끼고, 5문장이면 3문장, 4문장이면 2문장, 3문장이면 2문장, 2문장이면 1문장을 베낍니다.)
2. 근거를 베낀다.
   (근거란 인트로 문단에서 무엇을 토론하는지에 들어간 리딩이 주장하는 근거입니다.)
3. 예시를 베끼지 않는다.
   (예시란 과거에 대한 설명, 과거 사건 설명, 특정한 인물 및 배경 설명, 사례, 숫자적 언급이 사례입니다.)
4. 근거와 내용이 겹치지 않는 문장을 베낀다.
   (동전의 뒷면이 나왔다. 동전이 서지 않았고 앞면도 나오지 않았다는 같은 내용입니다.)
5. 내용이 겹칠 때에는 먼저 적힌 문장을 베낀다.
   (근거하고는 안겹치더라도 바디 문장안에서 서로 겹칠 수 있습니다. 그럴 때는 먼저 적힌 문장을 베끼세요.)

 리스닝을 듣고 노트 테이킹 합니다.

 하단에 리스닝 스크립트를 보고 학생분이 노트테이킹 한 내용과 비교합니다.

인트로 문단 부분은 노트테이킹 하실 필요가 없습니다. 리딩 지문에 3가지 이유에 대한 3가지 반박을 들으시면 됩니다.

there is no evidence to prove
they were made by combining two different parts
simple pinching technique enabled vases to be created.

Second, the air bubbles were due to repairs on the pyramids
The concrete was used to repair

Finally, the high humidity is because of the tourists
thousands of people breathe inside
they exhale CO2 inside the pyramids

Pyramids Built with Concrete? 콘크리트로 지은 피라미드?

Listening Script

주제
콘크리트 건축이 말도 안되는 이유

The pyramids are indeed amongst the greatest wonders of the world. They are one of humanity's greatest mysteries and there have been numerous efforts to discover the technology involved in creating them. It, however, makes no sense **whatsoever** to claim that concrete was used to build the pyramids because they were clearly built using quarried stones.

피라미드는 세계 최고의 불가사의 중 하나입니다. 이들은 인류 최대의 신비 중 하나이고, 건축법을 찾아내려 엄청난 노력은 했습니다. 그러나, 이들은 명백히 채석된 돌로 지어졌기 때문에, 콘크리트로 피라미드를 지었다는건 어찌됐든 말도 안됩니다.

근거 1
물병의 제조과정
세부사항
손으로 쉽게 만들 수 있었음

First, there is no evidence to prove that the vases were made with concrete. Rather, they were made by combining two different parts of the vase which were made separately with **clay**, not concrete. They were created simply by **hollowing** out a **lump** of clay by hand and **pinching** it to give it its final form. This simple pinching technique enabled the elegant long-necked vases to be created.

첫째, 물병을 콘크리트로 만들었다는 증거가 없습니다. 오히려, 콘크리트가 아닌, 찰흙으로 만든 두 반쪽을 붙여 만들었습니다. 찰흙 덩어리의 속을 파내고 손으로 꼬집어 모양을 냈습니다. 이 간단한 꼬집기 기술이 세련된 긴 목의 물병의 탄생을 가능케 했습니다.

근거 2
기포의 생성이유
세부사항
현대에 들어 수리과정에서 콘크리트가 쓰임

Second, the air bubbles found in the blocks were due to repairs on the pyramids done in modern days. After thousands of years, the pyramid would have fallen apart without any repairs, so concrete was used to repair them. The concrete used in these repairs probably contained some air bubbles which were later thought to be part of the blocks.

둘째, 블록의 기포는 현대에 피라미드 수리 중에 생긴 것입니다. 수천 년이 지나, 수리하지 않으면 피라미드가 떨어져 나갈테니, 수리를 위해 콘크리트가 쓰였습니다. 수리과정 중 쓰인 콘크리트가 기포를 갖고 있어, 후에 이게 블록의 일부로 보이는 겁니다.

근거 3
내부 습도의 이유
세부사항
수천 명의 광관객들이 숨을 내쉬어 생김

Finally, the high humidity inside the pyramids can be explained by the large number of tourists who visit the pyramids. Every year, thousands and thousands of people visit Egypt to explore the pyramids. This means that thousands of people breathe inside the pyramid as well, thus, as they **exhale** CO_2 inside the pyramids, moisture becomes trapped inside the enclosed area and the humidity rose. [300]

마지막으로, 내부의 높은 습도는 피라미드를 방문하는 많은 여행객들 때문입니다. 매년, 수천 명의 사람들이 피라미드를 탐험하려고 이집트에 옵니다. 이는 수 천명의 사람들이 피라미드 안에서 숨을 쉰다는 말로, 안에서 이산화탄소를 내쉬면 수분이 폐쇄된 공간에 갇혀 습도가 오른 겁니다.

Vocabulary

whatsoever [wʌtsoᴜɛvər]	ad. 어찌됐든	clay [kleɪ]	n. 찰흙, 점토
hollow [hálou]	a. 속이 빈 / v. 속을 비우다	lump [lʌmp]	n. 덩어리, 혹
pinch [pintʃ]	v. ~을 꼬집다	exhale [ekshéil]	v. 숨을 내쉬다, 발산하다

Sample Reading 작성 답안

1. 50%~66%의 내용을 베낀다.
   (바디마다 6문장이면 3문장 베끼고, 5문장이면 3문장, 4문장이면 2문장, 3문장이면 2문장, 2문장이면 1문장을 베낍니다.)
2. 근거를 베낀다.
   (근거란 인트로 문단에서 무엇을 토론하는지에 들어간 리딩이 주장하는 근거입니다.)
3. 예시를 베끼지 않는다.
   (예시란 과거에 대한 설명, 과거 사건 설명, 특정한 인물 및 배경 설명, 사례, 숫자적 언급이 사례입니다.)
4. 근거와 내용이 겹치지 않는 문장을 베낀다.
   (동전의 뒷면이 나왔다. 동전이 서지 않았고 앞면도 나오지 않았다는 같은 내용입니다.)
5. 내용이 겹칠 때에는 먼저 적힌 문장을 베낀다.
   (근거하고는 안겹치더라도 바디 문장안에서 서로 겹칠 수 있습니다. 그럴 때는 먼저 적힌 문장을 베끼세요.)

근거 1
목이 긴 물병

세부사항
콘크리트 주조법이 아니면 만들 수 없었음

Egyptologists discovered ❶ use of concrete in the process of making Egyptian long-necked vases. Like the pyramids, no one could conventionally figure out how the vases were made because such a delicate shape could not be explained without using the **casting** method. Egyptologists assume that these long-necked artifacts would have been impossible to create without using concrete.

이집트학자들은 목이 긴 물병의 제조과정에서 콘크리트 사용을 발견했습니다. 그런 섬세한 모양은 **주조**법으로 밖에 설명할 수 없었기 때문에, 물병이 어떻게 만들어졌는지 지금껏 알 수 없었습니다. 학자들은 콘크리트가 아니면 이 유물을 만들 수 없었다고 생각합니다.

근거 2
기포가 발견됨

세부사항
콘크리트는 준비과정에서 기포가 생김

In addition, ❷ the pyramid blocks contained air bubbles. Today, rocks and concrete can be easily distinguished from one another, because concrete contains microscopic air bubbles from the **slurry** preparation and pouring whereas **granite** does not. When a sample from one of the pyramid blocks was examined and bubbles were found.

게다가, 피라미드 블록은 기포가 있습니다. 오늘날, 돌과 콘크리트는 쉽게 구분이 되는데, 콘크리트는 **슬러리** 준비과정과 붓는 과정에서 미세한 기포가 생기지만, **화강암**은 그렇지 않기 때문입니다. 피라미드블록 샘플을 조사하니 기포들이 발견됐습니다.

근거 3
내부의 습도

세부사항
콘크리트가 굳는 과정에서 수분이 방출됨

Lastly, ❸ the humidity inside the pyramids is another clue pointing to the use of limestone concrete. When scientists measured the humidity inside the pyramids, it was much higher than would be expected in buildings in a desert environment. The Egyptologists claim that this was caused by moisture released into the halls while the blocks were being **cured**. [301]

마지막으로, 피라미드 안의 습도가 석회석 콘크리트 사용의 다른 단서입니다. 과학자들이 피라미드 안의 습도를 쟀을 때, 사막의 건물치고는 예상보다 훨씬 높게 나왔습니다. 이집트학자들은 이것이 블록의 **양생** 과정에서 복도로 배출된 수분 때문이라 주장합니다.

Sample Listening 작성 답안

인트로 문단 부분은 노트테이킹 하실 필요가 없습니다. 리딩 지문에 3가지 이유에 대한 3가지 반박을 들으시면 됩니다.

the long-necked vases were not made with concrete. The structure was simply possible with conventional techniques.

the air bubbles found in the pyramid blocks are a result of modern day repairs. The lecturer goes on to claim that concrete was used to mend broken blocks in the pyramids.

the high humidity inside the pyramid was caused by tourists. Since many tourists visit the pyramids, their exhalation probably released moisture.

리딩과 리스닝을 뼈대에 맞춰서 전체 다 작성해 보시겠습니다.

In the given set of materials, the reading passage and the lecture deal with _____ to debate (whether) _____. The reading passage is providing three pieces of evidence to prove its point, whereas the professor argues against it by providing three compelling rebuttals.

The reading passage asserts the idea that _____
_____
_____
_____
_____. The professor casts doubt because _____
_____
_____
_____
_____.

The reading passage claims that _____
_____
_____
_____. The professor refutes the idea because _____
_____
_____
_____.

The reading passage points out that _____
_____
_____
_____. The professor challenges the idea because _____
_____
_____
_____.

※ 106page의 모범답안의 뼈대와 이 페이지의 뼈대가 다른 이유는 시험보러 가셨을 때 다른 사람과 뼈대가 겹치지 말라고 일부러 다양하게 구성해 두었습니다.

Pyramids Built with Concrete?
콘크리트로 지은 피라미드?

Integrated Task

서론

According to both the reading and the listening, they argue over the great pyramids of Egypt **based on whether** they were built with limestone concrete. **The reading strongly asserts three possible theories about the idea, but the listening refutes each theory by providing three compelling reasons.**

본론 1

The reading claims that Egyptologists discovered use of concrete in the process of making Egyptian long-necked vases. Like the pyramids, no one could conventionally figure out how the vases were made because such a delicate shape could not be explained without using the casting method. **The listening is against this because** the long-necked vases were not made with concrete. The structure was simply possible with conventional techniques.

본론 2

The reading explains that the pyramid blocks contained air bubbles. When a sample from one of the pyramid blocks was examined and bubbles were found. **The listening refutes this because** the air bubbles found in the pyramid blocks are a result of modern day repairs. The lecturer goes on to claim that concrete was used to mend broken blocks in the pyramids.

본론 3

The reading argues that the humidity inside the pyramids is another clue pointing to the use of limestone concrete. When scientists measured the humidity inside the pyramids, it was much higher than would be expected in buildings in a desert environment. **The listening opposes this because** the high humidity inside the pyramid was caused by tourists. Since many tourists visit the pyramids, their exhalation probably released moisture.

USHER
iBT TOEFL
WRITING
DAY 10

Integrated Task

지문 / 해석 / 모범 답안

자기 평가표

USHER

10. Anglo-Saxon or Celtic? 앵글로-색슨 혹은 캘트?

Integrated Task

주제 앵글로-섹슨족이 영국인의 조상이다	The Anglo-Saxons are an integral part of early British history. The Anglo-Saxons, which are Germanic tribes that began their invasion and conquest from present-day Germany, down to Denmark and to Britain during the 5th century, have replaced the original inhabitants of Britain to become the ancestors of the majority of today's Britons. Scientists and historians concur on this conjecture based on numerous findings.	앵글로-색슨족은 영국 초기역사에서 빠질 수 없습니다. 5세기경 현재의 독일에서 시작해, 덴마크와 영국에 이르는 침략과 정복을 시작한 게르만족인 앵글로-색슨족은 영국의 원주민대신 현대 영국인의 조상이 됐습니다. 과학자들과 역사가들은 많은 발견을 기반으로 이 추측에 서로 동의합니다.
근거 1 영국인의 급증 **세부사항** 침략 직후에 많은 앵글로-색슨족들이 영국으로 들어옴	❶ The first evidence supporting an Anglo-Saxons ancestry is the increase in the British population after the invasion. The estimated number of tribes and tribe size in 400 AD were significantly lower than those calculated for 600 AD. The sudden increase can be **attributed** to the **sheer** number of invading Anglo-Saxons that took over Britain. When the different Germanic tribes, including the Angles, the Saxons, and the Jutes, took over, the invaders' numbers could **compensate** for the lost Celtic population and add even more to the population.	앵글로-색슨 혈통을 증명하는 첫 증거는 침략 후 늘어난 영국의 인구입니다. 서기 400년의 부족 수와 크기는 서기 600년 보다 훨씬 더 적었으리라 추정됩니다. 이 갑작스런 증가는 **순전히** 영국을 정복한 앵글로-색슨 침략자들의 수 **때문입니다**. 앵글족, 색슨족, 그리고 주트족을 포함한 여러 게르만족이 정복했을 때, 침략자의 수가 켈트족의 줄어든 인구를 **메우고도** 남았습니다.
근거 2 고대영어의 전파 **세부사항** 앵글로-색슨의 언어인 고대영어가 널리 쓰였음	Secondly, ❷ the spread of the Anglo-Saxon language, Old English, serves as an example of their influence. Written records show that the Anglo-Saxon originated language was the primary language of England and Scotland from the 5th to 12th centuries, and is the basis of modern English. Additionally, place names have Old English backgrounds, while Celtic words in the English language are extremely rare.	둘째, 앵글로-색슨족의 언어인 고대영어의 전파는 그들의 영향력을 보여줍니다. 기록에는 앵글로-색슨족의 이 언어가 5세기에서 12세기 사이 잉글랜드와 스코틀랜드의 주된 언어였고, 현대영어의 기초라고 적혀있습니다. 게다가, 영어에는 켈트 단어가 아주 드문 반면, 지명들은 고대영어를 바탕으로 합니다.
근거 3 유전자가 비슷함 **세부사항** 영국인의 DNA가 앵글로-색슨 후손의 것과 거의 일치	❸ Researches on the DNA **substantiate** an Anglo-Saxon origin as well. Studies carried out by University College London compared the genetic identity of inhabitants of areas known to have been Anglo-Saxon territories. Findings showed that the genetic makeup of individuals in Southern England were nearly identical to the DNA of those in Germany who have been **verified** as **descendants** of the Anglo-Saxons. [274]	DNA 연구도 앵글로-색슨 기원을 **입증합**니다. University College London에서 진행한 연구는 앵글로-색슨족 지역으로 알려진 지역에 사는 주민들의 유전자를 비교했습니다. 남부 잉글랜드 주민의 유전자 구성이 독일에 앵글로-색슨족의 **후손으로 증명된** 사람들의 DNA와 거의 일치 했다고 밝혀졌습니다.

Vocabulary

attribute [ətríbjuːt]	v. 때문이라 생각하다 (to)	sheer [ʃiər]		a. 온전한, 섞은 것이 없는
compensate [kámpənsèit]	v. 보상하다, 보충하다	substantiate [səbstǽnʃièit]		v. ~을 입증하다
verify [vérəfài]	v. ~이 사실임을 입증하다	descendant [diséndənt]		n. 자손, 후예

10. Anglo-Saxon or Celtic? 앵글로-색슨 혹은 캘트?

Integrated Task

 STEP 01 뼈대를 먼저 작성 해보도록 하겠습니다.

 STEP 02 큰주제란!
1. 최대 5단어이며
2. 전치사 접속사를 포함하고 있으면 안되고
3. 명사 형태입니다

 STEP 03 인트로 문단에서 큰 주제와 무엇을 토론하는지를 찾아서 작성해봅시다.

In the given set of materials, the reading passage and the lecture deal with _____ to debate (whether) _____. The reading passage is providing three pieces of evidence to prove its point, whereas the professor argues against it by providing three compelling rebuttals.

 STEP 04 이제 FIVE RULES를 적어 보도록 하겠습니다

1.
2.
3.
4.
5.

 STEP 05 FIVE RULES에 근거하여서 베껴야 할 문장을 하이라이트 해봅시다.

1. 50%~66%의 내용을 베낀다.
   (바디마다 6문장이면 3문장 베끼고, 5문장이면 3문장, 4문장이면 2문장, 3문장이면 2문장, 2문장이면 1문장을 베낍니다.)
2. 근거를 베낀다.
   (근거란 인트로 문단에서 무엇을 토론하는지에 들어간 리딩이 주장하는 근거입니다.)
3. 예시를 베끼지 않는다.
   (예시란 과거에 대한 설명, 과거 사건 설명, 특정한 인물 및 배경 설명, 사례, 숫자적 언급이 사례입니다.)
4. 근거와 내용이 겹치지 않는 문장을 베낀다.
   (동전의 뒷면이 나왔다. 동전이 서지 않았고 앞면도 나오지 않았다는 같은 내용입니다.)
5. 내용이 겹칠 때에는 먼저 적힌 문장을 베낀다.
   (근거하고는 안겹치더라도 바디 문장안에서 서로 겹칠 수 있습니다. 그럴 때는 먼저 적힌 문장을 베끼세요.)

 리스닝을 듣고 노트 테이킹 합니다.

 하단에 리스닝 스크립트를 보고 학생분이 노트테이킹 한 내용과 비교합니다.

인트로 문단 부분은 노트테이킹 하실 필요가 없습니다. 리딩 지문에 3가지 이유에 대한 3가지 반박을 들으시면 됩니다.

Celtic tribes were still much larger
not all British are descendants of the Anglo-Saxons

its prevalence does not necessarily correlate to the spread of its originators
the Anglo-Saxons made up the ruling elite
the Celts would have been forced to use their language

Some areas have much higher concentrations of Celtic genes than Anglo-Saxon genes.

Anglo-Saxon or Celtic? 앵글로-색슨 혹은 캘트?

Listening Script

주제
영국인의 조상은 주로 켈트족이다

We cannot be so sure that the Celts were simply wiped away from their native land and **perished**. In fact, recent findings are actually pointing away from the previously held belief that the British are descendants of the Anglo-Saxons.

우린 켈트족이 고향에서 사라져 **멸망했다**고 확신할 수 없습니다. 사실, 최근의 발견은 영국인이 앵글로-색슨족의 후손이라는 이전의 믿음에서 벗어나고 있습니다.

근거 1
켈트족이 많았음
세부사항
대부분은 남아서 침략자들과 함께 살았음

First, as large as the invading bands of Anglo-Saxons were, Celtic tribes were still much larger. The Celts could not have been completely driven away because the invading population would not have been able to **account for** an increase in population with such large Celtic population left. Only one explanation remains: some Celts were driven away while others remained in the area alongside the invading Anglo-Saxons. This means that not all British are descendents of the Anglo-Saxons, but a fairly large portion of the population will be of Celtic **lineage**.

첫째, 앵글로-색슨 침략자들도 많았지만, 켈트족이 훨씬 더 많았습니다. 켈트족이 워낙 많았기 때문에, 침략자 수가 인구증가를 **설명하긴** 어렵고, 그래서 켈트족이 모두 쫓겨났을 리가 없습니다. 이렇게밖에 설명이 안되네요: 다른 켈트족은 앵글로-색슨 침략자들과 남은 반면, 몇몇 켈트족만 쫓겨난 겁니다. 이는 영국인이 전부 앵글로-색슨의 후손은 아니고, 꽤 많은 이들이 켈트족 **혈통임**을 의미합니다.

근거 2
고대언어를 강요
세부사항
켈트족이 지배층의 언어를 썼을 수도 있음

Second, the widespread use of the Anglo-Saxon language throughout British history is **undeniable**, but its **prevalence** does not necessarily correlate to the spread of its originators. Even in a community made up largely of Celts, if the Anglo-Saxons made up the ruling elite, which is highly likely considering that they invaded, then the Celts would have been forced to use their language. Also, Old English may have been considered more elegant and practical than the Celtic language system. The important fact is that a language does not have to be used **exclusively** by its originators.

둘째, 영국역사에서 앵글로-색슨 언어가 널리 쓰인 건 **부정할 수 없지만**, 이 **보급**은 원래 사용자가 직접 퍼져 산 것과는 무관합니다. 아무리 켈트족이 많은 사회라도, 앵글로-색슨족의 침략을 고려했을 때, 그들이 통치계급이라면, 켈트족은 앵글로-색슨의 언어를 쓰도록 강요됐을 겁니다. 또, 고대영어가 켈트어보다 세련되고 실용적이라 여겨졌을 수 있습니다. 중요한 건, 언어가 **오로지** 창시자에 의해서만 쓰일 필요는 없다는 겁니다.

근거 3
일부 지역의 얘기
세부사항
전국적으로 켈트족 유전자가 더 많이 발견됨

Finally, although the DNA of some British territories does show a higher rate of Anglo-Saxon genes than Celtic, analysis of the entire British region shows a pattern of higher Celtic DNA towards the South, with some parts being almost completely Celtic. In fact, the areas famously known to have been ruled by foreign tribes such as Cymru, have much higher concentrations of Celtic genes than Anglo-Saxon genes. [296]

끝으로, 일부 지역에선 켈트보다 앵글로-색슨 유전자 비율이 높지만, 영국 전체를 보면, 일부는 켈트족만 있을 정도로, 남쪽으로 갈수록 켈트 유전자가 더 많이 나오는 성향을 보였습니다. 사실, 웨일스처럼 이민족들의 지배로 잘 알려진 곳은 앵글로-색슨보다 켈트 유전자의 밀도가 더 높았습니다.

Vocabulary

perish [périʃ]	v. 사라지다	account [əkáunt]	v. (시각적으로) ~에 앞서다
lineage [líniidʒ]	n. 혈통	undeniable [ʌndináiəbl]	v. 지지자 / a. 부정할 수 없는
prevalence [prévələns]	n. 유형, 보급, 널리 퍼짐	aboriginal [æbərídʒənl]	a. 원주민의 / n. 원주민

USHER

Sample Reading 작성 답안

1. 50%~66%의 내용을 베낀다.
   (바디마다 6문장이면 3문장 베끼고, 5문장이면 3문장, 4문장이면 2문장, 3문장이면 2문장, 2문장이면 1문장을 베낍니다.)
2. 근거를 베낀다.
   (근거란 인트로 문단에서 무엇을 토론하는지에 들어간 리딩이 주장하는 근거입니다.)
3. 예시를 베끼지 않는다.
   (예시란 과거에 대한 설명, 과거 사건 설명, 특정한 인물 및 배경 설명, 사례, 숫자적 언급이 사례입니다.)
4. 근거와 내용이 겹치지 않는 문장을 베낀다.
   (동전의 뒷면이 나왔다. 동전이 서지 않았고 앞면도 나오지 않았다는 같은 내용입니다.)
5. 내용이 겹칠 때에는 먼저 적힌 문장을 베낀다.
   (근거하고는 안겹치더라도 바디 문장안에서 서로 겹칠 수 있습니다. 그럴 때는 먼저 적힌 문장을 베끼세요.)

근거 1
영국인의 급증

세부사항
침략 직후에 많은 앵글로-색슨족들이 영국으로 들어옴

❶ The first evidence supporting an Anglo-Saxons ancestry is the increase in the British population after the invasion. The estimated number of tribes and tribe size in 400 AD were significantly lower than those calculated for 600 AD. The sudden increase can be **attributed** to the **sheer** number of invading Anglo-Saxons that took over Britain. When the different Germanic tribes, including the Angles, the Saxons, and the Jutes, took over, the invaders' numbers could **compensate** for the lost Celtic population and add even more to the population.

앵글로-색슨 혈통을 증명하는 첫 증거는 침략 후 늘어난 영국의 인구입니다. 서기 400년의 부족 수와 크기는 서기 600년보다 훨씬 더 적었으리라 추정됩니다. 이 갑작스런 증가는 **순전히** 영국을 정복한 앵글로-색슨 침략자들의 수 **때문입니다**. 앵글족, 색슨족, 그리고 주트족을 포함한 여러 게르만족이 정복했을 때, 침략자의 수가 켈트족의 줄어든 인구를 **메우고도** 남았습니다.

근거 2
고대영어의 전파

세부사항
앵글로-색슨의 언어인 고대영어가 널리 쓰였음

Secondly, ❷ the spread of the Anglo-Saxon language, Old English, serves as an example of their influence. Written records show that the Anglo-Saxon originated language was the primary language of England and Scotland from the 5th to 12th centuries, and is the basis of modern English. Additionally, place names have Old English backgrounds, while Celtic words in the English language are extremely rare.

둘째, 앵글로-색슨족의 언어인 고대영어의 전파는 그들의 영향력을 보여줍니다. 기록에는 앵글로-색슨족의 이 언어가 5세기에서 12세기 사이 잉글랜드와 스코틀랜드의 주된 언어였고, 현대영어의 기초라고 적혀있습니다. 게다가, 영어에는 켈트 단어가 아주 드문 반면, 지명들은 고대영어를 바탕으로 합니다.

근거 3
유전자가 비슷함

세부사항
영국인의 DNA가 앵글로-색슨 후손의 것과 거의 일치

❸ Researches on the DNA **substantiate** an Anglo-Saxon origin as well. Studies carried out by University College London compared the genetic identity of inhabitants of areas known to have been Anglo-Saxon territories. Findings showed that the genetic makeup of individuals in Southern England were nearly identical to the DNA of those in Germany who have been **verified** as **descendants** of the Anglo-Saxons. [274]

DNA 연구도 앵글로-색슨 기원을 **입증합니다**. University College London에서 진행한 연구는 앵글로-색슨족 지역으로 알려진 지역에 사는 주민들의 유전자를 비교했습니다. 남부 잉글랜드 주민의 유전자 구성이 독일에 앵글로-색슨족의 **후손으로 증명된** 사람들의 DNA와 거의 일치 했다고 밝혀졌습니다.

Sample Listening 작성 답안

인트로 문단 부분은 노트테이킹 하실 필요가 없습니다. 리딩 지문에 3가지 이유에 대한 3가지 반박을 들으시면 됩니다.

the Celts outnumbered the Anglo-Saxons even after the invasion.

the use of Old English, the language of the Anglo-Saxons, cannot prove the Anglo-Saxon exile of the Celts because Old English could have been used by Celts as well as the Anglo-Saxons.

DNA research cannot be evidence of Anglo-Saxon dominance because the area of investigation was too confined to come up with an acceptable conclusion. Additionally, the DNA of other locals was closer to that of the Celts.

STEP 08. 리딩과 리스닝을 뼈대에 맞춰서 전체 다 작성해 보시겠습니다.

In the given set of materials, the reading passage and the lecture deal with _____ to debate (whether) _____. The reading passage is providing three pieces of evidence to prove its point, whereas the professor argues against it by providing three compelling rebuttals.

The reading passage asserts the idea that _____
_____
_____
_____. The professor casts doubt because _____
_____
_____
_____.

The reading passage claims that _____
_____
_____
_____. The professor refutes the idea because _____
_____
_____
_____.

The reading passage points out that _____
_____
_____
_____. The professor challenges the idea because _____
_____
_____
_____.

※ 114page의 모범답안의 뼈대와 이 페이지의 뼈대가 다른 이유는 시험보러 가셨을 때 다른 사람과 뼈대가 겹치지 말라고 일부러 다양하게 구성해 두었습니다.

USHER

10. Anglo-Saxon or Celtic? 앵글로-색슨 혹은 캘트?

Integrated Task

서론

According to both the reading and the listening, they argue over the Anglo-Saxons **based on whether** the Anglo-Saxons have replaced the original inhabitants of Britain to become the ancestors of the majority of today's Britons. **The reading strongly asserts three possible theories about the idea, but the listening refutes each theory by providing three compelling reasons.**

본론 1

The reading claims that the first evidence supporting an Anglo-Saxons ancestry is the increase in the British population after the invasion. The sudden increase can be attributed to the sheer number of invading Anglo-Saxons that took over Britain. **The listening is against this because** the Celts outnumbered the Anglo-Saxons even after the invasion.

본론 2

The reading explains that the spread of the Anglo-Saxon language, Old English, serves as an example of their influence. Additionally, place names have Old English backgrounds, while Celtics words in the English language are extremely rare. **The listening refutes this because** the use of Old English, the language of the Anglo-Saxons, cannot prove the Anglo-Saxon exile of the Celts because Old English could have been used by Celts as well as the Anglo-Saxons.

본론 3

The reading argues that researches on the DNA substantiate an Anglo-Saxon origin as well. Findings showed that the genetic makeup of individuals in Southern England were nearly identical to the DNA of those in Germany who have been verified as descendants of the Anglo-Saxons. **The listening opposes this because** DNA research cannot be evidence of Anglo-Saxon dominance because the area of investigation was too confined to come up with an acceptable conclusion. Additionally, the DNA of other locals was closer to that of the Celts.

USHER
iBT TOEFL
WRITING
DAY 11

Integrated Task

지문 / 해석 / 모범 답안

자기 평가표

Roanoke Colony 로아노크 식민지

Integrated Task

주제
로아노크 정착민이 크로아토아 섬으로 갔다는 증거

Founded in 1584, under the direction of Sir Walter Raleigh, the Lost Colony of Roanoke was an early European attempt to create a permanent settlement on the American mainland. This, however, **wasn't meant to be**, as the settlers faced great hardship and by 1590, the settlement was mysteriously abandoned and its inhabitants were **nowhere to be found**. Many theories have been proposed to explain this disappearance, with perhaps the most **credible** being their move to the nearby Croatoan Island.

월터 랠리경의 지휘아래 1584년 세워진 로아노크의 잊혀진 식민지는 미국 본토에 뿌리내리려던 유럽인들의 초기 시도였습니다. 그러나, **실패할 운명이었나 봅니다**; 정착민들의 고생이 심했고 1590년에 정착지는 이유를 모른 채 버려지고 정착민들은 **사라졌습니다**. 이를 설명하려 많은 이론이 제시됐는데, 가장 **믿을만한** 건 근처 크로아토아 섬으로의 이동설입니다.

근거 1
기둥에 새겨진 글
세부사항
식민지 입구의 울타리 기둥에 '크로아토아'라 새김

The most straightforward evidence of such a move is, also, the most visible. Although no one was found in the Roanoke colony, and there were no letters explaining where the settlers had gone, they did leave a clue. Carved into the fencepost at the entrance of the Roanoke colony was C-R-O-A-T-O-A-N. ❶ This clearly shows that they had moved to the island and settled amongst the Native Americans who were living there.

이동의 가장 직접적 증거는 가장 눈에 띄기도 합니다. 로아노크엔 아무도 없었고, 사람들이 어디로 갔는지 알리는 편지도 없었지만, 단서를 남기긴 했습니다. 로아노크 입구의 울타리 기둥에는 C-R-O-A-T-O-A-N이라 새겨져 있었습니다. 이는 그들이 섬으로 가서 원주민들 사이에 정착했음을 보여줍니다.

근거 2
섬에서 발견된 유물
세부사항
로아노크에서 금반지와 동전 등의 유물이 발견됨

❷ The second major piece of evidence to **corroborate** a move to Croatoan Island is the existence of artifacts found there. While the early inhabitants of the island were Native Americans, artifacts from Roanoke settlers, such as gold rings and coins, were found there. If there were not an early **influx** of European settlers to the island early on in the settlement process, these would not have been found.

크로아토아 섬으로의 이동을 **입증하는** 두 번째 증거는 거기서 발견된 유물입니다. 섬의 최초 정착민은 북미 원주민이었는데, 로아노크 정착민의 금반지와 동전 같은 공예품들이 발견되었습니다. 만약 정착 단계에서 섬으로의 유럽인 **유입**이 없었다면, 유물들은 발견되지 않았을 겁니다.

근거 3
후손들의 외모
세부사항
눈과 코 등이 유럽인들의 외모와 비슷함

Finally, and rather importantly, the physical characteristics of the Croatoan islanders show that there was a migration of European settlers to the area. While the initial settlers of the island were the Carolina Algonquian people, ❸ **subsequent** generations showed physical **traits**, especially the eyes and noses, more **aligned** with those of European heritage. It is believed that these physical similarities were due to Roanoke settlers moving to the island, being accepted by, and mixing with the Native American population already living there.

끝으로, 중요하게도, 크로아토아 섬사람들의 신체적 특징은 그 지역으로 유럽인들이 이주했음을 보여줍니다. 섬의 최초 정착민은 캐롤라이나 알곤퀸족이었는데, **이후** 세대는 특히 눈과 코가 유럽인과 **비슷한** 신체적 **특징**을 보였습니다. 이 신체적 유사함은 로아노크 정착민이 이 섬으로 이동하면서, 거기에 살던 북미 원주민에게 받아들여지고, 그들과 섞이면서 생겼다고 보고 있습니다.

Vocabulary

be meant to do	phr. ~할 운명이다	be nowhere to be found	phr. 찾을 수 없다.
credible [krédəbl]	a. 믿을 수 있는	corroborate [kərábərèit]	v. 확증하다
influx [ínflʌks]	n. 유입, 쇄도	subsequent [sʌ́bsikwənt]	a. 다음의, 뒤이은
trait [treit]	n. 특징, 특색	align [əláin]	v. ~와 나란히 하다

11. Roanoke Colony 로아노크 식민지

Integrated Task

STEP 01 | 뼈대를 먼저 작성 해보도록 하겠습니다.

STEP 02 | 큰주제란!
1. 최대 5단어이며
2. 전치사 접속사를 포함하고 있으면 안되고
3. 명사 형태입니다

STEP 03 | 인트로 문단에서 큰 주제와 무엇을 토론하는지를 찾아서 작성해봅시다.

In the given set of materials, the reading passage and the lecture deal with _____ to debate (whether) _____. The reading passage is providing three pieces of evidence to prove its point, whereas the professor argues against it by providing three compelling rebuttals.

STEP 04 | 이제 FIVE RULES를 적어 보도록 하겠습니다
1.
2.
3.
4.
5.

STEP 05 | FIVE RULES에 근거하여서 베껴야 할 문장을 하이라이트 해봅시다.
1. 50%~66%의 내용을 베낀다.
   (바디마다 6문장이면 3문장 베끼고, 5문장이면 3문장, 4문장이면 2문장, 3문장이면 2문장, 2문장이면 1문장을 베낍니다.)
2. 근거를 베낀다.
   (근거란 인트로 문단에서 무엇을 토론하는지에 들어간 리딩이 주장하는 근거입니다.)
3. 예시를 베끼지 않는다.
   (예시란 과거에 대한 설명, 과거 사건 설명, 특정한 인물 및 배경 설명, 사례, 숫자적 언급이 사례입니다.)
4. 근거와 내용이 겹치지 않는 문장을 베낀다.
   (동전의 뒷면이 나왔다. 동전이 서지 않았고 앞면도 나오지 않았다는 같은 내용입니다.)
5. 내용이 겹칠 때에는 먼저 적힌 문장을 베낀다.
   (근거하고는 안겹치더라도 바디 문장안에서 서로 겹칠 수 있습니다. 그럴 때는 먼저 적힌 문장을 베끼세요.)

리스닝을 듣고 노트 테이킹 합니다.

하단에 리스닝 스크립트를 보고 학생분이 노트테이킹 한 내용과 비교합니다.

인트로 문단 부분은 노트테이킹 하실 필요가 없습니다. 리딩 지문에 3가지 이유에 대한 3가지 반박을 들으시면 됩니다.

they could had preplanned ways to notify the next
We can't just assume that the settlement moved there

this can't be proven.
the settlers could have traded with the Native Americans living there.

Great Britain was sending many settlers to colonize the Americas.
we can't assume the features were from the Roanoke settlers.

Roanoke Colony 로아노크 식민지

Listening Script

주제
정착민들이 크로아토아 섬으로 갔다는 주장

We've all read about the early American colony of Roanoke that was found mysteriously empty within a few years of its settlement. While there are many explanations offered for its **abandonment**, such as **starvation**, **cannibalism**, and being lost at sea, the ones presented in the reading passage's attempts to attribute it to a move to the nearby Croatoan Island seem especially, uh, **deficient**. In fact, each of the reasons presented is easily **dismissed** with just a little thought.

정착한지 몇 년 만에 수수께끼처럼 빈 채로 발견된 로아노크의 초기 미국 식민지에 대해 읽어봤습니다. **버리고 떠난 것**에 대해 **굶주림**, **식인 풍습**, 바다에서의 실종 등 많은 설들이 있지만, "근처 크로아토아 섬으로 이주했다고 증명하려 지문에서 제시한 이유들은 **꽤 부족해** 보입니다. 사실, 각 이유는 조금만 생각해보면 쉽게 **일축할** 수 있습니다."

근거 1
뭐든 의미할 수 있음
세부사항
미리 약속된 십자가 모양이 없었음

The first reason presented, the discovery of the Croatoan carving, could mean that they had moved there, except for the fact that they could had preplanned ways to notify the next settlers if they had moved by carving a specific cross as well as a location. Since the cross was missing, the word Croatoan could have meant anything from **notation** of a visit, a move, or even of a **massacre**. We can't just assume that the settlement moved there without more proof.

첫번째 이유인 크로아토아의 글이 거기로 갔다는 의미일 순 있지만, 그들은 이동 시 특별한 십자가를 함께 표시하기로 돼 있었습니다. 십자가가 없었으니, 크로아토아란 단어는 방문 **기록**부터, 이사, 심지어는 **학살**도 의미할 수 있습니다. 더 많은 증거 없이 정착민이 거기로 갔다고 추정할 순 없습니다.

근거 2
물물교환의 증거임
세부사항
화폐제도가 없어 물물교환을 했음

The second reason is equally as faulty as the first. While finding artifacts from the Roanoke colony would seem to point to the settlers being on Croatoan Island, this can't be proven. In fact, it is easy to explain how they could've gotten there otherwise. Without a monetary system in place, early settlers utilized a **bartering** system. The items found on Croatoan could simply be things that the settlers traded with the Native Americans living there.

두번째 이유도 첫째 이유만큼 잘못 됐습니다. 로아노크에서의 공예품 발견이 정착민들이 크로아토아 섬들에 있다는 것처럼 보이겠지만, 증명할 수 없습니다. 사실, 유물이 다른 어떤 방법으로 그곳에 갔는지 설명하기는 쉽습니다. 화폐제도가 없어, 정착민들은 **물물교환**을 이용했습니다. 크로아토안의 유물은 단순히 북미 원주민들과 맞꾼 것일 수도 있습니다.

근거 3
정착민이 많았음
세부사항
다른 정착민 집답의 후손일 수도 있음

Finally, the European features present on future generations can't prove anything either. At the time of the disappearance, Great Britain was sending many settlers to colonize the Americas. If one of these groups settled on Croatoan Island and intermarried with the Native Americans, these features would have been passed on. For this reason we can't assume the features to be specifically from the Roanoke settlers.

끝으로, 이후 세대의 유럽인적인 외모 역시 증거가 못 됩니다. 그 시절, 영국은 미국을 식민지화하기 위해 많은 정착민들을 보냈습니다. 이 중 한 무리가 크로아토아 섬에 정착해 원주민들과 결혼했다면, 그 외모를 물려줬을 수 있습니다. 그래서, 이 외모가 꼭 로아노크 정착민들에게서 왔다고 할 순 없습니다.

Vocabulary

abandonment [əbǽndənmənt]	n. ~버림, 포기	starvation [sta:rvéiʃən]	n. 기아, 굶주림
cannibalism [kǽnəbəlìzm]	n. 식인 풍습	deficient [difíʃənt]	a. 부족한, 결함이 있는
dismiss [dismís]	v. 일축하다	notation [noutéiʃən]	n. 표기법, 메모, 기록
massacre [mǽsəkər]	n. 대학살	barter [bá:rtər]	v. 물물교환하다

USHER

Sample Reading 작성 답안

1. 50%~66%의 내용을 베낀다.
   (바디마다 6문장이면 3문장 베끼고, 5문장이면 3문장, 4문장이면 2문장, 3문장이면 2문장, 2문장이면 1문장을 베낍니다.)
2. 근거를 베낀다.
   (근거란 인트로 문단에서 무엇을 토론하는지에 들어간 리딩이 주장하는 근거입니다.)
3. 예시를 베끼지 않는다.
   (예시란 과거에 대한 설명, 과거 사건 설명, 특정한 인물 및 배경 설명, 사례, 숫자적 언급이 사례입니다.)
4. 근거와 내용이 겹치지 않는 문장을 베낀다.
   (동전의 뒷면이 나왔다. 동전이 서지 않았고 앞면도 나오지 않았다는 같은 내용입니다.)
5. 내용이 겹칠 때에는 먼저 적힌 문장을 베낀다.
   (근거하고는 안겹치더라도 바디 문장안에서 서로 겹칠 수 있습니다. 그럴 때는 먼저 적힌 문장을 베끼세요.)

근거 1
기둥에 새겨진 글

세부사항
식민지 입구의 울타리 기둥에 '크로아토아'라 새김

The most straightforward evidence of such a move is, also, the most visible. Although no one was found in the Roanoke colony, and there were no letters explaining where the settlers had gone, they did leave a clue. Carved into the fencepost at the entrance of the Roanoke colony was C-R-O-A-T-O-A-N. ❶ This clearly shows that they had moved to the island and settled amongst the Native Americans who were living there.

이동의 가장 직접적 증거는 가장 눈에 띄기도 합니다. 로아노크엔 아무도 없었고, 사람들이 어디로 갔는지 갈리는 편지도 없었지만, 단서를 남기긴 했습니다. 로아노크 입구의 울타리 기둥에는 C-R-O-A-T-O-A-N이라 새겨져 있었습니다. 이는 그들이 섬으로 가서 원주민들 사이에 정착했음을 보여줍니다.

근거 2
섬에서 발견된 유물

세부사항
로아노크에서 금반지와 동전 등의 유물이 발견됨

❷ The second major piece of evidence to **corroborate** a move to Croatoan Island is the existence of artifacts found there. While the early inhabitants of the island were Native Americans, artifacts from Roanoke settlers, such as gold rings and coins, were found there. If there were not an early **influx** of European settlers to the island early on in the settlement process, these would not have been found.

크로아토아 섬으로의 이동을 **입증하는** 두 번째 증거는 거기서 발견된 유물입니다. 섬의 최초 정착민은 북미 원주민이었는데, 로아노크 정착민의 금반지와 동전 같은 공예품들이 발견되었습니다. 만약 정착 단계에서 섬으로의 유럽인 **유입**이 없었다면, 유물들은 발견되지 않았을 겁니다.

근거 3
후손들의 외모

세부사항
눈과 코 등이 유럽인들의 외모와 비슷함

Finally, and rather importantly, the physical characteristics of the Croatoan islanders show that there was a migration of European settlers to the area. While the initial settlers of the island were the Carolina Algonquian people, ❸ **subsequent** generations showed physical **traits**, especially the eyes and noses, more **aligned** with those of European heritage. It is believed that these physical similarities were due to Roanoke settlers moving to the island, being accepted by, and mixing with the Native American population already living there.

끝으로, 중요하게도, 크로아토아 섬사람들의 신체적 특징은 그 지역으로 유럽인들이 이주했음을 보여줍니다. 섬의 최초 정착민은 캐롤라이나 알곤퀸족이었는데, **이후** 세대는 특히 눈과 코가 유럽인과 **비슷한** 신체적 **특징**을 보였습니다. 이 신체적 유사함은 로아노크 정착민이 이 섬으로 이동하면서, 거기에 살던 북미 원주민에게 받아들여지고, 그들과 섞이면서 생겼다고 보고 있습니다.

Sample Listening 작성 답안

인트로 문단 부분은 노트테이킹 하실 필요가 없습니다. 리딩 지문에 3가지 이유에 대한 3가지 반박을 들으시면 됩니다.

the carving of C-R-O-A-T-O-A-N on the fencepost does not necessarily mean that the settlers moved there, since it was missing a part of the code they had agreed upon.

the Roanoke artifacts found on Croatoan Island could have come from earlier trade or interaction with the people of the island.

the European features of the later generations of the inhabitants of Croatoan Island could have come from one of the many other groups of settlers sent by the British to colonize, and cannot be definitively attributed to the former Roanoke settlers.

리딩과 리스닝을 뼈대에 맞춰서 전체 다 작성해 보시겠습니다.

In the given set of materials, the reading passage and the lecture deal with _____ to debate (whether) _____. The reading passage is providing three pieces of evidence to prove its point, whereas the professor argues against it by providing three compelling rebuttals.

The reading passage asserts the idea that _____
_____
_____
_____
_____. The professor casts doubt because _____
_____
_____
_____
_____.

The reading passage claims that _____
_____
_____
_____
_____. The professor refutes the idea because _____
_____
_____
_____
_____.

The reading passage points out that _____
_____
_____
_____
_____. The professor challenges the idea because _____
_____
_____
_____
_____.

※ 122page의 모범답안의 뼈대와 이 페이지의 뼈대가 다른 이유는 시험보러 가셨을 때 다른 사람과 뼈대가 겹치지 말라고 일부러 다양하게 구성해 두었습니다.

Roanoke Colony 로아노크 식민지

Integrated Task

서론

According to both the reading and the listening, they argue over the "Lost Colony" of Roanoke **based on** this disappearance. The reading strongly asserts three possible theories about the idea, but the listening refutes each theory by providing three compelling reasons.

본론 1

The reading claims that carved into the fencepost at the entrance of the Roanoke colony was C-R-O-A-T-O-A-N. This clearly shows that they had moved to the island and settled amongst the Native Americans who were living there. **The listening is against this because** the carving of C-R-O-A-T-O-A-N on the fencepost does not necessarily mean that the settlers moved there, since it was missing a part of the code they had agreed upon.

본론 2

The reading explains that this second major piece of evidence to corroborate a move to Croatoan Island is the existence of artifacts found there. If there were not an early influx of European settlers to the island early on in the settlement process, these would not have been found. **The listening refutes this because** the Roanoke artifacts found on Croatoan Island could have come from earlier trade or interaction with the people of the island.

본론 3

The reading argues that the physical characteristics of the Croatoan islanders show that there was a migration of European settlers to the area. These physical similarities were due to Roanoke settlers moving to the island, being accepted by, and mixing with the Native American population already living there. **The listening opposes this because** the European features of the later generations of the inhabitants of Croatoan Island could have come from one of the many other groups of settlers sent by the British to colonize, and cannot be definitively attributed to the former Roanoke settlers.

USHER
iBT TOEFL
WRITING
DAY 12

Integrated Task

지문 / 해석 / 모범 답안

자기 평가표

USHER 12

Maya Civilization 마야 문명 — Integrated Task

 STEP 1. 리딩 베끼기 >  STEP 2. 리스닝 추려내기 >  STEP 3. 재료준비 끝 >  STEP 4. 작성하기 >  STEP 5. 답안

주제
마야문명 멸망의 세가지 원인

The Mayans were a civilization based in **Mesoamerica**. They were one of the greatest civilizations that ever existed. They are noted for their highly developed written language as well as art, architecture, and **astronomical** systems. However, even such a great civilization eventually collapsed. There are several main reasons behind the collapse of the Mayan Empire.

마야는 **중미지역**의 문명으로, 가장 위대한 문명 중 하나입니다. 예술, 건축 그리고 **천문학** 뿐 아니라 고도로 발전된 문자로 알려져 있습니다. 그러나 이런 대단한 문명조차 결국 무너졌습니다. 마야제국의 붕괴엔 여러 주요한 이유가 있습니다.

근거 1
잦은 전쟁

세부사항
왕족의 자리가 위험해지면서, 지위 이탈과 혼돈을 초래

❶ The first reason was frequent warfare. This happened when people started questioning the ruler's **divine** status and powers. Previously, the ruler's **bloodletting** rituals brought **prosperity** but as problems occurred, the ruler felt his powers were declining and the gods required more royal blood. As such situations escalated, it became dangerous to be of royal blood. Rulers started **abandoning their posts** in fear of capture by neighboring warriors. Chaos resulted as the empire's belief system of the rulers was **shattered** and people just deserted the empire.

첫째는 잦은 전쟁입니다. 백성이 통치자의 **신성한** 지위와 권력에 의문을 가지면서 일어났습니다. 전엔 **피의 의식**이 **번영**을 불렀지만, 문제가 생기자, 통치자는 권력이 쇠하며 신이 더 많은 왕족의 피를 원한다 느꼈습니다. 상황이 심각해지면서, 왕족이 위험해 졌습니다. 통치자들은 옆나라 전사에게 잡힐까봐 **지위를 포기했습니다**. 통치자에 대한 제국의 신념체계가 **깨지고** 사람들이 제국을 버리면서 혼돈이 왔습니다.

근거 2
식량의 부족

세부사항
농지는 부족했고, 토질은 최악이었음

Second, ❷ there was not enough land for cultivation in the Mayan lands and the soil was extremely poor and infertile for farming. The Mayans could not grow enough food. Thus, the people did not have much to eat and consequently, many people starved to death.

둘째로, 마야엔 농지가 충분치 않았고, 농사를 짓기엔 최악의 토양은 비옥하지도 않았습니다. 마야인은 충분한 식량을 키울 수 없었습니다. 그러므로 먹을게 별로 없었고 결국 많은 사람들이 굶어 죽었습니다.

근거 3
심각한 가뭄

세부사항
멸망 즈음에 가뭄이 있었음을 밝혀냄

The third and final reason was due to severe **droughts**. Studies have revealed that millions of Mayans died very suddenly and drought was one of the few factors that could cause this to happen. In addition, the study of past climates showed that the ninth century, which was around the time of the collapse, was the driest time in the region. Again, ❸ there was no water or food so the people could not live through these harsh times.

세 번째 마지막 이유는 심한 **가뭄**입니다. 많은 마야인들이 갑자기 죽었고, 가뭄은 이를 가능케 한 몇몇 이유 중 하나라 밝혀졌습니다. 게다가, 기후에 관한 연구가 멸망 즈음인 9세기에 그곳이 가장 메말랐음을 밝혀냈습니다. 물도 음식도 없이 사람들은 이 어려운 때에 살 수가 없었습니다.

Vocabulary

Mesoamerica [mézəəmérikə]	n. [고고학] 중미지역	astronomical [æstrənámikəl]	a. 천문학의, 어마어마한
devine [diváin]	a. 신성한, 신으로부터의	bloodletting [blʌ́d-lètiŋ]	n. 피 흘림, 유혈
prosperity [praspérəti]	n. 번영, 융성	abandon a post	phr. 지위를 이탈하다
shatter [ʃǽtər]	v. 박살내다	drought [draut]	n. 가뭄

12. Maya Civilization 마야 문명

Integrated Task

STEP 01 — 뼈대를 먼저 작성 해보도록 하겠습니다.

STEP 02 — 큰주제란!
1. 최대 5단어이며
2. 전치사 접속사를 포함하고 있으면 안되고
3. 명사 형태입니다

STEP 03 — 인트로 문단에서 큰 주제와 무엇을 토론하는지를 찾아서 작성해봅시다.

In the given set of materials, the reading passage and the lecture deal with _____ to debate (whether) _____. The reading passage is providing three pieces of evidence to prove its point, whereas the professor argues against it by providing three compelling rebuttals.

STEP 04 — 이제 FIVE RULES를 적어 보도록 하겠습니다

1.
2.
3.
4.
5.

STEP 05 — FIVE RULES에 근거하여서 베껴야 할 문장을 하이라이트 해봅시다.

1. 50%~66%의 내용을 베낀다.
   (바디마다 6문장이면 3문장 베끼고, 5문장이면 3문장, 4문장이면 2문장, 3문장이면 2문장, 2문장이면 1문장을 베낍니다.)
2. 근거를 베낀다.
   (근거란 인트로 문단에서 무엇을 토론하는지에 들어간 리딩이 주장하는 근거입니다.)
3. 예시를 베끼지 않는다.
   (예시란 과거에 대한 설명, 과거 사건 설명, 특정한 인물 및 배경 설명, 사례, 숫자적 언급이 사례입니다.)
4. 근거와 내용이 겹치지 않는 문장을 베낀다.
   (동전의 뒷면이 나왔다. 동전이 서지 않았고 앞면도 나오지 않았다는 같은 내용입니다.)
5. 내용이 겹칠 때에는 먼저 적힌 문장을 베낀다.
   (근거하고는 안겹치더라도 바디 문장안에서 서로 겹칠 수 있습니다. 그럴 때는 먼저 적힌 문장을 베끼세요.)

 리스닝을 듣고 노트 테이킹 합니다.

 하단에 리스닝 스크립트를 보고 학생분이 노트테이킹 한 내용과 비교합니다.

인트로 문단 부분은 노트테이킹 하실 필요가 없습니다. 리딩 지문에 3가지 이유에 대한 3가지 반박을 들으시면 됩니다.

warfare was frequent even before the collapse of the empire.
If the Mayans wanted to expand, they had to conquer their neighbors.
if frequent warfare was the reason, the empire would've been gone
frequent warfare has nothing to do with their collapse.

they could have probably developed ways to develop crops

severe droughts makes no sense.
the drought was most severe in northern parts of the empire.
the southern part of the empire collapsed before the north.

Maya Civilization 마야 문명

Listening Script

주제
마야 문명 멸망의 원인에 대한 반박

There were multiple reasons for the collapse of the Mayan civilization. However, the reasons mentioned in the reading passage are not some of those reasons. They are not **persuasive** and there seems to be no **valid** reason to believe the points made in the reading.

마야 문명의 멸망에는 여러 이유가 있지만, 지문의 이유들은 그 중 일부가 아닙니다. 그것들은 **설득력도** 없고, 지문에서 나온 주장들을 믿을 **확실한** 이유도 없는 듯 보입니다.

근거 1
전쟁은 원래 잦았음
세부사항
전쟁 때문이었다면, 진작 멸망했을 것

First of all, warfare was extremely frequent even before the collapse of the empire. I mean, think about it, there were many other civilizations in Mesoamerica besides the Mayans. If the Mayans wanted to expand their empire, they had to **conquer** their neighbors. The empire lasted for hundreds of years so if frequent warfare was the reason for the collapse, then the empire would've been gone as soon as it was established. Plus, the Mayans only recorded stories of warfare 500-600 years before their collapse so frequent warfare has nothing to do with their collapse.

첫째, 전쟁은 멸망 이전에도 아주 잦았습니다. 생각해보면 미 중부에는 마야 외에도 다른 문명들이 많았습니다. 마야인들이 이 제국을 넓히고 싶었다면 주변을 **정복해야** 했을 겁니다. 제국은 수백 년 간 존재했으므로 만약 전쟁이 멸망의 이유였다면, 제국은 세워지자마자 사라졌을 겁니다. 또, 전쟁이 멸망 500~600년 전에만 기록된 걸로 보아, 잦은 전쟁은 멸망과 관련이 없습니다.

근거 2
뛰어난 농업기술
세부사항
최악의 상황에도 적응할 수 있었을 것

Secondly, the Mayans were extremely knowledgeable and **inventive**. Even if there were problems with the soil and the range of their farming lands, they could have probably developed ways to solve them. They could have found new ways to cultivate their land and make it suitable for farming or develop crops suitable for growth in the poor soil conditions.

둘째, 마야인은 박식하고 **창의적이었습니다**. 토양과 농지 범위에 문제가 있어도, 해결방법을 찾았을 겁니다. 새로운 토지 경작법을 찾았을 것이고, 농사에 적합하게 만들거나, 나쁜 토양에서도 자라는 농작물을 개발할 수 있었을 겁니다.

근거 3
가뭄과 관련 없음
세부사항
가뭄은 북쪽이 심했으나 남쪽부터 멸망했음

Third, the theory that millions of Mayans died from severe droughts makes no sense. The sudden decline in population ought to be due to other factors as even the passage suggests that drought is one of the factors that caused the collapse. What's most important is that the drought was most severe in the Yucatan **Peninsula** and the Peten **Basin**, which were northern parts of the empire. However, it was the southern part of the empire that collapsed before the north. In fact, the Mayans living in the northern areas still prospered even after the collapse of the Mayan Empire.

셋째, 수백만의 마야인들이 심한 가뭄으로 죽었다는 이론은 말이 안됩니다. 인구의 급감은 지문에서도 여러 이유 중 하나로 말하듯, 다른 이유 때문이었습니다. 가장 중요한 건 가뭄이 북쪽 유카탄 **반도**와 페텐 **분지**에서 가장 심했다는 겁니다. 그러나, 북쪽 이전에 남쪽이 먼저 망했습니다. 사실, 북쪽의 마야인들은 제국 멸망 후에도 계속 번영했습니다.

Vocabulary

persuasive [pərswéisiv]	a. 설득력있는	valid [vǽlid]	a. 정당한 근거가 있는, 유효한
conquer [káŋkərs]	vt. 정복하다	inventive [invéntiv]	a. 창의성이 풍부한
peninsula [pənínsjulə]	n. 반도	basin [béisn]	n. 대야, 강의 유역, 분지

Sample Reading 작성 답안

1. 50%~66%의 내용을 베낀다.
   (바디마다 6문장이면 3문장 베끼고, 5문장이면 3문장, 4문장이면 2문장, 3문장이면 2문장, 2문장이면 1문장을 베낍니다.)
2. 근거를 베낀다.
   (근거란 인트로 문단에서 무엇을 토론하는지에 들어간 리딩이 주장하는 근거입니다.)
3. 예시를 베끼지 않는다.
   (예시란 과거에 대한 설명, 과거 사건 설명, 특정한 인물 및 배경 설명, 사례, 숫자적 언급이 사례입니다.)
4. 근거와 내용이 겹치지 않는 문장을 베낀다.
   (동전의 뒷면이 나왔다. 동전이 서지 않았고 앞면도 나오지 않았다는 같은 내용입니다.)
5. 내용이 겹칠 때에는 먼저 적힌 문장을 베낀다.
   (근거하고는 안겹치더라도 바디 문장안에서 서로 겹칠 수 있습니다. 그럴 때는 먼저 적힌 문장을 베끼세요.)

근거 1
잦은 전쟁

세부사항
왕족의 자리가 위험해지면서, 지위 이탈과 혼돈을 초래

❶ The first reason was frequent warfare. This happened when people started questioning the ruler's **divine** status and powers. Previously, the ruler's **bloodletting** rituals brought **prosperity** but as problems occurred, the ruler felt his powers were declining and the gods required more royal blood. As such situations escalated, it became dangerous to be of royal blood. Rulers started **abandoning their posts** in fear of capture by neighboring warriors. Chaos resulted as the empire's belief system of the rulers was **shattered** and people just deserted the empire.

첫째는 잦은 전쟁입니다. 백성이 통치자의 **신성한** 지위와 권력에 의문을 가지면서 일어났습니다. 전엔 **피의 의식**이 **번영**을 불렀지만, 문제가 생기자, 통치자는 권력이 쇠하고 신이 더 많은 왕족의 피를 원한다 느꼈습니다. 상황이 심각해지면서, 왕족이 위험해 졌습니다. 통치자들은 옆나라 전사에게 잡힐까봐 **지위를 포기했습니다**. 통치자에 대한 제국의 신념체계가 **깨지고** 사람들이 제국을 버리면서 혼돈이 왔습니다.

근거 2
식량의 부족

세부사항
농지는 부족했고, 토질은 최악이었음

Second, ❷ there was not enough land for cultivation in the Mayan lands and the soil was extremely poor and infertile for farming. The Mayans could not grow enough food. Thus, the people did not have much to eat and consequently, many people starved to death.

둘째로, 마야엔 농지가 충분치 않았고, 농사를 짓기엔 최악인 토양은 비옥하지도 않았습니다. 마야인은 충분한 식량을 키울 수 없었습니다. 그러므로 먹을게 별로 없었고 결국 많은 사람들이 굶어 죽었습니다.

근거 3
심각한 가뭄

세부사항
멸망 즈음에 가뭄이 있었음을 밝혀냄

The third and final reason was due to severe **droughts**. Studies have revealed that millions of Mayans died very suddenly and drought was one of the few factors that could cause this to happen. In addition, the study of past climates showed that the ninth century, which was around the time of the collapse, was the driest time in the region. Again, ❸ there was no water or food so the people could not live through these harsh times.

세 번째 마지막 이유는 심한 **가뭄**입니다. 많은 마야인들이 갑자기 죽었고, 가뭄은 이를 가능케 한 몇몇 이유 중 하나라 밝혀졌습니다. 게다가, 기후에 관한 연구가 멸망 즈음인 9세기에 그곳이 가장 메말랐음을 밝혀냈습니다. 물도 음식도 없이 사람들은 이 어려운 때에 살 수가 없었습니다.

Sample Listening 작성 답안

인트로 문단 부분은 노트테이킹 하실 필요가 없습니다. 리딩 지문에 3가지 이유에 대한 3가지 반박을 들으시면 됩니다.

the empire grew from frequent warfare and that it existed from the early periods of the empire. In addition, the latest records of warfare are only 500-600 years before the empire's collapse.

the Mayans were extremely intelligent and innovative. Thus, they probably could have developed new ways of cultivation to expand the farmland and crops that are suitable for growth in the poor soil conditions.

severe droughts ended the Mayan Empire. Droughts were severe in the northern areas of the empire, but it was the southern part of the empire that collapsed before the north.

STEP 08 리딩과 리스닝을 뼈대에 맞춰서 전체 다 작성해 보시겠습니다.

In the given set of materials, the reading passage and the lecture deal with _____ to debate (whether) _____. The reading passage is providing three pieces of evidence to prove its point, whereas the professor argues against it by providing three compelling rebuttals.

The reading passage asserts the idea that _____
_____
_____
_____. The professor casts doubt because _____
_____
_____
_____.

The reading passage claims that _____
_____
_____
_____. The professor refutes the idea because _____
_____
_____
_____.

The reading passage points out that _____
_____
_____
_____. The professor challenges the idea because _____
_____
_____
_____.

※ 130page의 모범답안의 뼈대와 이 페이지의 뼈대가 다른 이유는 시험보러 가셨을 때 다른 사람과 뼈대가 겹치지 말라고 일부러 다양하게 구성해 두었습니다.

Maya Civilization 마야 문명 — Integrated Task

서론

According to both the reading and the listening, they argue over the Mayans **based on** several main reasons behind the collapse of the Mayan Empire. **The reading strongly asserts three possible theories about the idea, but the listening refutes each theory by providing three compelling reasons.**

본론 1

The reading claims that the first reason was frequent warfare. As such situations escalated, it became dangerous to be of royal blood. Rulers started abandoning their posts in fear of capture by neighboring warriors. **The listening is against this because** the empire grew from frequent warfare and that it existed from the early periods of the empire. In addition, the latest records of warfare are only 500-600 years before the empire's collapse.

본론 2

The reading explains that there was not enough land for cultivation in the Mayan lands and the soil was extremely poor and infertile for farming. Thus, the people did not have much to eat and consequently, many people starved to death. **The listening refutes this because** the Mayans were extremely intelligent and innovative. Thus, they probably could have developed new ways of cultivation to expand the farmland and crops that are suitable for growth in the poor soil conditions.

본론 3

The reading argues that the final reason was due to severe droughts. Again, there was no water or food so the people could not live through these harsh times. **The listening opposes this because** severe droughts ended the Mayan Empire. Droughts were severe in the northern areas of the empire, but it was the southern part of the empire that collapsed before the north.

USHER
iBT TOEFL
WRITING
DAY 13

Integrated Task

지문 / 해석 / 모범 답안

자기 평가표

USHER

13. Amazon 아마존 — Integrated Task

STEP 1. 리딩 베끼기 > STEP 2. 리스닝 추려내기 > STEP 3. 재료준비 끝 > STEP 4. 작성하기 > STEP 5. 답안

주제
아마존에 사람들이 살지 않았단 근거

As many people know, the Amazon is a rainforest located in South America. The Amazon Rainforest has the richest **biodiversity** on Earth as it is believed to be home to millions of species. Unlike the high population of plant and animal species, however, the earlier human population is believed to be low. There are still divided opinions about whether many people lived in the Amazon or not. There are several reasons why the Amazon was, most likely, not **inhabited** by many people.

잘 알려진대로, 아마존은 남미에 있는 우림입니다. 무수한 종들이 살고 있는 아마존은 **생물 다양성**이 지구에서 가장 높습니다. 많은 동식물 수와 달리, 초기 인구는 적었다고 생각됩니다. 많은 사람이 아마존에 살았는지 아닌지에는 의견이 다양합니다. 많은 사람들이 **거주하지** 않았던 이유에는 여러가지가 있습니다.

근거 1
척박한 토양
세부사항
풍화작용과 빠른 영양분의 재활용 때문에 농사가 불가

The first reason why few people lived in the Amazon was because ❶ the soil was extremely poor and infertile. Millions of years of **weathering** have washed most of the nutrients out of the soil. Despite the amount of vegetation in the rainforest, the soil contains less organic matter than that of **temperate** forests because the warm humid conditions encourage faster **decay** and recycling of nutrients. The inhabitants could not develop the concept of agriculture in Amazon as they failed to grow crops due to the soil condition.

사람들이 아마존에 거의 없었던 첫 이유는 토양이 매우 안 좋고 척박해서 입니다. 수백 만년 간의 **풍화작용**은 토양 영양분을 거의 다 쓸어갔습니다. 우림에 초목이 많아도, **온대의** 숲에 비해 토양의 유기물은 적은데, 따뜻하고 습한 환경이 빠른 **부패**와 영양분의 재활용을 촉진시키기 때문입니다. 토양 상태로 인해 농작물을 키울 수 없었던 사람들은 농업의 개념을 키울 수 없었습니다.

근거 2
인공 건축물이 없음
세부사항
건축에 적합한 자재가 부족함

Second, ❷ there is no evidence of **plazas** or building structures in the Amazon. Nowhere in this forest can one find any historical buildings or sites that were inhabited by humans. This is because the Amazonians did not have **sufficient** and suitable building materials to build buildings. Thus, it was probably impossible for the people to live without shelter to protect them from danger.

둘째로, 아마존엔 **광장**이나 건축물의 흔적이 없습니다. 어디에도 사람이 살았던 역사적 건물이나 장소를 찾을 수 없습니다. 이는 아마존 사람들에게 건축에 적합한 자재가 **충분치** 않았기 때문입니다. 고로, 사람들은 그들을 위험으로 보호해줄 거처 없이는 살 수 없었을 겁니다.

근거 3
단백질의 부족
세부사항
초식동물의 수가 적었음

Third, ❸ the inhabitants could not have obtained much protein. Protein is essential for the survival of humans and **herbivorous** animals are a major source of it. Since the population of herbivorous animals in the Amazon was quite low, humans could not survive for long there. Tropical rainforest inhabitants would have been missing a very important portion in their diet.

셋째, 사람들은 많은 단백질을 얻을 수 없었을 겁니다. 단백질은 생존에 필수고, **초식**동물이 그 주요 공급원입니다. 아마존에 초식동물의 수가 꽤 적으므로, 사람들은 오래 살 수 없었을 겁니다. 열대우림에 사는 사람들은 식생활의 중요한 부분을 얻지 못했을 겁니다.

Vocabulary

biodiversity [báiou-divə́ːrsəti]	n. 생물의 다양성	inhabited [inhǽbitid]	v. 살다, 거주하다, 서식하다
weathering [wéðəriŋ]	n. 풍화작용	temperate [témpərət]	a. 온대의, 온화한, 절제하는
decay [dikéi]	v. 부패하다	plaza [pláːzə]	n. 광장, 시장
sufficient [səfíʃənt]	a. 충분한	herbivorous [həːrbívərəs]	n. 초식성의

13 Amazon 아마존 — Integrated Task

STEP 01 뼈대를 먼저 작성 해보도록 하겠습니다.

STEP 02 큰주제란!
1. 최대 5단어이며
2. 전치사 접속사를 포함하고 있으면 안되고
3. 명사 형태입니다

STEP 03 인트로 문단에서 큰 주제와 무엇을 토론하는지를 찾아서 작성해봅시다.

In the given set of materials, the reading passage and the lecture deal with _____ to debate (whether) _____. The reading passage is providing three pieces of evidence to prove its point, whereas the professor argues against it by providing three compelling rebuttals.

STEP 04 이제 FIVE RULES를 적어 보도록 하겠습니다
1.
2.
3.
4.
5.

STEP 05 FIVE RULES에 근거하여서 베껴야 할 문장을 하이라이트 해봅시다.
1. 50%~66%의 내용을 베낀다.
   (바디마다 6문장이면 3문장 베끼고, 5문장이면 3문장, 4문장이면 2문장, 3문장이면 2문장, 2문장이면 1문장을 베낍니다.)
2. 근거를 베낀다.
   (근거란 인트로 문단에서 무엇을 토론하는지에 들어간 리딩이 주장하는 근거입니다.)
3. 예시를 베끼지 않는다.
   (예시란 과거에 대한 설명, 과거 사건 설명, 특정한 인물 및 배경 설명, 사례, 숫자적 언급이 사례입니다.)
4. 근거와 내용이 겹치지 않는 문장을 베낀다.
   (동전의 뒷면이 나왔다. 동전이 서지 않았고 앞면도 나오지 않았다는 같은 내용입니다.)
5. 내용이 겹칠 때에는 먼저 적힌 문장을 베낀다.
   (근거하고는 안겹치더라도 바디 문장안에서 서로 겹칠 수 있습니다. 그럴 때는 먼저 적힌 문장을 베끼세요.)

 리스닝을 듣고 노트 테이킹 합니다.

 하단에 리스닝 스크립트를 보고 학생분이 노트테이킹 한 내용과 비교합니다.

인트로 문단 부분은 노트테이킹 하실 필요가 없습니다. 리딩 지문에 3가지 이유에 대한 3가지 반박을 들으시면 됩니다.

there are plants growing in it
they could still eat and gather food

The only building material was trees.
the Amazon is a rainforest
it is extremely humid
wood wouldn't last for a long time.
they probably disappeared a long time ago.

other sources could provide proteins

Amazon 아마존

Listening Script

주제
아마존에 사람이 살았을 수 있다는 근거

Unlike what the reading suggests, there were actually quite a lot of people living in the Amazon. Of course, the population at the time may be **disputed** because there is no **clear-cut** evidence that shows signs of people. But there is no valid reason to believe the points made in the reading.

지문에서 나온 것과 달리, 아마존에는 꽤 많은 사람들이 살았습니다. 물론 그 당시의 인구 수는 사람 거주에 대한 **명백한** 증거가 없어서 **논란이 되고** 있습니다. 그러나 읽기 지문에 나온 의견들을 믿을 타당한 이유는 없습니다.

근거 1
수천종의 식물
세부사항
농사는 못 지어도 채집할 먹거리는 많았음

First of all, it makes no sense that there wasn't much to eat in the Amazon. It's true that the Amazon's soil is poor and infertile, but there are thousands of different kinds of plants growing in it. So, perhaps, it may have been impossible for the Amazon inhabitants to grow a specific crop they wanted, but they could still eat and gather food that was already growing in the rainforest.

첫째, 아마존에 먹을 게 없었다는 건 말도 안됩니다. 토양이 좋거나 비옥하지 않은건 맞지만, 그곳에는 수천 종의 식물들이 자랍니다. 그래서, 아마존 주민들이 원하던 특정 작물은 못 키웠어도, 우림에서 자라던 걸 모아서 먹을 순 있었을 겁니다.

근거 2
목재건물의 특성
세부사항
열대에서는 목재의 부패가 빠름

Secondly, the reason why there is no trace of any plazas or sites is because the Amazon is a tropical rainforest. Unlike the Mayan and Aztec regions, there weren't many stones in or near the Amazon area. The only building material available in the Amazon was trees. Furthermore, because the Amazon is a rainforest, it is extremely **humid**, which means that wood wouldn't last for a long time. Thus, even if the buildings were built in earlier times, they probably disappeared a long time ago.

둘째, 아마존에 광장이나 건물의 흔적이 없는 건 아마존이 열대 우림이기 때문입니다. 마야나 아즈텍 지역과 달리, 아마존과 그 근처에는 돌이 많지 않았습니다. 아마존의 유일한 건자재는 나무였습니다. 게다가, 아마존은 우림이라 매우 **습하고**, 이는 곧 목재가 빨리 부패함을 말합니다. 고로, 고대에 건물을 지었다 해도, 진작에 사라졌을 겁니다.

근거 3
다양한 공급원
세부사항
생물 다양성이 높아 단백질 구하기 쉬웠음

Third, the people didn't necessarily have to **obtain** protein from herbivorous animals. It makes no sense to say that proteins can only be obtained from herbivorous animals. There were plenty of other sources that could provide proteins for the Amazon inhabitants. Even the reading says that the Amazon has the world's richest biodiversity. So other things could provide proteins and there seems to be plenty of plants that could provide enough proteins for the people.

셋째, 사람들은 굳이 초식동물로부터 단백질을 **얻을** 필요가 없었습니다. 단백질을 초식동물에서만 얻는다는 건 말도 안됩니다. 주민들에겐 다른 단백질 공급원도 많았습니다. 지문에서도 아마존은 생물 다양성이 세계에서 가장 높다 했습니다. 고로, 다른 것이 단백질을 제공할 수 있었고, 사람들에게 단백질을 제공할 식물이 많았던 걸로 보입니다.

Vocabulary

dispute [dispjúːt]	v. 토론하다, 반론하다	clear-cut [klíər-kʌ́t]	a. 윤곽이 뚜렷한, 명쾌한
humid [hjúːmid]	a. 습기 찬, 습한	obtain [əbtéin]	v. ~을 획득하다, 손에 넣다

USHER

STEP 1. 리딩 베끼기 > **STEP 2.** 리스닝 추려내기 > **STEP 3.** 재료준비 끝 > **STEP 4.** 작성하기 > **STEP 5.** 답안

Sample Reading 작성 답안

1. 50%~66%의 내용을 베낀다.
   (바디마다 6문장이면 3문장 베끼고, 5문장이면 3문장, 4문장이면 2문장, 3문장이면 2문장, 2문장이면 1문장을 베낍니다.)
2. 근거를 베낀다.
   (근거란 인트로 문단에서 무엇을 토론하는지에 들어간 리딩이 주장하는 근거입니다.)
3. 예시를 베끼지 않는다.
   (예시란 과거에 대한 설명, 과거 사건 설명, 특정한 인물 및 배경 설명, 사례, 숫자적 언급이 사례입니다.)
4. 근거와 내용이 겹치지 않는 문장을 베낀다.
   (동전의 뒷면이 나왔다. 동전이 서지 않았고 앞면도 나오지 않았다는 같은 내용입니다.)
5. 내용이 겹칠 때에는 먼저 적힌 문장을 베낀다.
   (근거하고는 안겹치더라도 바디 문장안에서 서로 겹칠 수 있습니다. 그럴 때는 먼저 적힌 문장을 베끼세요.)

근거 1
척박한 토양

세부사항
풍화작용과 빠른 영양분의 재활용 때문에 농사가 불가

The first reason why few people lived in the Amazon was because ❶ the soil was extremely poor and infertile. Millions of years of **weathering** have washed most of the nutrients out of the soil. Despite the amount of vegetation in the rainforest, the soil contains less organic matter than that of **temperate** forests because the warm humid conditions encourage faster **decay** and recycling of nutrients. The inhabitants could not develop the concept of agriculture in Amazon as they failed to grow crops due to the soil condition.

사람들이 아마존에 거의 없었던 첫 이유는 토양이 매우 안 좋고 척박해서 입니다. 수백 만년 간의 **풍화작용**은 토양 영양분을 거의 다 쓸어갔습니다. 우림에 초목이 많아도, **온대의** 숲에 비해 토양의 유기물은 적은데, 따뜻하고 습한 환경이 빠른 **부패**와 영양분의 재활용을 촉진시키기 때문입니다. 토양 상태로 인해 농작물을 키울 수 없었던 사람들은 농업의 개념을 키울 수 없었습니다.

근거 2
인공 건축물이 없음

세부사항
건축에 적합한 자재가 부족함

Second, ❷ there is no evidence of **plazas** or building structures in the Amazon. Nowhere in this forest can one find any historical buildings or sites that were inhabited by humans. This is because the Amazonians did not have **sufficient** and suitable building materials to build buildings. Thus, it was probably impossible for the people to live without shelter to protect them from danger.

둘째로, 아마존엔 **광장**이나 건축물의 흔적이 없습니다. 어디에도 사람이 살았던 역사적 건물이나 장소를 찾을 수 없습니다. 이는 아마존 사람들에게 건축에 적합한 자재가 **충분치** 않았기 때문입니다. 고로, 사람들은 그들을 위험으로 보호해줄 거처 없이는 살 수 없었을 겁니다.

근거 3
단백질의 부족

세부사항
초식동물의 수가 적었음

Third, ❸ the inhabitants could not have obtained much protein. Protein is essential for the survival of humans and **herbivorous** animals are a major source of it. Since the population of herbivorous animals in the Amazon was quite low, humans could not survive for long there. Tropical rainforest inhabitants would have been missing a very important portion in their diet.

셋째, 사람들은 많은 단백질을 얻을 수 없었을 겁니다. 단백질은 생존에 필수고, **초식**동물이 그 주요 공급원입니다. 아마존에 초식동물의 수가 꽤 적으므로, 사람들은 오래 살 수 없었을 겁니다. 열대우림에 사는 사람들은 식생활의 중요한 부분을 얻지 못했을 겁니다.

Sample Listening 작성 답안

인트로 문단 부분은 노트테이킹 하실 필요가 없습니다. 리딩 지문에 3가지 이유에 대한 3가지 반박을 들으시면 됩니다.

in fact, there was plenty to eat in the Amazon rainforest. The inhabitants could not grow the particular crop they wanted but they could grow other plants that already set themselves up in the forest.

the lack of building or plaza sites is not enough to conclude that few people lived in the Amazon. This was due to the fact that the buildings were built with wood, which rots easily and quickly.

there were plenty of plants that could provide enough protein for the inhabitants.

STEP 08 리딩과 리스닝을 뼈대에 맞춰서 전체 다 작성해 보시겠습니다.

In the given set of materials, the reading passage and the lecture deal with _____ to debate (whether) _____. The reading passage is providing three pieces of evidence to prove its point, whereas the professor argues against it by providing three compelling rebuttals.

The reading passage asserts the idea that _____
_____
_____
_____
_____. The professor casts doubt because _____
_____
_____
_____
_____.

The reading passage claims that _____
_____
_____
_____. The professor refutes the idea because _____
_____
_____
_____
_____.

The reading passage points out that _____
_____
_____
_____. The professor challenges the idea because ____
_____
_____
_____
_____.

※ 138page의 모범답안의 뼈대와 이 페이지의 뼈대가 다른 이유는 시험보러 가셨을 때 다른 사람과 뼈대가 겹치지 말라고 일부러 다양하게 구성해 두었습니다.

Amazon 아마존

Integrated Task

서론

According to both the reading and the listening, they argue over the Amazon **based on whether** many people lived in the Amazon. **The reading strongly asserts three possible theories about the idea, but the listening refutes each theory by providing three compelling reasons.**

본론 1

The reading claims that the first reason why few people lived in the Amazon was because the soil was extremely poor and infertile. The inhabitants could not develop the concept of agriculture in Amazon as they failed to grow crops due to the soil condition. **The listening is against this because** in fact, there was plenty to eat in the Amazon rainforest. The inhabitants could not grow the particular crop they wanted but they could grow other plants that already set themselves up in the forest.

본론 2

The reading explains that there is no evidence of plazas or building structures in the Amazon. This is because the Amazonians did not have sufficient and suitable building materials to build buildings. **The listening refutes this because** the lack of building or plaza sites is not enough to conclude that few people lived in the Amazon. This was due to the fact that the buildings were built with wood, which rots easily and quickly.

본론 3

The reading argues that the inhabitants could not have obtained much protein. Since the population of herbivorous animals in the Amazon was quite low, humans could not survive for long there. **The listening opposes this because** there were plenty of plants that could provide enough protein for the inhabitants.

USHER
iBT TOEFL
WRITING
DAY 14

Integrated Task

지문 / 해석 / 모범 답안

자기 평가표

USHER 14

Solutrean Hypothesis 솔류트레 이론

Integrated Task

 **STEP 1.** 리딩 베끼기  **STEP 2.** 리스닝 추려내기  **STEP 3.** 재료준비 끝  **STEP 4.** 작성하기  **STEP 5.** 답안

주제
유럽인들이 북미에 먼저 왔다는 근거

There is a theory among researchers about the **primary** settlement of North America, known as the Solutrean hypothesis. The name Solutrean comes from the name of a town in eastern France where **Paleolithic** tools were first found in 1866. This hypothesis proposes that Europeans of the Solutrean culture, not Asians, were the first settlers in the Americas.

학계에는 솔류트레 이론이라는 **원시시대** 북미 정착 이론이 있습니다. 솔류트레란 이름은 1866년 **석기시대** 도구들이 처음 발견됐던 프랑스 동부의 마을에서 왔습니다. 이 이론은 아시아인이 아닌, 솔류트레 문화의 유럽인들이 미대륙의 첫 정착민이란 내용입니다.

근거 1
창의 모양이 비슷함

세부사항
얇고 양면인 솔류트레 창의 영향을 받았음

The first grounds that the researchers base their theory upon are the shape of **spears** of the settlers. ❶ The spears that were found at the **excavation** sites share common features with those of the Clovis culture, which is an ancient Native American culture in North America. These points are thin and bifacial, causing researchers to claim that they were used by the first Europeans and not Asians.

그 학자들이 이론의 근간으로 삼는 첫번째 근거는 정착민들의 **창** 모양입니다. **발굴** 현장에서 찾은 창들은 북미의 고대문화인 클로비스 문화의 창과 비슷합니다. 이 창끝은 얇고 양면이라, 학자들은 아시아인이 아닌 최초의 유럽인들이 이것들을 썼다고 주장하게 됐습니다.

근거 2
캐너윅 맨의 발견

세부사항
유골의 모습이 유럽인과 비슷함

The "Kennewick Man", the oldest, best preserved, and most complete human remains ever found in North America, was found by some local inhabitants **by accident**. These bones also helped researchers to assert that North America was first inhabited by Europeans. ❷ The restored features of these bones resembled those of primary Europeans.

북미에서 발견된 것 중 가장 오래되고, 잘 보존되고, 완전한 유골인 "케너윅 맨"은 현지인들이 **우연히** 발견했습니다. 이 유골은 유럽계가 북미에 먼저 정착했다고 주장하는 근거가 됐습니다. 이 유골의 모습은 원시시대 유럽인들의 그것과 닮았습니다.

근거 3
북대서양 횡단

세부사항
마지막 빙하기에 얼음위로 건너왔음

Lastly, researchers proposed that ❸ the Europeans crossed the North Atlantic over ice that extended from the Atlantic coast of France to North America. The migration is **presumed** to have occurred during the last glacial **maximum**, the time when ice sheets covered their maximum extent of the glacial period. These Europeans are thought to have migrated using small watercrafts and to have skills similar to those of the modern **Inuit** people; such as getting fresh water from melted icebergs and getting food by catching fish.

끝으로, 학자들은 유럽인들이 프랑스의 대서양 해안부터 북미까지 뻗어있던 얼음 위로 북대서양을 건넜다고 주장했습니다. 이 이동은 빙하기중 얼음이 가장 넓게 덮였을 때인 마지막 빙하기의 **최고점**에 일어난 것으로 **추정됩니다**. 이 유럽인들은 작은 배로 이동했고 현대의 **이누이트**와 비슷한, 예를 들어 빙산을 녹여 식수를 얻거나 물고기를 잡는 기술 등을 가졌으리라 생각합니다.

Vocabulary

primary [práiməri]	a. 주요한, 초기의, 원시의	Paleolithic [pèiliəlíθik]	a. 구석기의 (신석기는 Neolithic)
spear [spiər]	n. 창, 작살	excavation [èkskəvéiʃən]	n. 발굴, 땅파기
by accident	phr. 우연히, 어쩌다	presume [prizú:m]	v. 추정하다, 간주하다
maximum [mǽksəməm]	n. 최고 / a. 최대의	Inuit [injú:t]	n. (에스키모라 불리던) 이누이트 족

14. Solutrean Hypothesis 솔류트레 이론

Integrated Task

STEP 01 뼈대를 먼저 작성 해보도록 하겠습니다.

STEP 02 큰주제란!
1. 최대 5단어이며
2. 전치사 접속사를 포함하고 있으면 안되고
3. 명사 형태입니다

STEP 03 인트로 문단에서 큰 주제와 무엇을 토론하는지를 찾아서 작성해봅시다.

In the given set of materials, the reading passage and the lecture deal with _____ to debate (whether) _____. The reading passage is providing three pieces of evidence to prove its point, whereas the professor argues against it by providing three compelling rebuttals.

STEP 04 이제 FIVE RULES를 적어 보도록 하겠습니다
1.
2.
3.
4.
5.

STEP 05 FIVE RULES에 근거하여서 베껴야 할 문장을 하이라이트 해봅시다.
1. 50%~66%의 내용을 베낀다.
   (바디마다 6문장이면 3문장 베끼고, 5문장이면 3문장, 4문장이면 2문장, 3문장이면 2문장, 2문장이면 1문장을 베낍니다.)
2. 근거를 베낀다.
   (근거란 인트로 문단에서 무엇을 토론하는지에 들어간 리딩이 주장하는 근거입니다.)
3. 예시를 베끼지 않는다.
   (예시란 과거에 대한 설명, 과거 사건 설명, 특정한 인물 및 배경 설명, 사례, 숫자적 언급이 사례입니다.)
4. 근거와 내용이 겹치지 않는 문장을 베낀다.
   (동전의 뒷면이 나왔다. 동전이 서지 않았고 앞면도 나오지 않았다는 같은 내용입니다.)
5. 내용이 겹칠 때에는 먼저 적힌 문장을 베낀다.
   (근거하고는 안겹치더라도 바디 문장안에서 서로 겹칠 수 있습니다. 그럴 때는 먼저 적힌 문장을 베끼세요.)

 리스닝을 듣고 노트 테이킹 합니다.

하단에 리스닝 스크립트를 보고 학생분이 노트테이킹 한 내용과 비교합니다.

인트로 문단 부분은 노트테이킹 하실 필요가 없습니다. 리딩 지문에 3가지 이유에 대한 3가지 반박을 들으시면 됩니다.

These spears are not sufficient proof
They have been independently developed in this way
it would be inappropriate as proofs

excavated bones have been proven to Asians

watercrafts are an impossible theory
there is no proof
it would have been a long and dangerous

Solutrean Hypothesis 솔류트레 이론

Listening Script

주제
솔류트레 이론에 대한 반박

The reading passage claims that the Solutrean culture, which was developed by Europeans, **initially** inhabited North America. This can't be true, since it has been proven that the **Paleo-Indians** were the first to enter the Americas. Although the pattern of migration and its timing remains unclear, it is certain that Asians were the first to **set foot on** the land.

지문에서는 유럽에서 발달한 솔류트레 문화가 **처음으로** 북미에 정착했다 주장합니다. 미대륙에 먼저 들어온 건 **고(古)아메리카** 인디언이라 증명됐기에, 이는 말도 안됩니다. 이동 패턴과 시기는 불투명하지만, 아시아계가 그 땅에 먼저 **발을 디딘**건 확실합니다.

근거 1
창의 용도가 같음
세부사항
큰 포유류를 사냥하려면 모양이 비슷해짐

First, according to the reading passage, spears are mentioned as a proof of the early European inhabitants. These spears are not sufficient proof, since the inhabitants had to hunt large mammals. The shape of their spears would have had to be developed into the shape mentioned in the reading passage, whether it was by Europeans or Asians. They have been independently developed in this way, so it would be **inappropriate** to use these spears as proofs of European influence.

첫째, 지문에 의하면, 창은 초기 유럽 정착민들의 증거로 제시됩니다. 정착민들은 큰 포유류들을 사냥해야 했으므로 이 창들은 충분한 증거가 못됩니다. 유럽계에 의해서건, 아시아계에 의해서건, 창 모양은 지문에서 제시된대로 발달해야 했습니다. 이들은 독립적으로 발달했으므로, 이 창들을 유럽계 영향의 증거로 쓰기에는 **부적합합니다**.

근거 2
유골은 아시아계
세부사항
게다가 거주의 증거로는 부족함

Second, excavated bones have been proven not to belong to Europeans, but rather to Asians. To establish the location of a settlement of a civilization, several factors need to be found. Things such as tools, traces of habitats or bones are needed, but not one has been found in this case. Even if we agree with the passage, that the bones belonged to Europeans, it could have been an **exceptionally** odd case.

둘째, 발굴된 유골은 유럽이 아니라, 아시아인 것이라 증명됐습니다. 문명이 정착했던 위치를 알려면 여러 요인을 찾아야 합니다. 도구, 거주지의 흔적, 유골 등이 필요하지만, 아무것도 찾지 못했습니다. 지문의 주장대로 유골이 유럽인 것이라도, 상황이 **유별나게** 이상한 사례라고 할 수 있습니다.

근거 3
횡단은 너무 위험
세부사항
유럽인은 배나 항해술이 없었음

Lastly, let's discuss the crossing of the Atlantic oceans. The reading passage mentions **watercrafts** as the means of migration. This is an impossible theory, since there is no proof that Europeans had boats or navigation skills during this period. Even if the Atlantic Ocean was easier to travel than it is today, it would have been a long and dangerous trip without navigation skills. For the reasons above, one can conclude that the initial inhabitants of North America were proven to have been Asians.

끝으로, 대서양 횡단에 대해 말해봅시다. 지문은 이동수단으로 **배**를 언급합니다. 유럽인들이 이 시기에, 배나 항해술이 있었다는 증거가 없으므로 이것은 불가능한 이론입니다. 만약 대서양이 지금보다 건너기 쉬웠어도, 항해술 없이는 길고 위험했을 겁니다. 위의 이유로, 북미 최초의 정착민은 아시아계였음으로 결론지을 수 있습니다.

Vocabulary

initially [iníʃəli]	a. 처음에, 시초에	
set foot	phr. ~에 발을 들이다	
exceptionally [iksépʃənli]	ad. 예외적으로, 유별나게	
Paleo-Indian [pèiliou-índiən]	n. 석기시대 북미 원주민	
inappropriate [ìnəpróupriət]	a. 부적절한, 안 어울리는	
watercraft [wɔ́ːtərkræft]	n. 배, 선박, 선박운전술	

Sample Reading 작성 답안

1. 50%~66%의 내용을 베낀다.
   (바디마다 6문장이면 3문장 베끼고, 5문장이면 3문장, 4문장이면 2문장, 3문장이면 2문장, 2문장이면 1문장을 베낍니다.)
2. 근거를 베낀다.
   (근거란 인트로 문단에서 무엇을 토론하는지에 들어간 리딩이 주장하는 근거입니다.)
3. 예시를 베끼지 않는다.
   (예시란 과거에 대한 설명, 과거 사건 설명, 특정한 인물 및 배경 설명, 사례, 숫자적 언급이 사례입니다.)
4. 근거와 내용이 겹치지 않는 문장을 베낀다.
   (동전의 뒷면이 나왔다. 동전이 서지 않았고 앞면도 나오지 않았다는 같은 내용입니다.)
5. 내용이 겹칠 때에는 먼저 적힌 문장을 베낀다.
   (근거하고는 안겹치더라도 바디 문장안에서 서로 겹칠 수 있습니다. 그럴 때는 먼저 적힌 문장을 베끼세요.)

근거 1
창의 모양이 비슷함

세부사항
얇고 양면인 솔루트레 창의 영향을 받았음

The first grounds that the researchers base their theory upon are the shape of **spears** of the settlers. ❶ The spears that were found at the **excavation** sites share common features with those of the Clovis culture, which is an ancient Native American culture in North America. These points are thin and bifacial, causing researchers to claim that they were used by the first Europeans and not Asians.

그 학자들이 이론의 근간으로 삼는 첫번째 근거는 정착민들의 **창** 모양입니다. **발굴** 현장에서 찾은 창들은 북미의 고대문화인 클로비스 문화의 창과 비슷합니다. 이 창끝은 얇고 양면이라, 학자들은 아시아인이 아닌 최초의 유럽인들이 이것들을 썼다고 주장하게 됐습니다.

근거 2
캐너웍 맨의 발견

세부사항
유골의 모습이 유럽인과 비슷함

The "Kennewick Man", the oldest, best preserved, and most complete human remains ever found in North America, was found by some local inhabitants **by accident**. These bones also helped researchers to assert that North America was first inhabited by Europeans. ❷ The restored features of these bones resembled those of primary Europeans.

북미에서 발견된 것 중 가장 오래되고, 잘 보존되고, 완전한 유골인 "케너웍 맨"은 현지인들이 **우연히** 발견했습니다. 이 유골은 유럽계가 북미에 먼저 정착했다고 주장하는 근거가 됐습니다. 이 유골의 모습은 원시시대 유럽인들의 그것과 닮았습니다.

근거 3
북대서양 횡단

세부사항
마지막 빙하기에 얼음위로 건너왔음

Lastly, researchers proposed that ❸ the Europeans crossed the North Atlantic over ice that extended from the Atlantic coast of France to North America. The migration is **presumed** to have occurred during the last glacial **maximum**, the time when ice sheets covered their maximum extent of the glacial period. These Europeans are thought to have migrated using small watercrafts and to have skills similar to those of the modern **Inuit** people; such as getting fresh water from melted icebergs and getting food by catching fish.

끝으로, 학자들은 유럽인들이 프랑스의 대서양 해안부터 북미까지 뻗어있던 얼음 위로 북대서양을 건넜다고 주장했습니다. 이 이동은 빙하기중 얼음이 가장 넓게 덮였을 때인 마지막 빙하기의 **최고점**에 일어난 것으로 **추정됩니다**. 이 유럽인들은 작은 배로 이동했고 현대의 **이누이트**와 비슷한, 예를 들어 빙산을 녹여 식수를 얻거나 물고기를 잡는 기술 등을 가졌으리라 생각합니다.

Sample Listening 작성 답안

인트로 문단 부분은 노트테이킹 하실 필요가 없습니다. 리딩 지문에 3가지 이유에 대한 3가지 반박을 들으시면 됩니다.

the spears of each culture were developed separately. The shapes of spear points had to be similar because they were both used to hunt large mammals.

Kennewick Man was proven to be of Asian origin, not of European. Even if it was the latter, a single skeleton is insufficient to prove a settlement existed.

Paleolithic Europeans had neither boats nor navigation skills. Even if they did, it must have been too risky for them to cross the Atlantic Ocean.

STEP 08 리딩과 리스닝을 뼈대에 맞춰서 전체 다 작성해 보시겠습니다.

In the given set of materials, the reading passage and the lecture deal with _____ to debate (whether) _____. The reading passage is providing three pieces of evidence to prove its point, whereas the professor argues against it by providing three compelling rebuttals.

The reading passage asserts the idea that _____
_____
_____
_____. The professor casts doubt because _____
_____
_____
_____.

The reading passage claims that _____
_____
_____
_____. The professor refutes the idea because _____
_____
_____
_____.

The reading passage points out that _____
_____
_____
_____. The professor challenges the idea because _____
_____
_____
_____.

※ 146page의 모범답안의 뼈대와 이 페이지의 뼈대가 다른 이유는 시험보러 가셨을 때 다른 사람과 뼈대가 겹치지 말라고 일부러 다양하게 구성해 두었습니다.

14. Solutrean Hypothesis 솔류트레 이론 — Integrated Task

서론

According to both the reading and the listening, they argue over the Solutrean hypothesis **based on whether** Europeans of the Solutrean culture, not Asians, were the first settlers in the Americas. **The reading strongly asserts three possible theories about the idea, but the listening refutes each theory by providing three compelling reasons.**

본론 1

The reading claims that researchers base their theory upon are the shape of spears of the settlers. These points are thin and bifacial, causing researchers to claim that they were used by the first Europeans and not Asians. **The listening is against this because** the spears of each culture were developed separately. The shapes of spear points had to be similar because they were both used to hunt large mammals.

본론 2

The reading explains that the "Kennewick Man" bones also helped researchers to assert that North America was first inhabited by Europeans. The restored features of these bones resembled those of primary Europeans. **The listening refutes this because** Kennewick Man was proven to be of Asian origin, not of European. Even if it was the latter, a single skeleton is insufficient to prove a settlement existed.

본론 3

The reading argues that researchers proposed that the Europeans crossed the North Atlantic over ice that extended from the Atlantic coast of France to North America. These Europeans are thought to have migrated using small watercrafts and to have skills similar to those of the modern Inuit people. **The listening opposes this because** Paleolithic Europeans had neither boats nor navigation skills. Even if they did, it must have been too risky for them to cross the Atlantic Ocean.

USHER
iBT TOEFL
WRITING
DAY 15

Integrated Task

지문 / 해석 / 모범 답안

자기 평가표

USHER

15. Harappan Civilization 하랍파 문명 — Integrated Task

 >  >  >  >

STEP 1. 리딩 베끼기 > STEP 2. 리스닝 추려내기 > STEP 3. 재료준비 끝 > STEP 4. 작성하기 > STEP 5. 답안

주제
하랍파 문명이 몰락한 세 가지 원인

The Harappan Civilization, or also called the Indus Valley Civilization, was located in modern-day Pakistan, northwestern India, Iran, and Afghanistan. It covered a larger area than ancient Egypt and Mesopotamia and there have been many controversial theories on the causes of its sudden demise. The most widely accepted theories of the collapse of the Harappan civilization are invasion, the climate change, or an **epidemic** due to water **contamination**.

하랍파 혹은 인더스 문명은 현재의 파키스탄, 인도 북서부, 이란, 아프카니스탄 지역에 있었습니다. 고대 이집트와 메소포타미아보다 넓은 지역을 장악했는데, 갑작스런 몰락의 이유에 대한 논쟁이 많았습니다. 하랍파 문명의 몰락에 관한 가장 인정받는 이론은 침략, 기후 변화, 혹은 수질 **오염**으로 인한 **전염병**입니다.

근거 1
아리아인의 침략
세부사항
갑자기 이주할 이유는 침략뿐이고 군대도 없었음

The archeological evidence of quick migration to other places supports that there must have been a sudden **calamity** forcing the inhabitants to seek new shelter. Various historical accounts and archeological findings show that ❶ the cause of such a movement of people was due to the invasion of the Aryans. The Harappan civilization did not have strong military forces to **counter** the forceful Aryan incursion.

다른 곳으로 신속히 이주했다는 고고학적 증거는, 사람들이 새 터전을 찾게 한 갑작스런 **재난**이 있었음을 증명합니다. 다양한 역사적 설명과 고고학적 발견은, 이동의 이유가 아리아인의 침략이었음을 보여줍니다. 하랍파 문명은 아리아인의 드센 침략에 **대적할** 강한 군대가 없었습니다.

근거 2
갑작스런 기후변화
세부사항
농경사회였던 하랍파는 강우량에 크게 의존했음

Another proposed theory is that ❷ there was a sudden climatic change, such as a **fluctuation** in rainfall, which caused the Harappan collapse. Rainfall played a vital role in the Harappan civilization due to the fact that it was the highly farm-based culture. The prosperity of the civilization largely depended on the stable rainfalls which seem to have **abruptly** stopped, leading to the end of the civilization.

제시된 또 다른 하나는 강우량 **변동**과 같은 갑작스런 기후변화가 하랍파의 몰락을 초래했다는 이론입니다. 농업문화였던 하랍파 문명에서 강우량은 중대한 역할을 했습니다. 문명의 번성은 **갑자기** 멈춘 안정적이던 강우량에 크게 의존했었고, 결국 문명의 몰락을 가져왔습니다.

근거 3
정기적인 홍수 피해
세부사항
범람으로 인한 오염 때문에 전염병이 유행했음

In addition to these problems, ❸ there was also an issue of seasonal flooding which could have caused various problems, such as water-borne diseases. The piled **sediment** at archaeological sites shows that there were annual floods. This natural phenomenon would have brought various wastes from the nearby areas to the settlement, polluting their reservoir. Once a **contagious** disease like cholera or bacteria, contaminated their drinking water, people would have been infected throughout the cities.

이런 문제와 더불어, 특정 계절이면 반복 되는 홍수 때문에, 수인성 질병 같은 다양한 문제가 있었을 겁니다. 유적지에 쌓인 **침전물**은 해마다 홍수가 있었음을 보여줍니다. 이 현상은 근처의 온갖 쓰레기를 가져와 저수지를 오염시켰을 겁니다. 콜레라와 박테리아 같은 **전염**병이 식수를 오염 시키면 여러 도시의 사람들이 전염됐을 겁니다.

Vocabulary

epidemic [èpədémik]	n. (병의) 유행 / a. 유행성인	contamination [kəntæ̀mənéiʃən]	n. 오염
calamity [kəlǽməti]	n. 재난, 불행	counter [káuntər]	v. ~에 대항하다 / a. 반대의
fluctuation [flʌ̀ktʃuéiʃən]	n. 변동, 동요	abruptly [əbrʌ́ptli]	ad. 갑자기, 퉁명스럽게
sediment [sèdəmənt]	n. 퇴적물, 침전물	contagious [kəntéidʒəs]	a. 접촉 전염성의(infectious는 물, 공기)

15. Harappan Civilization 하랍파 문명

Integrated Task

STEP 01 — 뼈대를 먼저 작성 해보도록 하겠습니다.

STEP 02 — 큰주제란!

1. 최대 5단어이며
2. 전치사 접속사를 포함하고 있으면 안되고
3. 명사 형태입니다

STEP 03 — 인트로 문단에서 큰 주제와 무엇을 토론하는지를 찾아서 작성해봅시다.

In the given set of materials, the reading passage and the lecture deal with _____ to debate (whether) _____. The reading passage is providing three pieces of evidence to prove its point, whereas the professor argues against it by providing three compelling rebuttals.

STEP 04 — 이제 FIVE RULES를 적어 보도록 하겠습니다

1.
2.
3.
4.
5.

STEP 05 — FIVE RULES에 근거하여서 베껴야 할 문장을 하이라이트 해봅시다.

1. 50%~66%의 내용을 베낀다.
   (바디마다 6문장이면 3문장 베끼고, 5문장이면 3문장, 4문장이면 2문장, 3문장이면 2문장, 2문장이면 1문장을 베낍니다.)
2. 근거를 베낀다.
   (근거란 인트로 문단에서 무엇을 토론하는지에 들어간 리딩이 주장하는 근거입니다.)
3. 예시를 베끼지 않는다.
   (예시란 과거에 대한 설명, 과거 사건 설명, 특정한 인물 및 배경 설명, 사례, 숫자적 언급이 사례입니다.)
4. 근거와 내용이 겹치지 않는 문장을 베낀다.
   (동전의 뒷면이 나왔다. 동전이 서지 않았고 앞면도 나오지 않았다는 같은 내용입니다.)
5. 내용이 겹칠 때에는 먼저 적힌 문장을 베낀다.
   (근거하고는 안겹치더라도 바디 문장안에서 서로 겹칠 수 있습니다. 그럴 때는 먼저 적힌 문장을 베끼세요.)

 리스닝을 듣고 노트 테이킹 합니다.

 하단에 리스닝 스크립트를 보고 학생분이 노트테이킹 한 내용과 비교합니다.

인트로 문단 부분은 노트테이킹 하실 필요가 없습니다. 리딩 지문에 3가지 이유에 대한 3가지 반박을 들으시면 됩니다.

there is too much evidence against it
such an abundant number of cities could not possibly be abandoned simultaneously

there is no archaeological evidence to support
weathers wouldn't have caused the fall of only the Harappan civilization.

flooding is helpful to a civilization
seasonal flooding was unlikely to have contaminated its water system.

Harappan Civilization 하랍파 문명

Listening Script

주제
하랍파 멸망의 원인에 대한 반박

Okay, there are three widely believed explanations for the Harappan civilization's **demise**, but ongoing scientific investigations have revealed that these factors do not sufficiently explain the fall of the Harappan civilization.

하랍파 문명의 몰락에 대해 널리 알려진 세 가지 설명이 있지만 계속된 과학 수사는 이들이 하랍파의 **몰락**을 제대로 설명하지 못한다고 밝혔습니다.

근거 1
도시가 많았음
세부사항
한번의 침략때문에 비우기엔 너무 많았음

First, there is too much evidence against an Aryan invasion that it is hard to be taken seriously nowadays. Scientists have discovered numerous archaeological sites of the Harappan civilization, which were spread over a **vast** area along the Indus River. They believe that such an **abundant** number of cities could not possibly be abandoned simultaneously because of a single **incursion**.

첫째, 아리아인 침략은 그에 반하는 증거가 너무 많아 요즘은 심각하게 생각하지 않습니다. 학자들은 인더스 강을 따라 **넓게** 퍼진 하랍파 문명의 많은 유적지들을 찾아냈습니다. 그 **많던** 도시들이 한번의 **침공**으로 동시에 버려질 순 없다 생각합니다.

근거 2
변화의 증거 없음
세부사항
동시대의 다른 문명들은 건재했음

Second, there is no archaeological evidence to support the theory that there was a dramatic climatic change in the area of the Harappan settlements which could have brought about the demise of its civilization. Most importantly, however, is that even if there was such a change, other contemporary civilizations, such as the ancient Egyptian and Mesopotamian civilizations survived the period. It wouldn't have caused the fall of only the Harappan civilization.

둘째, 하랍파의 몰락을 가져온 이론인 정착지역의 갑작스런 기후변화를 뒷받침할 만한 아무런 고고학적 증거가 없습니다. 하지만 가장 중요한 건 그런 기후변화가 있었어도 고대 이집트와 메소포타미아 같은 다른 문명들은 그 시대에 존재했다는 겁니다. 하랍파 문명만의 몰락을 야기하지는 않았을 겁니다.

근거 3
홍수는 도움이 됨
세부사항
도시는 위생설비가 잘 돼있었음

And third, the argument that seasonal flooding caused the fall of the civilization is not well-supported either. In contrast to the argument, flooding is actually helpful to a civilization, since it enriches the soil quality by distributing rich sediment over the flooded area. This phenomenon is the main reason that civilizations arose near the rivers. Furthermore, because they put a high priority on **hygiene**, the Harappan civilization had established sophisticated **sanitation** systems, such as **drainage** and **sewerage**, in its cities. Therefore, seasonal flooding, which is usually predictable, was unlikely to have contaminated its water system.

그리고 셋째, 특정 계절마다 반복된 홍수 때문에 몰락했다는 근거도 약합니다. 주장과 달리, 홍수는 침수지역을 비옥한 퇴적물로 뒤덮어 토양을 기름지게 해 도움이 됐습니다. 이 현상이 강가에서 문명이 시작된 주요한 이유입니다. 또, 그들은 **위생**을 중요시 여겨, 도시 안에 **배수구** 및 **하수도** 같은 정교한 **위생**시설을 만들었습니다. 고로, 특정 계절마다 반복된 홍수는 급수시설을 오염시킬 일이 없었습니다.

Vocabulary

demise [dimáiz]	n. 사망, 소멸	vast [væst]	a. 광대한, 거대한, 막대한
abundant [əbʌ́ndənt]	a. 풍부한	incursion [inkə́ːrʒən]	n. 침략, 급습, 습격, 유입
hygiene [háidʒíːn]	n. 위생학, 위생(상태)	sanitation [sæ̀nitéiʃən]	n. 공중 위생, 하수 설비
drainage [dréinidʒ]	n. 배수 장치, 하수로	sewerage [súːəridʒ]	n. 하수 처리, 하수도

Sample Reading 작성 답안

1. 50%~66%의 내용을 베낀다.
   (바디마다 6문장이면 3문장 베끼고, 5문장이면 3문장, 4문장이면 2문장, 3문장이면 2문장, 2문장이면 1문장을 베낍니다.)
2. 근거를 베낀다.
   (근거란 인트로 문단에서 무엇을 토론하는지에 들어간 리딩이 주장하는 근거입니다.)
3. 예시를 베끼지 않는다.
   (예시란 과거에 대한 설명, 과거 사건 설명, 특정한 인물 및 배경 설명, 사례, 숫자적 언급이 사례입니다.)
4. 근거와 내용이 겹치지 않는 문장을 베낀다.
   (동전의 뒷면이 나왔다. 동전이 서지 않았고 앞면도 나오지 않았다는 같은 내용입니다.)
5. 내용이 겹칠 때에는 먼저 적힌 문장을 베낀다.
   (근거하고는 안겹치더라도 바디 문장안에서 서로 겹칠 수 있습니다. 그럴 때는 먼저 적힌 문장을 베끼세요.)

근거 1
아리아인의 침략

세부사항
갑자기 이주할 이유는 침략뿐이고 군대도 없었음

The archeological evidence of quick migration to other places supports that there must have been a sudden **calamity** forcing the inhabitants to seek new shelter. Various historical accounts and archeological findings show that ❶ the cause of such a movement of people was due to the invasion of the Aryans. The Harappan civilization did not have strong military forces to **counter** the forceful Aryan incursion.

다른 곳으로 신속히 이주했다는 고고학적 증거는, 사람들이 새 터전을 찾게 한 갑작스런 **재난**이 있었음을 증명합니다. 다양한 역사적 설명과 고고학적 발견은, 이동의 이유가 아리아인의 침략이었음을 보여줍니다. 하랍파 문명은 아리아인의 드센 침략에 **대적할** 강한 군대가 없었습니다.

근거 2
갑작스런 기후변화

세부사항
농경사회였던 하랍파는 강우량에 크게 의존했음

Another proposed theory is that ❷ there was a sudden climatic change, such as a **fluctuation** in rainfall, which caused the Harappan collapse. Rainfall played a vital role in the Harappan civilization due to the fact that it was the highly farm-based culture. The prosperity of the civilization largely depended on the stable rainfalls which seem to have **abruptly** stopped, leading to the end of the civilization.

제시된 또 다른 하나는 강우량 **변동**과 같은 갑작스런 기후변화가 하랍파의 몰락을 초래했다는 이론입니다. 농업문화였던 하랍파 문명에서 강우량은 중대한 역할을 했습니다. 문명의 번성은 **갑자기** 멈춘 안정되던 강우량에 크게 의존했었고, 결국 문명의 몰락을 가져왔습니다.

근거 3
정기적인 홍수 피해

세부사항
범람으로 인한 오염 때문에 전염병이 유행했음

In addition to these problems, ❸ there was also an issue of seasonal flooding which could have caused various problems, such as waterborne diseases. The piled **sediment** at archaeological sites shows that there were annual floods. This natural phenomenon would have brought various wastes from the nearby areas to the settlement, polluting their reservoir. Once a **contagious** disease like cholera or bacteria, contaminated their drinking water, people would have been infected throughout the cities.

이런 문제와 더불어, 특정 계절이면 반복 되는 홍수 때문에, 수인성 질병 같은 다양한 문제가 있었을 겁니다. 유적지에 쌓인 **침전물**은 해마다 홍수가 있었음을 보여줍니다. 이 현상은 근처의 온갖 쓰레기를 가져와 저수지를 오염시켰을 겁니다. 콜레라와 박테리아 같은 **전염**병이 식수를 오염 시키면 여러 도시의 사람들이 전염됐을 겁니다.

Sample Listening 작성 답안

인트로 문단 부분은 노트테이킹 하실 필요가 없습니다. 리딩 지문에 3가지 이유에 대한 3가지 반박을 들으시면 됩니다.

the Aryans incursion could not be the cause of the demise of the Indus River civilization because there was the evidence of cities along the river, making it impossible to bring such a profound impact.

there is no firm evidence that can support the fluctuation in weather. Even if there was such fluctuation, the professor added that other civilizations survived at the time of Harappan civilization fall.

the flooding actually helped the civilization by fertilizing the soil. Also, people of the Harappan were adept in constructing water and hygienic systems. Their cities were highly organized in controlling the water-related disease.

STEP 08. 리딩과 리스닝을 뼈대에 맞춰서 전체 다 작성해 보시겠습니다.

In the given set of materials, the reading passage and the lecture deal with _____ to debate (whether) _____. The reading passage is providing three pieces of evidence to prove its point, whereas the professor argues against it by providing three compelling rebuttals.

The reading passage asserts the idea that _____
_____
_____
_____. The professor casts doubt because _____
_____
_____
_____.

The reading passage claims that _____
_____
_____
_____. The professor refutes the idea because _____
_____
_____
_____.

The reading passage points out that _____
_____
_____
_____. The professor challenges the idea because _____
_____
_____
_____.

※ 154page의 모범답안의 뼈대와 이 페이지의 뼈대가 다른 이유는 시험보러 가셨을 때 다른 사람과 뼈대가 겹치지 말라고 일부러 다양하게 구성해 두었습니다.

Harappan Civilization 하랍파 문명

Integrated Task

서론

According to both the reading and the listening, they argue over the Harappan Civilization **based on** the causes of its sudden demise. **The reading strongly asserts three possible theories about the idea, but the listening refutes each theory by providing three compelling reasons.**

본론 1

The reading claims that there must have been a sudden calamity forcing the inhabitants to seek new shelter. The Harappan civilization did not have strong military forces to counter the forceful Aryan incursion. **The listening is against this because** the Aryans incursion could not be the cause the demise of the Indus River civilization because there was the evidence of cities along the river, making it impossible to bring such a profound impact.

본론 2

The reading explains that there was a sudden climatic change, such as a fluctuation in rainfall, which caused the Harappan collapse. The prosperity of the civilization largely depended on the stable rainfalls which seem to have abruptly stopped, leading to the end of the civilization. **The listening refutes this because** there is no firm evidence that can support the fluctuation in weather. Even if there was such fluctuation, the professor added that other civilizations survived at the time of Harappan civilization fall.

본론 3

The reading argues that there was also an issue of seasonal flooding which could have caused various problems, such as water-borne diseases. This natural phenomenon would have brought various wastes from the nearby areas to the settlement, polluting their reservoir. **The listening opposes this because** the flooding actually helped the civilization by fertilizing the soil. Also, people of the Harappan were adept in constructing water and hygienic systems. Their cities were highly organized in controlling the water-related disease.

USHER
iBT TOEFL
WRITING
DAY 16

Integrated Task

지문 / 해석 / 모범 답안

자기 평가표

USHER

16. Etruscan Civilization 에트루리아 문명 — Integrated Task

STEP 1. 리딩 베끼기 > STEP 2. 리스닝 추려내기 > STEP 3. 재료준비 끝 > STEP 4. 작성하기 > STEP 5. 답안

주제
에트루리아인이 터키에서 왔다는 증거

The Etruscan civilization is the name given to a civilization of ancient Italy, which occurred near today's Tuscany. The origins of this culture have been lost, but there are two main **hypotheses** about them. One of the hypotheses says that the civilization has risen from the **indigenous** culture, but this passage supports the other, which is Anatolian, or today's Turkey's, colonization of Italy.

에트루리아 문명은 오늘날의 토스카나에서 일어난 고대 이달리아 문명을 부르는 이름입니다. 이 문명의 기원은 사라졌지만, **가설**은 둘이 있습니다. 하나는 **토착**문명에서 비롯됐다 하지만, 본 지문은 오늘날의 터키인 아나톨리아가 이달리아를 식민지화했다는 다른 가설을 지지합니다.

근거 1
헤로도토스의 기록

세부사항
리디아의 왕이 아들과 함께 백성을 보냈다고 기록

Herodotos, an ancient Greek historian, is known as the Father of History, since he was the first historian who collected historical materials and tested their accuracy. ❶ He recorded that Etruscans came from Lydia, a kingdom in Anatolia region, or today's Turkey. The Lydian king divided his people into two, and sent one group with his son to foreign lands. These people eventually settled and **founded** the Etruscan Civilization.

고대 그리스의 역사학자인 헤로도토스는 역사 자료를 모아 그 정확도를 확인한 첫 사학자로, 역사의 아버지로 불립니다. 그는 에트루리아인이 오늘날 터키인 아나톨리아의 왕국이었던 리디아에서 왔다고 기록했습니다. 리디아의 왕은 백성을 둘로 나누어 한 무리를 아들과 함께 오지로 보냈습니다. 결국 이들은 정착했고, 에트루리아 문명을 **세웠습니다**.

근거 2
에트루리아의 언어

세부사항
리디아의 언어와 유사성을 보임

The origins of the Etruscan language are also not agreed upon by researchers, and many different opinions occur. According to **inscriptions**, the Etruscans used languages similar to the Lydian. Since the Etruscans are thought to have originated from Lydia according to the above paragraph, it is suggested that ❷ the Etruscan language is somehow related to the languages spoken in Lydia.

학자들은 에트루리아어의 기원에 대해 다양한 의견을 갖고 있습니다. **새겨진 글**에 의하면, 에트루리아인은 리디아인과 비슷한 언어를 썼습니다. 위 문단대로라면 에트루리아인은 리디아에서 왔기 때문에, 에트루리아가 리디아어와 어떻게든 연관이 있다고 봅니다.

근거 3
토스카나 소의 DNA

세부사항
유럽 소와는 DNA가 다른데, 터키 소와는 비슷함

Lastly, there is **genetic** evidence for the origins of the Etruscans. A team of Italian researchers proved that the DNA of cattle in modern Tuscany is different from the cattle commonly found all over Italy, and even Europe as well. However, this cattle's DNA is similar to that of the cattle found in Turkey. This shows that ❸ the ancient people of Anatolia **migrated** to Italy with their cattle, although the time of this move remains unknown.

끝으로, 에트루리아인의 기원에 관한 **유전적** 근거입니다. 이탈리아의 한 연구팀은 현대 토스카나 소의 DNA가 이탈리아의 전역, 심지어는 유럽의 것과는 다르다는 걸 증명했습니다. 하지만, 이 소의 DNA는 터키의 것과 비슷합니다. 이는 아나톨리아인이 소를 데리고 이탈리아로 **이주했음**을 보여주지만, 그 시기는 알 수 없습니다.

Vocabulary

hypothesis [haipáθəsis]	n. 가설 (복수는 ~ses)	indigenous [indídʒənəs] a. 고유의, 토종의, 토착의
found [faund]	v. ~을 설립하다	inscription [inskrípʃən] n. 새겨진 것, 비문
genetic [dʒinétik]	a. 유전적인, 유전학의	migrate [máigreit] v. 이주하다, 이동하다

16. Etruscan Civilization 에트루리아 문명

Integrated Task

STEP 01 뼈대를 먼저 작성 해보도록 하겠습니다.

STEP 02 큰주제란!
1. 최대 5단어이며
2. 전치사 접속사를 포함하고 있으면 안되고
3. 명사 형태입니다

STEP 03 인트로 문단에서 큰 주제와 무엇을 토론하는지를 찾아서 작성해봅시다.

In the given set of materials, the reading passage and the lecture deal with _____ to debate (whether) _____. The reading passage is providing three pieces of evidence to prove its point, whereas the professor argues against it by providing three compelling rebuttals.

STEP 04 이제 FIVE RULES를 적어 보도록 하겠습니다

1.
2.
3.
4.
5.

STEP 05 FIVE RULES에 근거하여서 베껴야 할 문장을 하이라이트 해봅시다.

1. 50%~66%의 내용을 베낀다.
   (바디마다 6문장이면 3문장 베끼고, 5문장이면 3문장, 4문장이면 2문장, 3문장이면 2문장, 2문장이면 1문장을 베낍니다.)
2. 근거를 베낀다.
   (근거란 인트로 문단에서 무엇을 토론하는지에 들어간 리딩이 주장하는 근거입니다.)
3. 예시를 베끼지 않는다.
   (예시란 과거에 대한 설명, 과거 사건 설명, 특정한 인물 및 배경 설명, 사례, 숫자적 언급이 사례입니다.)
4. 근거와 내용이 겹치지 않는 문장을 베낀다.
   (동전의 뒷면이 나왔다. 동전이 서지 않았고 앞면도 나오지 않았다는 같은 내용입니다.)
5. 내용이 겹칠 때에는 먼저 적힌 문장을 베낀다.
   (근거하고는 안겹치더라도 바디 문장안에서 서로 겹칠 수 있습니다. 그럴 때는 먼저 적힌 문장을 베끼세요.)

 리스닝을 듣고 노트 테이킹 합니다.

 하단에 리스닝 스크립트를 보고 학생분이 노트테이킹 한 내용과 비교합니다.

인트로 문단 부분은 노트테이킹 하실 필요가 없습니다. 리딩 지문에 3가지 이유에 대한 3가지 반박을 들으시면 됩니다.

He was sometimes known as the Father of lies
he wrote about giant ants n his book.
Since the words are unreliable, the theory can't be proven

Next, the similarity cannot be proven.
According to scientists, these languages are related.
The language was developed through interactions

the Etruscans had good shipping skills
they brought their cattle from the Anatolian
These cattle would have stayed until today

Etruscan Civilization 에트루리아 문명

Listening Script

주제 에트루리아의 식민지화는 근거 없음	The reading passage makes arguments that the origins of the Etruscan civilization are in the Anatolian colonization of Italy, but each of the arguments can be refuted.	지문에서는 에트루리아 문명의 기원이 아나톨리아의 이탈리아 식민지화에 있다고 주장하지만, 각 주장은 반박될 수 있습니다.
근거 1 헤로도토스의 신뢰도 세부사항 이야기에 상상과 의견을 더하는 성향이 있었음	First, it is true that Herodotos was a **renowned** historian, but it was in a different **aspect**. He was sometimes known as the Father of Lies because of his **tendency** to tell **fanciful** stories and to include his own opinions. Once, he wrote about fox-sized, hairy giant ants that live in sandy deserts in his book. These ants dug up gold dust when digging their tunnels and the locals collected the dust. But, in fact, what lives in the desert is a species of **marmot**, a type of **burrowing squirrel** that actually digs up gold dust and the locals collect it. Since Herodotus wasn't able to speak the language of the region, he had heard these stories from local translators. Since the words of this historian are unreliable, the theory can't be proven through him.	첫째, 헤로도토스가 **저명한** 사학자였던 건 맞지만, 다른 **측면**에서 그렇습니다. 그는 **상상 속** 이야기와 의견을 더하는 **성향** 때문에 가끔 거짓말의 아버지로도 불렸습니다. 한 번은, 모래 사막에 사는, 털 많고 여우만한 거대 개미에 대해 쓴 적이 있습니다. 이 개미들은 굴을 팔 때 금가루를 팠고 사람들은 그걸 모았습니다. 하지만 실제로는 **두더지**의 일종인 **몰모트**가 살고, 사람들은 파낸 금가루를 모읍니다. 헤로도토스가 그 곳의 말을 몰라 통역에게 들은 겁니다. 이 사학자의 말은 못 미더워서, 그가 이 가설을 증명할 순 없습니다.
근거 2 언어의 유사성의 근거 세부사항 어족이 같고, 교류를 통해 비슷해졌을 것	Next, the similarity of the Etruscan language to the Lydian cannot be proof of a developed civilization. The Etruscans language is included within a language group which also includes Roman and Greek. According to scientists, these languages are all related to one another. It is apparent that the Etruscans had excellent sailing skills, which suggests that their language was developed through interactions with these three civilizations.	다음, 에트루리아어와 리디아어의 유사성은 문명발달의 증거가 못 됩니다. 에트루리아어는 로마어와 그리스어의 어족에 포함됩니다. 학자들에 의하면, 이들 모두 관련돼 있습니다. 에트루리아인의 항해술이 뛰어났다는 것은 분명해서, 그들의 언어가 이 세 문명과의 교류를 통해 발전된 걸로 보입니다.
근거 3 DNA의 유사성의 근거 세부사항 교류를 통해 소를 들여왔을 수 있음	Lastly, it is true that the modern Tuscan cattle have different genes than that of the locals. But as I have said, the Etruscans had good shipping skills, so it is possible that they brought their cattle from the Anatolian region and bred them. These cattle would have stayed until today, which eventually produced the modern Tuscan cattle.	끝으로, 토스카나 소가 현지 소와 유전자가 다른 건 사실입니다. 하지만 제가 말했듯, 에트루리아인은 항해술이 훌륭했고, 그래서 아나톨리아에서 소를 들여와 사육 했을 수도 있습니다. 이 소는 지금까지 남았을 것이고, 결국 현재의 토스카나 소가 생기게 된 겁니다.

Vocabulary

renowned [rináund]	a. 유명한, 명성 있는	aspect [əspékt]	n. 측면, 양상
tendency [téndənsi]	n. 경향, 성향	fanciful [fǽnsifəl]	a. 상상의, 가공의, 별난
marmot [máːrmət]	n. 몰모트	burrow [bə́ːrou]	v. 굴을 파다

Sample Reading 작성 답안

1. 50%~66%의 내용을 베낀다.
   (바디마다 6문장이면 3문장 베끼고, 5문장이면 3문장, 4문장이면 2문장, 3문장이면 2문장, 2문장이면 1문장을 베낍니다.)
2. 근거를 베낀다.
   (근거란 인트로 문단에서 무엇을 토론하는지에 들어간 리딩이 주장하는 근거입니다.)
3. 예시를 베끼지 않는다.
   (예시란 과거에 대한 설명, 과거 사건 설명, 특정한 인물 및 배경 설명, 사례, 숫자적 언급이 사례입니다.)
4. 근거와 내용이 겹치지 않는 문장을 베낀다.
   (동전의 뒷면이 나왔다. 동전이 서지 않았고 앞면도 나오지 않았다는 같은 내용입니다.)
5. 내용이 겹칠 때에는 먼저 적힌 문장을 베낀다.
   (근거하고는 안겹치더라도 바디 문장안에서 서로 겹칠 수 있습니다. 그럴 때는 먼저 적힌 문장을 베끼세요.)

근거 1
헤로도토스의 기록
세부사항
리디아의 왕이 아들과 함께 백성을 보냈다고 기록

Herodotos, an ancient Greek historian, is known as the Father of History, since he was the first historian who collected historical materials and tested their accuracy. ❶ He recorded that Etruscans came from Lydia, a kingdom in Anatolia region, or today's Turkey. The Lydian king divided his people into two, and sent one group with his son to foreign lands. These people eventually settled and **founded** the Etruscan Civilization.

고대 그리스의 역사학자인 헤로도토스는 역사 자료를 모아 그 정확도를 확인한 첫 사학자로, 역사의 아버지로 불립니다. 그는 에트루리아인이 오늘날 터키인 아나톨리아의 왕국이었던 리디아에서 왔다고 기록했습니다. 리디아의 왕은 백성을 둘로 나누어 한 무리를 아들과 함께 오지로 보냈습니다. 결국 이들은 정착했고, 에트루리아 문명을 **세웠습니다**.

근거 2
에트루리아의 언어
세부사항
리디아의 언어와 유사성을 보임

The origins of the Etruscan language are also not agreed upon by researchers, and many different opinions occur. According to **inscriptions**, the Etruscans used languages similar to the Lydian. Since the Etruscans are thought to have originated from Lydia according to the above paragraph, it is suggested that ❷ the Etruscan language is somehow related to the languages spoken in Lydia.

학자들은 에트루리아어의 기원에 대해 다양한 의견을 갖고 있습니다. **새겨진 글**에 의하면, 에트루리아인은 리디아인과 비슷한 언어를 썼습니다. 위 문단대로라면 에트루리아인은 리디아에서 왔기 때문에, 에트루리아어가 리디아어와 어떻게든 연관이 있다고 봅니다.

근거 3
토스카나 소의 DNA
세부사항
유럽 소와는 DNA가 다른데, 터키 소와는 비슷함

Lastly, there is **genetic** evidence for the origins of the Etruscans. A team of Italian researchers proved that the DNA of cattle in modern Tuscany is different from the cattle commonly found all over Italy, and even Europe as well. However, this cattle's DNA is similar to that of the cattle found in Turkey. This shows that ❸ the ancient people of Anatolia **migrated** to Italy with their cattle, although the time of this move remains unknown.

끝으로, 에트루리아인의 기원에 관한 **유전적** 근거입니다. 이탈리아의 한 연구팀은 현대 토스카나 소의 DNA가 이탈리아의 전역, 심지어는 유럽의 것과는 다르다는 걸 증명했습니다. 하지만, 이 소의 DNA는 터키의 것과 비슷합니다. 이는 아나톨리아인이 소를 데리고 이탈리아로 **이주했음**을 보여주지만, 그 시기는 알 수 없습니다.

Sample Listening 작성 답안

인트로 문단 부분은 노트테이킹 하실 필요가 없습니다. 리딩 지문에 3가지 이유에 대한 3가지 반박을 들으시면 됩니다.

the credibility of Herodotus is questionable. The historian once wrote about giant ants which were later found to be marmots.

the Etruscan and Lydian languages are similar because they are in the same language group. Those could also have become similar through interactions.

Tuscan cattle could have been imported by Etruscans.

STEP 1. 리딩 베끼기 > STEP 2. 리스닝 추려내기 > STEP 3. 재료준비 끝 > STEP 4. 작성하기 > STEP 5. 답안

STEP 08 리딩과 리스닝을 뼈대에 맞춰서 전체 다 작성해 보시겠습니다.

In the given set of materials, the reading passage and the lecture deal with _____ to debate (whether) _____. The reading passage is providing three pieces of evidence to prove its point, whereas the professor argues against it by providing three compelling rebuttals.

The reading passage asserts the idea that _____
_____
_____
_____
_____. The professor casts doubt because _____
_____
_____
_____.

The reading passage claims that _____
_____
_____
_____. The professor refutes the idea because _____
_____
_____
_____
_____.

The reading passage points out that _____
_____
_____
_____. The professor challenges the idea because _____
_____
_____
_____
_____.

※ 162page의 모범답안의 뼈대와 이 페이지의 뼈대가 다른 이유는 시험보러 가셨을 때 다른 사람과 뼈대가 겹치지 말라고 일부러 다양하게 구성해 두었습니다.

Etruscan Civilization 에트루리아 문명

Integrated Task

서론

According to both the reading and the listening, they argue over the Etruscan civilization **based on** the origins of this culture. **The reading strongly asserts three possible theories about the idea, but the listening refutes each theory by providing three compelling reasons.**

본론 1

The reading claims that Herodotus recorded that Etruscans came from Lydia, a kingdom in Anatolia region, or today's turkey. These people eventually settled and founded the Etruscan Civilization. **The listening is against this because** the credibility of Herodotus is questionable. The historian once wrote about giant ants which were later found to be marmots.

본론 2

The reading explains that the Etruscans used languages similar to Lydian. Since the Etruscans are thought to have originated from Lydia according to the above paragraph, it is suggested that the Etruscan language is somehow related to the languages spoken in Lydia. **The listening refutes this because** the Etruscan and Lydian languages are similar because they are in the same language group. Those could also have become similar through interactions.

본론 3

The reading argues that there is genetic evidence for the origins of the Etruscans. This shows that the ancient people of Anatolia migrated to Italy with their cattle. **The listening opposes this because** Tuscan cattle could have been imported by Etruscans.

USHER
iBT TOEFL
WRITING
Writing for an Academic Discussion

usherin.usher.co.kr > 마이페이지 > 시험리스트 > Writing 시험 > 토의형 > #301~#316

Day 01 — Writing for an Academic Discussion

Instructions: Your professor is having a class on the influence of social media. Please write an answer to the professor's question. In your answer, make sure to:
- Clearly explain your opinion.
- Use your own words to add to the conversation.
- Write a response with at least 100 words.

Hello, everyone! In our next class, we will talk about people who are famous on social media platforms like TikTok and YouTube. These individuals, often called influencers, can affect what products their viewers decide to buy by recommending them.

Do you think these social media influencers really have a big effect on what people purchase? Please share your thoughts and reasons.

Anna
"I believe social media influencers do have a big effect on buying decisions. Many young people watch these influencers and trust what they say. So, if an influencer shows a new phone or game and says it's good, their followers might want to buy it. However, it's also important to think if the influencer truly likes the product or if they are just promoting it for money."

Ben
"I don't think social media influencers have that much power over what people buy. Sure, they have lots of followers, but I think most people still make their own choices based on what they need or like. Also, because there are so many influencers promoting different things, it gets confusing to decide who to trust."

뼈대

[INTRO] Upon reviewing the topic '_____,' I assessed the opinions of two students. My selection of _____ is due to a well-defined reason and an example, which aligns with **[Person]**'s theories on _____ .

12간지

Time is a precious resource, and effective time management is key to achieving personal and professional goals. By prioritizing tasks, setting boundaries, and eliminating distractions, we can optimize our daily routines. Saving time allows us to allocate moments to self-care, personal development, and meaningful relationships. It enables us to strike a balance between productivity and relaxation, leading to a more fulfilling and purposeful life.

Day 01 — Writing for an Academic Discussion

Instructions: 교수님이 소셜 미디어의 영향에 대해 수업을 하고 있습니다. 교수님의 질문에 답변해 주세요.
답변에서는 다음을 확인하세요:
- 자신의 의견을 명확히 설명하세요.
- 대화에 자신의 말을 추가하세요.
- 적어도 100단어로 응답을 작성하세요.

안녕하세요, 여러분! 다음 수업에서는 TikTok과 YouTube 같은 소셜 미디어 플랫폼에서 유명한 사람들에 대해 이야기할 겁니다. 이러한 개인, 종종 인플루언서라고 불리는 이들은 추천하는 제품으로 시청자들이 구매 결정을 내리는 데 영향을 줄 수 있습니다.

여러분은 이러한 소셜 미디어 인플루언서가 사람들이 구매하는 것에 정말 큰 영향을 미친다고 생각하나요? 생각과 이유를 공유해 주세요.

Anna
"저는 소셜 미디어 인플루언서가 구매 결정에 큰 영향을 미친다고 믿습니다. 많은 젊은이들이 이러한 인플루언서를 보고 그들이 하는 말을 신뢰합니다. 그래서 인플루언서가 새 휴대폰이나 게임을 보여주고 좋다고 말하면, 그들의 팔로워들은 그것을 사고 싶어할 수 있습니다. 하지만 인플루언서가 제품을 진정으로 좋아하는지 아니면 단지 돈을 위해 홍보하는 것인지 생각하는 것도 중요합니다."

Ben
"저는 소셜 미디어 인플루언서가 사람들이 구매하는 것에 그렇게 큰 힘을 갖고 있다고 생각하지 않습니다. 물론 그들은 많은 팔로워를 가지고 있지만, 대부분의 사람들은 여전히 자신이 필요로 하거나 좋아하는 것에 기반하여 자신의 선택을 합니다. 또한, 많은 인플루언서들이 다양한 것들을 홍보하고 있기 때문에 누구를 신뢰해야 할지 결정하기가 혼란스럽습니다."

뼈대

[INTRO] '_____' 주제를 검토하면서, 저는 두 학생의 의견을 평가했습니다. 제가 선택한 _____는 명확한 이유와 예시에 기반을 두고 있으며, 이는 [Person]의 _____에 대한 이론과 일치합니다.

12간지

시간은 귀중한 자원이고 효과적인 시간 관리는 개인적이고 전문적인 목표를 달성하기 위한 핵심입니다. 작업의 우선순위를 정하고, 경계를 설정하고, 방해물을 제거함으로써, 우리는 우리의 일상을 최적화할 수 있습니다. 시간을 절약하는 것은 우리가 자기 관리, 개인적인 발전, 그리고 의미 있는 관계에 순간을 할당할 수 있게 해줍니다. 그것은 우리가 생산성과 휴식 사이에서 균형을 맞출 수 있게 해주며, 더 성취감 있고 목적 있는 삶으로 이어집니다.

모범 답안

[INTRO] Upon reviewing the topic 'the influence of social media on consumer behavior,' I assessed the opinions of two students. My selection of the stance that social media influencers significantly affect purchasing decisions is due to a well-defined reason and an example, which aligns with Anna's theories on the trust and influence dynamics in social media. Influencers have a substantial impact on their follower's buying habits, especially among younger demographics who tend to trust these figures as authentic sources of information. My perspective is drawn from personal observation, where a cousin of mine purchased a high-end camera solely based on the recommendation of a photography influencer. This decision was made despite the availability of more affordable and equally capable options, illustrating the persuasive power of influencers. They not only introduce products to potential consumers but also shape their perceptions and preferences through curated content and perceived lifestyle endorsements. This influence is further magnified by the emotional connection and trust established between influencers and their audience, leading to a significant sway in purchasing decisions.

모범 답안

[INTRO] '소셜 미디어가 소비자 행동에 미치는 영향'이라는 주제를 검토하면서, 저는 두 학생의 의견을 평가했습니다. 저는 소셜 미디어 인플루언서가 구매 결정에 상당한 영향을 미친다는 입장을 선택했는데, 이는 명확한 이유와 예시에 기반하고 있으며, 안나의 소셜 미디어에서의 신뢰와 영향력 동역학에 대한 이론과 일치합니다. 인플루언서는 특히 젊은 연령층에서 이러한 인물들을 진정한 정보의 원천으로 신뢰하는 경향이 있기 때문에, 그들의 구매 습관에 상당한 영향을 미칩니다. 제 관점은 개인적인 관찰에서 비롯되었는데, 제 사촌은 사진 인플루언서의 추천만으로 고가의 카메라를 구매했습니다. 이 결정은 더 저렴하고 능력면에서 동등한 옵션이 있음에도 불구하고 이루어졌으며, 이는 인플루언서의 설득력을 보여줍니다. 그들은 잠재 소비자에게 제품을 소개할 뿐만 아니라 큐레이션된 콘텐츠와 지각된 라이프스타일 승인을 통해 그들의 인식과 선호도를 형성합니다. 이러한 영향은 인플루언서와 그들의 청중 사이에 구축된 감정적 연결과 신뢰를 통해 더욱 확대되어, 구매 결정에 상당한 영향을 미칩니다.

자기평가표

통합형			Weak	Limited	Fair	Good
서론						
문장별 평가		Point	0	1	2	3
읽기 지문 #1	말 바꾸어 쓰기 (Paraphrasing)					
듣기 지문 #1	문장력 (Quality of writing - 문법, 표현, 문장구조 등)					
	내용의 완성도 및 정확도 (Completeness & Accuracy of Content)					
읽기 지문 #2	말 바꾸어 쓰기 (Paraphrasing)					
듣기 지문 #2	문장력 (Quality of writing - 문법, 표현, 문장구조 등)					
	내용의 완성도 및 정확도 (Completeness & Accuracy of Content)					
읽기 지문 #3	말 바꾸어 쓰기 (Paraphrasing)					
듣기 지문 #3	문장력 (Quality of writing - 문법, 표현, 문장구조 등)					
	내용의 완성도 및 정확도 (Completeness & Accuracy of Content)					
		Total Score				/30

독립형		Point	0	2	4	6
문법	글을 문법에 맞게 썼는지를 판단합니다.					
표현력	상황에 맞는 정확한 표현을 다양하게 구사했는지를 판단합니다.					
문장의 흐름	내용의 비약없이 안정된 구조의 문장을 구사했는지를 판단합니다.					
설명	예시 등을 이용하여 얼마나 설득력 있게 썼는지를 판단합니다.					
일관성	주제에 맞추어 각 문단들을 잘 연결했는지를 판단합니다.					
		Total Score				/30

Day 02 — Writing for an Academic Discussion

Instructions: Your professor is leading a class discussion on a topic in political science. Write a response to the professor's question. In your response, make sure to:
- Clearly express and explain your opinion.
- Add your thoughts in a simple and clear way.
- Write a response with at least 100 words. You have ten minutes to finish.

Today, we're going to look at a big question: should we focus more on growing our economy or protecting our environment? Growing the economy means more jobs and money for people, which helps them live better. But, protecting the environment means taking care of our planet so we and future generations can enjoy it.

Which one do you think is more important to focus on, and why?

Charlie
"I think we should put the environment first. There's only one Earth, and if we ruin it, no amount of money will fix that. Sure, making money is important, but we can find ways to earn it without hurting our planet. For example, we can use energy from the sun or wind instead of burning oil or coal. If we keep our air and water clean, we'll all be healthier and happier."

Jordan
"I understand that we need to look after the Earth, but I believe economic growth is more critical. With a strong economy, we can solve a lot of problems like not having enough jobs or people being poor. Plus, when businesses do well, they can spend money on new ways to help the environment. So, growing our economy might actually be a good way to start fixing our environmental issues too."

뼈대

[INTRO] In my examination of '_____,' I encountered the perspectives of two students. I am inclined towards _____, supported by a clear rationale and an example, in accordance with **[Person]**'s scholarly work on _____ .

12간지

Following your heart means listening to your inner voice, pursuing your passions, and aligning your actions with your values and aspirations. It involves making choices that reflect your authentic self, even if they may be unconventional or challenging. By following your heart, you can discover your true purpose, find fulfillment, and create a life that is meaningful and in harmony with your core values. It empowers you to live a life true to yourself, unlocking your potential and contributing to personal growth and happiness.

Day 02 — Writing for an Academic Discussion

Instructions: 교수님께서는 정치 과학에 관한 주제로 수업 토론을 이끌고 계십니다. 교수님의 질문에 대한 답변을 작성하세요. 답변에서 다음 사항을 확인하세요:
- 자신의 의견을 명확하게 표현하고 설명하세요.
- 자신의 생각을 간단하고 명확하게 추가하세요.
- 최소 100단어로 답변을 작성하세요. 마칠 시간은 10분입니다.

오늘 우리는 큰 질문을 다룰 것입니다: 우리는 경제 성장에 더 초점을 맞출까요 아니면 환경 보호에 더 초점을 맞출까요? 경제를 성장시킨다는 것은 더 많은 일자리와 사람들에게 돈을 의미하며, 이는 그들이 더 나은 삶을 살 수 있게 돕습니다. 하지만, 환경을 보호한다는 것은 우리와 미래 세대가 즐길 수 있는 행성을 돌보는 것을 의미합니다.

어느 것에 더 중점을 둘 것이라고 생각하나요, 그리고 왜 그렇습니까?

Charlie
"저는 환경을 우선시해야 한다고 생각합니다. 지구는 단 하나뿐이며, 우리가 그것을 망치면 어떤 돈도 그것을 고칠 수 없습니다. 돈을 버는 것도 중요하지만, 우리 행성을 해치지 않고도 돈을 벌 수 있는 방법을 찾을 수 있습니다. 예를 들어, 석유나 석탄을 태우는 대신에 태양이나 바람에서 에너지를 사용할 수 있습니다. 우리가 공기와 물을 깨끗하게 유지한다면, 우리 모두가 더 건강하고 행복할 것입니다."

Jordan
"우리가 지구를 돌봐야 한다는 것을 이해하지만, 저는 경제 성장이 더 중요하다고 믿습니다. 강한 경제가 있으면, 충분한 일자리가 없거나 사람들이 가난한 것과 같은 많은 문제를 해결할 수 있습니다. 또한, 기업이 잘되면 환경을 돕기 위한 새로운 방법에 돈을 쓸 수 있습니다. 그래서, 경제를 성장시키는 것은 실제로 환경 문제를 해결하기 시작하는 좋은 방법일 수도 있습니다."

뼈대

[INTRO] '_____' 에 대한 제 검토에서, 저는 두 학생의 관점을 접했습니다. 저는 명확한 근거와 예시를 바탕으로, [Person]의 _____에 관한 학술 작업에 따라 _____에 더 기울고 있습니다.

12간지

여러분의 마음을 따르는 것은 여러분의 내면의 목소리에 귀를 기울이고, 열정을 추구하며, 여러분의 행동을 여러분의 가치와 열망에 맞추는 것을 의미합니다. 그것은 비록 그것들이 파격적이거나 도전적일 수도 있지만, 당신의 진정한 자신을 반영하는 선택을 하는 것을 포함합니다. 마음을 따름으로써 자신의 진정한 목적을 발견하고 성취감을 찾을 수 있으며 자신의 핵심 가치와 조화를 이루는 삶을 만들 수 있습니다. 그것은 여러분이 자신에게 진실한 삶을 살 수 있게 해주며, 여러분의 잠재력을 열고 개인적인 성장과 행복에 기여합니다.

모범 답안

[INTRO] In my examination of 'economic growth versus environmental protection,' I encountered the perspectives of two students. I am inclined towards prioritizing environmental protection, supported by a clear rationale and an example, in accordance with Charlie's scholarly work on sustainable development. I believe that safeguarding our environment is paramount because once ecological damage is done, it's often irreversible or requires significant resources to amend. Economic growth is undeniably important, yet it should not come at the expense of our planet's health. My viewpoint is reinforced by a personal observation: in my hometown, rapid industrial development led to severe water pollution, which not only affected the local ecosystem but also the community's health and livelihood. This scenario illustrates the dire consequences of prioritizing economic growth without considering environmental impact. By focusing on environmental protection, we can ensure a healthier planet that supports sustainable economic development in the long run. This balance is essential for the well-being of current and future generations, demonstrating the necessity of integrating environmental considerations into our economic planning and decision-making processes.

모범 답안

[INTRO] '경제 성장 대 환경 보호'라는 주제를 검토하면서, 저는 두 학생의 관점을 마주쳤습니다. 저는 지속 가능한 발전에 관한 찰리의 학술 연구와 일치하는 명확한 근거와 예를 들어 환경 보호를 우선시하는 것을 지지합니다. 환경을 보호하는 것은 필수적이라고 생각합니다. 왜냐하면 생태적 피해가 일단 발생하면, 종종 되돌릴 수 없거나 수정하는 데 상당한 자원이 필요하기 때문입니다. 경제 성장은 부인할 수 없이 중요하지만, 우리 행성의 건강을 해치는 대가로 이루어져서는 안 됩니다. 제 견해는 개인적인 관찰로 강화되었습니다: 제 고향에서 빠른 산업 발전이 심각한 수질 오염을 초래했는데, 이는 지역 생태계뿐만 아니라 지역 사회의 건강과 생계에도 영향을 미쳤습니다. 이 시나리오는 환경 영향을 고려하지 않고 경제 성장을 우선시할 때의 심각한 결과를 보여줍니다. 환경 보호에 초점을 맞춤으로써, 우리는 장기적으로 지속 가능한 경제 발전을 지원하는 더 건강한 행성을 보장할 수 있습니다. 이러한 균형은 현재와 미래 세대의 복지에 필수적이며, 우리의 경제 계획과 의사 결정 과정에 환경 고려사항을 통합해야 할 필요성을 보여줍니다.

자기평가표

통합형		Weak	Limited	Fair	Good
서론					
문장별 평가	Point	0	1	2	3
읽기 지문 #1	말 바꾸어 쓰기 (Paraphrasing)				
듣기 지문 #1	문장력 (Quality of writing - 문법, 표현, 문장구조 등)				
	내용의 완성도 및 정확도 (Completeness & Accuracy of Content)				
읽기 지문 #2	말 바꾸어 쓰기 (Paraphrasing)				
듣기 지문 #2	문장력 (Quality of writing - 문법, 표현, 문장구조 등)				
	내용의 완성도 및 정확도 (Completeness & Accuracy of Content)				
읽기 지문 #3	말 바꾸어 쓰기 (Paraphrasing)				
듣기 지문 #3	문장력 (Quality of writing - 문법, 표현, 문장구조 등)				
	내용의 완성도 및 정확도 (Completeness & Accuracy of Content)				
	Total Score				/30

독립형		Point	0	2	4	6
문법	글을 문법에 맞게 썼는지를 판단합니다.					
표현력	상황에 맞는 정확한 표현을 다양하게 구사했는지를 판단합니다.					
문장의 흐름	내용의 비약없이 안정된 구조의 문장을 구사했는지를 판단합니다.					
설명	예시 등을 이용하여 얼마나 설득력 있게 썼는지를 판단합니다.					
일관성	주제에 맞추어 각 문단들을 잘 연결했는지를 판단합니다.					
	Total Score					/30

Day 03 — Writing for an Academic Discussion

Instructions: Your history professor is initiating a discussion on modern global challenges. Write a response to the professor's question. In your response, make sure to:
- State your opinion clearly and give reasons for it.
- Use your own language and thoughts to enrich the discussion.
- Aim for a response that is at least 100 words.

In today's class, we're going to examine a topic that affects countries all around the world: immigration. Some people believe that immigration brings new skills and cultural diversity, which can strengthen a country. Others argue that it puts pressure on jobs, housing, and public services.

Given these different viewpoints, what is your stance on immigration?
Should countries have open borders to encourage it, or should there be stricter controls? Why?

Taylor
"I support immigration because it brings new skills and cultural perspectives to a country, making it more dynamic and innovative. Immigrants often take jobs that are hard to fill, contributing to the economy. Moreover, cultural diversity resulting from immigration can lead to a more tolerant and interesting society. While it's important to have some controls, they should be reasonable and fair, not based on fear or prejudice."

Chris
"I think immigration should be more controlled. While I recognize the benefits of bringing in people with different backgrounds, too much immigration too quickly can strain our job market, housing, and public services. It's essential to ensure that those who come can be properly integrated into society, which means having a manageable number and proper support systems in place. This way, both the immigrants and the host country can truly benefit."

뼈대

[INTRO] During my study of '_____,' I discovered contrasting views of two students. My choice for _____ is backed by a specific reason and an example, mirroring **[Person]**'s studies on _____ .

12간지

Saving money is an essential habit that contributes to financial stability and provides a safety net for the future. By practicing frugality, budgeting, and investing wisely, we build a solid foundation for long-term financial well-being. Saving money allows us to achieve financial goals, handle unexpected expenses, and seize opportunities when they arise. It instills financial discipline, empowers us to make informed decisions, and reduces financial stress, fostering a sense of security and freedom.

Day 03 — Writing for an Academic Discussion

Instructions: 역사 교수님이 현대의 글로벌 도전 과제에 대한 토론을 시작하고 있습니다. 교수님의 질문에 대한 답변을 작성하세요. 답변에서는 다음 사항을 확실히 하세요:
- 자신의 의견을 명확하게 밝히고 그 이유를 제시하세요.
- 자신만의 언어와 생각을 사용하여 토론을 풍부하게 하세요.
- 최소 100단어로 답변을 목표로 하세요.

오늘 수업에서 우리는 전 세계 국가들에 영향을 미치는 주제를 살펴볼 것입니다: 이민. 일부 사람들은 이민이 새로운 기술과 문화 다양성을 가져와 국가를 강화할 수 있다고 믿습니다. 다른 이들은 이민이 일자리, 주택, 공공 서비스에 압력을 가한다고 주장합니다.

이러한 다양한 관점들을 고려할 때, 이민에 대한 당신의 입장은 무엇입니까? 국가들이 이를 장려하기 위해 국경을 개방해야 하나요, 아니면 더 엄격한 통제가 있어야 하나요? 왜 그렇습니까?

Taylor
"저는 이민을 지지합니다. 이민은 새로운 기술과 문화적 관점을 국가에 가져와 더 역동적이고 혁신적으로 만듭니다. 이민자들은 종종 채우기 어려운 일자리를 차지하며 경제에 기여합니다. 또한, 이민으로 인한 문화 다양성은 더 관용적이고 흥미로운 사회로 이어질 수 있습니다. 일정한 통제가 중요하지만, 이는 공포나 편견이 아닌 합리적이고 공정해야 합니다."

Chris
"저는 이민이 더 통제되어야 한다고 생각합니다. 다양한 배경을 가진 사람들을 받아들이는 이점을 인정하면서도, 너무 빠른 이민은 우리의 일자리 시장, 주택 및 공공 서비스에 부담을 줄 수 있습니다. 이민자들이 사회에 제대로 통합될 수 있도록 관리 가능한 수량과 적절한 지원 체계가 있어야 합니다. 이렇게 하면 이민자와 개최국 모두가 진정으로 혜택을 받을 수 있습니다."

뼈대

[INTRO] '_____'에 대한 제 연구 중에, 저는 두 학생의 대조적인 견해를 발견했습니다. 제가 _____를 선택한 것은 구체적인 이유와 예시에 기반을 두고 있으며, **[Person]**의 _____에 관한 연구를 반영합니다.

12간지

저축은 재정적 안정에 기여하고 미래를 위한 안전망을 제공하는 필수적인 습관입니다. 검소함을 실천하고, 예산을 책정하고, 현명하게 투자함으로써, 우리는 장기적인 재정적 안녕을 위한 견고한 기반을 구축합니다. 돈을 절약하는 것은 우리가 재정적인 목표를 달성하고, 예상치 못한 비용을 처리하고, 기회가 생겼을 때 기회를 잡을 수 있습니다. 이는 재정 규율을 강화하고, 정보에 입각한 결정을 내릴 수 있는 권한을 부여하며, 재정적 스트레스를 줄여 안정감과 자유감을 조성합니다.

모범 답안

[INTRO] During my study of 'global immigration challenges,' I discovered contrasting views of two students. My choice for controlled yet open immigration is backed by a specific reason and an example, mirroring Chris's studies on sustainable integration. I believe that while immigration undoubtedly enriches a nation culturally and economically, it must be managed to maintain harmony and resource balance. For example, in my community, an influx of skilled immigrants revitalized local businesses and introduced new cultural festivals, enhancing community life. However, it also prompted the need for expanded public services and housing to accommodate the growing population. This experience underscores the importance of having a structured immigration policy that allows for the benefits of cultural diversity and economic growth while ensuring that the infrastructure and services are in place to support this change. Striking a balance between openness and control can help maximize the benefits of immigration, making it sustainable for both the immigrants and the host community. Therefore, while I see the immense value in welcoming people from diverse backgrounds, it's crucial that immigration is regulated to align with the country's capacity to integrate and support new residents effectively.

모범 답안

[INTRO] '글로벌 이민 문제'에 대한 제 연구 중에, 저는 두 학생의 상반된 견해를 발견했습니다. 제가 선택한 통제된 동시에 개방적인 이민은 구체적인 이유와 예시로 뒷받침되며, 크리스의 지속 가능한 통합에 관한 연구를 반영합니다. 이민이 문화적으로나 경제적으로 국가에 풍부함을 가져다주는 것은 분명하지만, 조화와 자원 균형을 유지하기 위해 관리되어야 합니다. 예를 들어, 제 커뮤니티에서는 숙련된 이민자들의 유입이 지역 비즈니스를 활성화시키고 새로운 문화 축제를 도입하여 커뮤니티 생활을 향상시켰습니다. 하지만, 이는 성장하는 인구를 수용하기 위해 공공 서비스와 주택을 확장할 필요성을 촉발시켰습니다. 이 경험은 문화 다양성과 경제 성장의 혜택을 허용하면서 이 변화를 지원할 인프라와 서비스가 있어야 한다는 구조화된 이민 정책의 중요성을 강조합니다. 개방성과 통제 사이의 균형을 찾음으로써 이민의 혜택을 극대화할 수 있으며, 이민자와 개최 커뮤니티 모두에게 지속 가능하게 만듭니다. 따라서 다양한 배경의 사람들을 환영하는 것의 엄청난 가치를 보면서도, 이민이 새로운 거주자들을 효과적으로 통합하고 지원할 수 있는 국가의 능력에 맞게 규제되어야 한다는 것이 중요합니다.

자기평가표

통합형 서론 문장별 평가		Point	Weak 0	Limited 1	Fair 2	Good 3
읽기 지문 #1	말 바꾸어 쓰기 (Paraphrasing)					
듣기 지문 #1	문장력 (Quality of writing - 문법, 표현, 문장구조 등)					
	내용의 완성도 및 정확도 (Completeness & Accuracy of Content)					
읽기 지문 #2	말 바꾸어 쓰기 (Paraphrasing)					
듣기 지문 #2	문장력 (Quality of writing - 문법, 표현, 문장구조 등)					
	내용의 완성도 및 정확도 (Completeness & Accuracy of Content)					
읽기 지문 #3	말 바꾸어 쓰기 (Paraphrasing)					
듣기 지문 #3	문장력 (Quality of writing - 문법, 표현, 문장구조 등)					
	내용의 완성도 및 정확도 (Completeness & Accuracy of Content)					
		Total Score				/30

독립형		Point	0	2	4	6
문법	글을 문법에 맞게 썼는지를 판단합니다.					
표현력	상황에 맞는 정확한 표현을 다양하게 구사했는지를 판단합니다.					
문장의 흐름	내용의 비약없이 안정된 구조의 문장을 구사했는지를 판단합니다.					
설명	예시 등을 이용하여 얼마나 설득력 있게 썼는지를 판단합니다.					
일관성	주제에 맞추어 각 문단들을 잘 연결했는지를 판단합니다.					
		Total Score				/30

Day 04 — Writing for an Academic Discussion

Instructions: Your science professor has initiated a discussion on space exploration. Write a response to the professor's question. In your response, make sure to:
- State and argue your opinion clearly.
- Provide your personal perspective in the discussion.
- Your response should be no less than 100 words.

As we expand our knowledge about the universe, the idea of exploring and possibly living on other planets becomes more realistic. Some scientists and companies are already planning missions to Mars and beyond.

What do you think about humans living on other planets? Is it a goal worth pursuing, or should we focus our resources on addressing issues here on Earth first? Explain your viewpoint.

Lucas
"I think the idea of living on other planets is fascinating and definitely worth exploring. It's not just about finding a new place to live; it's about the spirit of discovery and learning more about our universe. Space exploration can also drive advancements in technology that benefit us on Earth. However, this doesn't mean we should ignore problems on our own planet. We need to balance both exploring space and taking care of Earth."

Emma
"While space exploration is exciting, I believe we should prioritize solving Earth's problems first, like climate change and poverty. It feels like dreaming about living on Mars is ignoring the urgent issues we face at home. Investing billions in space travel seems excessive when that money could help improve many lives here. Once we have a more stable and sustainable situation on Earth, then maybe we can think more about living on other planets."

뼈대

[INTRO] As I explored '_____,' I came across the viewpoints of two students. I decided on _____, as it is substantiated by a solid reason and an example, which is consistent with [**Person**]'s theories on _____.

12간지

In our fast-paced and demanding lives, managing stress is crucial for overall well-being. Engaging in stress-relief practices such as exercise, meditation, or engaging hobbies can help reduce anxiety, improve mental clarity, and enhance emotional resilience. By prioritizing self-care and setting boundaries, we create space for relaxation and rejuvenation. Relieving stress not only benefits our mental and physical health but also improves our relationships, productivity, and overall quality of life.

Day 04 — Writing for an Academic Discussion

Instructions: 과학 교수님이 우주 탐사에 대한 토론을 시작하셨습니다. 교수님의 질문에 답변을 작성하세요.

답변에서는 다음 사항을 확실히 하세요:
- 의견을 명확하게 제시하고 논리적으로 주장하세요.
- 토론에서 개인적인 관점을 제공하세요.
- 응답은 최소 100단어여야 합니다.

우주에 대한 우리의 지식을 확장함에 따라, 다른 행성을 탐사하고 가능하다면 거주하는 생각이 더 현실적으로 느껴집니다. 이미 몇몇 과학자들과 회사들은 화성을 넘어서는 임무를 계획하고 있습니다.

다른 행성에서 인간이 살아가는 것에 대해 어떻게 생각하나요? 그것은 추구할 가치가 있는 목표인가요, 아니면 우리는 먼저 지구상의 문제를 해결하는 데 자원을 집중해야 할까요? 귀하의 관점을 설명하세요.

Alex
"다른 행성에서 살아가는 생각은 매혹적이며 분명히 탐험할 가치가 있다고 생각합니다. 그것은 새로운 거주지를 찾는 것뿐만 아니라 발견의 정신과 우주에 대해 더 많이 배우는 것에 관한 것입니다. 우주 탐사는 또한 지구에서 우리에게 이익이 되는 기술 발전을 촉진할 수 있습니다. 하지만, 이것은 우리 자신의 행성에서의 문제를 무시해야 한다는 의미는 아닙니다. 우리는 우주 탐사와 지구 보호 사이에서 균형을 이루어야 합니다."

Sarah
"우주 탐사는 흥미롭지만, 기후 변화와 빈곤처럼 지구의 문제를 먼저 해결하는 것을 우선시해야 한다고 믿습니다. 화성에서 살아가는 꿈을 꾸는 것은 집에서 직면한 급박한 문제들을 무시하는 것 같습니다. 우주 여행에 수십억을 투자하는 것은 그 돈이 여기에서 많은 생명을 개선하는 데 도움이 될 수 있을 때 과도한 것입니다. 우리가 지구에서 더 안정적이고 지속 가능한 상황을 갖게 되면, 그때 우리는 다른 행성에서 살아가는 것에 대해 더 생각할 수 있을 것입니다."

뼈대

[INTRO] '_____'을 탐구하면서, 저는 두 학생의 견해를 접했습니다. 저는 _____를 선택했습니다, 그것은 [Person]의 _____에 대한 이론과 일치하는 확고한 이유와 예시에 의해 뒷받침되기 때문입니다.

12간지

우리의 빠르고 힘든 삶에서, 스트레스를 관리하는 것은 전반적인 행복을 위해 중요합니다. 운동, 명상 또는 취미 활동과 같은 스트레스 해소 연습에 참여하는 것은 불안을 줄이고, 정신적 명확성을 향상시키며, 정서적 회복력을 향상시키는 데 도움이 될 수 있습니다. 자기 관리를 우선시하고 경계를 설정함으로써 휴식과 회춘을 위한 공간을 만듭니다. 스트레스를 해소하는 것은 우리의 정신적, 신체적 건강에 도움이 될 뿐만 아니라 우리의 관계, 생산성, 그리고 전반적인 삶의 질을 향상시킵니다.

모범 답안

[INTRO] As I explored 'the potential of human life on other planets,' I came across the viewpoints of two students. I decided on the necessity of a balanced approach, as it is substantiated by a solid reason and an example, which is consistent with Lucas's theories on sustainable space exploration. While I am captivated by the allure of discovering and colonizing new worlds, I recognize the critical importance of addressing our terrestrial challenges. My viewpoint is that advancements in space technology and exploration can inspire innovations and solutions that benefit Earth. For instance, research into sustainable life-support systems for Mars missions has led to advancements in renewable energy and water purification technologies on Earth. This synergy between space exploration and solving Earth's problems exemplifies why we should not see these endeavors as mutually exclusive. Instead, we should allocate resources wisely to foster progress in both arenas, ensuring that our pursuits in the cosmos also contribute to resolving pressing environmental and social issues on our home planet. Hence, I advocate for a balanced investment in space exploration that also harnesses its potential to improve life on Earth.

모범 답안

[INTRO] '다른 행성에서 인간 생활의 가능성'을 탐구하는 과정에서, 저는 두 학생의 견해를 접했습니다. 저는 지속 가능한 우주 탐사에 관한 루카스의 이론과 일치하는 구체적인 이유와 예를 들어, 균형 잡힌 접근법의 필요성을 결정했습니다. 새로운 세계를 발견하고 식민지화하는 매력에 매료되면서도, 저는 지상의 도전 과제를 해결하는 것의 중요성을 인식합니다. 저의 관점은 우주 기술과 탐사의 발전이 지구에 혜택을 주는 혁신과 해결책을 영감을 줄 수 있다는 것입니다. 예를 들어, 화성 임무를 위한 지속 가능한 생명 유지 시스템에 대한 연구는 지구에서 재생 에너지와 물 정화 기술의 발전으로 이어졌습니다. 우주 탐사와 지구의 문제 해결 사이의 이러한 시너지는 우리가 이러한 노력을 상호 배타적으로 보아서는 안 된다는 것을 보여줍니다. 대신, 우리는 우주에서의 추구가 우리의 본토에서의 환경 및 사회 문제를 해결하는 데 기여할 수 있도록, 자원을 현명하게 배분하여 두 영역에서의 진보를 촉진해야 합니다. 따라서 저는 우주 탐사에 대한 균형 잡힌 투자를 옹호하며, 이것이 지구상의 삶을 개선하는 잠재력을 활용하는 것입니다.

자기평가표

통합형		Weak	Limited	Fair	Good
서론					
문장별 평가	Point	0	1	2	3
읽기 지문 #1	말 바꾸어 쓰기 (Paraphrasing)				
듣기 지문 #1	문장력 (Quality of writing - 문법, 표현, 문장구조 등)				
	내용의 완성도 및 정확도 (Completeness & Accuracy of Content)				
읽기 지문 #2	말 바꾸어 쓰기 (Paraphrasing)				
듣기 지문 #2	문장력 (Quality of writing - 문법, 표현, 문장구조 등)				
	내용의 완성도 및 정확도 (Completeness & Accuracy of Content)				
읽기 지문 #3	말 바꾸어 쓰기 (Paraphrasing)				
듣기 지문 #3	문장력 (Quality of writing - 문법, 표현, 문장구조 등)				
	내용의 완성도 및 정확도 (Completeness & Accuracy of Content)				
	Total Score				/30

독립형		Point	0	2	4	6
문법	글을 문법에 맞게 썼는지를 판단합니다.					
표현력	상황에 맞는 정확한 표현을 다양하게 구사했는지를 판단합니다.					
문장의 흐름	내용의 비약없이 안정된 구조의 문장을 구사했는지를 판단합니다.					
설명	예시 등을 이용하여 얼마나 설득력 있게 썼는지를 판단합니다.					
일관성	주제에 맞추어 각 문단들을 잘 연결했는지를 판단합니다.					
	Total Score					/30

Day 05 — Writing for an Academic Discussion

Instructions: Your health teacher is leading a class discussion on inclusivity and accessibility for people with disabilities. Write a response to the teacher's question. In your response, make sure to:
- Clearly express and defend your opinion.
- Include your own views in the discussion.
- Ensure your response is at least 100 words.

In today's lesson, we'll focus on how society accommodates people with disabilities. Think about the various challenges individuals with disabilities face daily, and consider what changes could be made to improve their quality of life.

From your perspective, what are some critical steps that schools, businesses, and public spaces could take to become more inclusive and accessible for people with disabilities? Why are these steps important?

Kayla
"I believe making public spaces more accessible is essential. For example, schools and businesses should have ramps, elevators, and accessible restrooms. It's not just about physical access; we should also consider how we can use technology to help those with visual or hearing impairments, like having website content that's screen-reader friendly or providing sign language interpreters for events. These changes are important because everyone deserves the right to move freely and access information, regardless of their abilities."

Liam
"Accessibility goes beyond just adding ramps or elevators; it's about understanding and meeting the diverse needs of individuals with disabilities. Schools and workplaces should offer flexible learning and working arrangements, like adjustable schedules or remote access options. Training staff to be more aware of disability issues and how to assist appropriately is also crucial. These steps matter because they help create an environment where people with disabilities can participate equally and feel valued in society."

뼈대

[INTRO] In analyzing '_____ ,' I found differing opinions from two students. Therefore, I advocate for _____ , with a specific reason and an example supporting this choice, in line with **[Person]**'s research on _____ .

Day 05 — Writing for an Academic Discussion

Instructions: 건강 교사가 장애인의 포용성과 접근성에 관한 수업 토론을 이끌고 있습니다. 교사의 질문에 답변을 작성하세요. 답변에서는 다음을 확인하세요:
- 자신의 의견을 명확하게 표현하고 방어하세요.
- 토론에 자신의 견해를 포함하세요.
- 답변은 최소 100단어가 되도록 하세요.

오늘 수업에서는 사회가 장애인을 어떻게 수용하는지에 초점을 맞출 것입니다. 장애인이 일상적으로 직면하는 다양한 도전을 생각해 보고, 그들의 삶의 질을 향상시킬 수 있는 변화에 대해 고민해 보세요.

여러분의 관점에서 학교, 기업, 공공장소가 장애인을 위해 더 포용적이고 접근하기 쉽게 만들기 위해 취할 수 있는 중요한 조치는 무엇이라고 생각하나요? 이러한 조치가 왜 중요한가요?

Kayla
"저는 공공장소의 접근성을 높이는 것이 필수적이라고 믿습니다. 예를 들어, 학교와 기업은 경사로, 엘리베이터, 접근 가능한 화장실을 갖추어야 합니다. 이것은 단지 물리적 접근에 관한 것만이 아닙니다; 우리는 시각이나 청각 장애가 있는 사람들을 돕기 위해 기술을 어떻게 사용할 수 있는지도 고려해야 합니다, 예를 들어 스크린 리더 친화적인 웹사이트 콘텐츠를 갖추거나 행사에 수화 통역사를 제공하는 것처럼요. 이러한 변화는 모든 사람이 자신의 능력에 관계없이 자유롭게 이동하고 정보에 접근할 권리를 가지고 있기 때문에 중요합니다."

Liam
"접근성은 단순히 경사로나 엘리베이터를 추가하는 것을 넘어서는 것입니다; 그것은 장애가 있는 개인의 다양한 필요를 이해하고 충족하는 것에 관한 것입니다. 학교와 직장은 조정 가능한 일정이나 원격 접속 옵션과 같은 유연한 학습 및 근무 환경을 제공해야 합니다. 장애 문제에 대해 더 알고 적절하게 도움을 줄 수 있는 방법을 교육받은 직원도 중요합니다. 이러한 조치들이 중요한 이유는 그것들이 장애인이 사회에서 동등하게 참여하고 가치 있게 느낄 수 있는 환경을 만들기 때문입니다."

뼈대

[INTRO] '_____'을 분석하며, 저는 두 학생의 다른 의견을 발견했습니다. 따라서 저는 **[Person]**의 _____에 관한 연구에 부합하는 구체적인 이유와 예시를 들어 _____를 지지합니다.

모범 답안

[INTRO] In analyzing 'inclusivity and accessibility for people with disabilities,' I found differing opinions from two students. Therefore, I advocate for comprehensive accessibility measures, with a specific reason and an example supporting this choice, in line with Liam's research on holistic inclusivity. I believe that true accessibility encompasses both physical infrastructure and attitudinal changes. For instance, during a volunteer project at a local community center, I observed how modifications like ramps and braille signage greatly facilitated access for people with physical and visual impairments. However, it was the staff's sensitivity training and the implementation of inclusive communication strategies, such as sign language interpreters and audio descriptions, that truly transformed the center into an inclusive environment. This experience highlighted that while physical accommodations are necessary, understanding and addressing the broader spectrum of needs—like sensory, cognitive, and social inclusivity—create an environment where individuals with disabilities can thrive. These steps are crucial as they not only provide necessary access but also foster an inclusive culture that values and respects diversity, ensuring that everyone, regardless of ability, has an equal opportunity to participate in all aspects of society.

모범 답안

[INTRO] '장애인을 위한 포용성과 접근성'을 분석하는 과정에서, 저는 두 학생의 다른 의견을 발견했습니다. 그래서 저는 리암의 '전체적 포용성'에 대한 연구에 부합하는 구체적인 이유와 예시를 들어 포괄적인 접근성 조치를 지지합니다. 저는 진정한 접근성이 물리적 인프라와 태도 변화를 모두 포함한다고 믿습니다. 예를 들어, 지역 커뮤니티 센터에서 자원봉사 프로젝트를 하면서 경사로와 점자 표지판과 같은 수정이 신체적 및 시각적 장애가 있는 사람들의 접근을 크게 용이하게 한 것을 관찰했습니다. 그러나, 실제로 센터를 포괄적인 환경으로 변모시킨 것은 직원의 감수성 훈련과 수화 통역사와 오디오 설명과 같은 포괄적인 커뮤니케이션 전략의 구현이었습니다. 이 경험은 물리적 편의 시설이 필요하다는 것을 보여주면서도, 감각, 인지, 사회적 포용성과 같은 더 넓은 범위의 필요성을 이해하고 해결하는 것이 장애가 있는 개인이 번성할 수 있는 환경을 만든다는 것을 강조했습니다. 이러한 조치들은 필요한 접근을 제공할 뿐만 아니라 다양성을 가치 있고 존중하는 포괄적인 문화를 조성함으로써, 능력에 관계없이 모든 사람이 사회의 모든 측면에 동등하게 참여할 수 있는 기회를 보장하기 때문에 중요합니다.

자기평가표

통합형		Weak	Limited	Fair	Good
서론					
문장별 평가	Point	0	1	2	3
읽기 지문 #1	말 바꾸어 쓰기 (Paraphrasing)				
듣기 지문 #1	문장력 (Quality of writing - 문법, 표현, 문장구조 등)				
	내용의 완성도 및 정확도 (Completeness & Accuracy of Content)				
읽기 지문 #2	말 바꾸어 쓰기 (Paraphrasing)				
듣기 지문 #2	문장력 (Quality of writing - 문법, 표현, 문장구조 등)				
	내용의 완성도 및 정확도 (Completeness & Accuracy of Content)				
읽기 지문 #3	말 바꾸어 쓰기 (Paraphrasing)				
듣기 지문 #3	문장력 (Quality of writing - 문법, 표현, 문장구조 등)				
	내용의 완성도 및 정확도 (Completeness & Accuracy of Content)				
	Total Score				/30

독립형		Point	0	2	4	6
문법	글을 문법에 맞게 썼는지를 판단합니다.					
표현력	상황에 맞는 정확한 표현을 다양하게 구사했는지를 판단합니다.					
문장의 흐름	내용의 비약없이 안정된 구조의 문장을 구사했는지를 판단합니다.					
설명	예시 등을 이용하여 얼마나 설득력 있게 썼는지를 판단합니다.					
일관성	주제에 맞추어 각 문단들을 잘 연결했는지를 판단합니다.					
	Total Score					/30

Day 06 — Writing for an Academic Discussion

Instructions: Your professor is discussing the environment in social studies class. Write a post answering the professor's question. In your response, make sure to:
- Clearly explain your opinion and give reasons for it.
- Share your thoughts in simple and clear language.
- Your response should be at least 100 words.

Some people say that big factories should do more to stop pollution because they create a lot of it.

Others think that every person should try harder to be eco-friendly in their daily life. Who do you think should work harder to protect our planet - big companies or individual people? Why?

Jordan
"I think big companies, like factories, should do more to protect the environment. They make a lot of pollution every day, way more than just one person can. If these companies start using cleaner ways to make their products, it could really help make the air and water cleaner for everyone."

Taylor
"I believe every person should try to be more eco-friendly. If we all do small things like recycling, using less water, and walking instead of driving sometimes, it can make a big difference. When lots of people start doing these things, it shows companies that we care about the environment, and they might start to change how they do things too."

뼈대

[INTRO] My scrutiny of '_____' led me to the insights of two students. The arguments for _____ , backed by a clear reason and an example, correlate with **[Person]**'s scholarly work on _____ .

Day 06 — Writing for an Academic Discussion

Instructions: 교수님이 사회 과학 수업에서 환경에 대해 논의하고 있습니다. 교수님의 질문에 답변하는 글을 작성하세요. 답변에서는 다음을 확실히 하세요:
- 의견을 명확하게 설명하고 그 이유를 제시하세요.
- 생각을 간단하고 명확한 언어로 나누세요.
- 응답은 최소 100단어여야 합니다.

일부 사람들은 대규모 공장들이 많은 오염을 만들어내기 때문에 오염을 막기 위해 더 많은 노력을 기울여야 한다고 말합니다. 다른 이들은 모든 사람이 일상생활에서 친환경적으로 살려고 더 노력해야 한다고 생각합니다.

우리 행성을 보호하기 위해 더 열심히 노력해야 하는 것은 대기업들인가요 아니면 개인인가요? 왜 그렇게 생각하나요?

Jordan
"저는 대기업, 예를 들어 공장들이 환경을 보호하기 위해 더 많은 노력을 기울여야 한다고 생각합니다. 그들은 매일 많은 오염을 발생시키며, 이는 단 한 사람이 할 수 있는 것보다 훨씬 많습니다. 이러한 회사들이 제품을 만들기 위해 더 깨끗한 방법을 사용하기 시작하면, 모두에게 공기와 물을 더 깨끗하게 만드는 데 정말 도움이 될 수 있습니다."

Taylor
"저는 모든 사람이 더 친환경적으로 살아가려고 노력해야 한다고 믿습니다. 우리 모두가 재활용을 하고, 물 사용을 줄이며, 가끔 걷거나 대중교통을 이용하는 등 작은 것들을 실천하면 큰 차이를 만들 수 있습니다. 많은 사람들이 이러한 것들을 시작하면, 환경을 신경 쓴다는 것을 회사들에게 보여주며, 그들도 어쩌면 자신들의 방식을 바꾸기 시작할 수 있습니다."

뼈대

[INTRO] '_____'에 대한 제 검토는 두 학생의 통찰력으로 이어졌습니다. _____에 대한 논증은 명확한 이유와 예시에 기반을 두고 있으며, [Person]의 _____에 관한 학술 연구와 연관이 있습니다.

모범 답안

[INTRO] My scrutiny of 'environmental responsibility' led me to the insights of two students. The arguments for big companies taking more initiative, backed by a clear reason and an example, correlate with Jordan's scholarly work on industrial impact on the environment. While individual actions are vital, the scale of pollution from large corporations far exceeds that of individual activities. For instance, a single factory can emit as much pollution as thousands of individuals. Therefore, these entities should be at the forefront of implementing substantial environmental changes. A notable example is a local factory in my area that switched to renewable energy sources, drastically reducing its carbon footprint. This action not only improved the local environment but also set a precedent for other businesses, demonstrating that significant environmental impact can be achieved through corporate responsibility. It showed how influential companies could be in spearheading positive environmental changes. Hence, while individual efforts are commendable and necessary, the sheer volume of pollution from the industrial sector demands that large companies take more stringent measures to reduce their environmental impact.

모범 답안

[INTRO] '환경 책임'에 대한 제 검토는 두 학생의 통찰력으로 이어졌습니다. 대기업이 더 많은 주도성을 발휘해야 한다는 논거는 명확한 이유와 예시에 기반을 두고 있으며, 이는 조던의 산업이 환경에 미치는 영향에 관한 학술 연구와 관련이 있습니다. 개인 행동도 중요하지만, 대기업에서 발생하는 오염의 규모는 개인 활동의 그것을 훨씬 초과합니다. 예를 들어, 단일 공장은 수천 명의 개인이 배출하는 것과 같은 양의 오염을 배출할 수 있습니다. 따라서, 이러한 기업들은 중대한 환경 변화를 구현하는 선두에 서야 합니다. 주목할 만한 예는 제 지역의 한 공장이 재생 가능 에너지 원으로 전환하여 그 탄소 발자국을 크게 줄인 경우입니다. 이 행동은 지역 환경을 개선할 뿐만 아니라 다른 기업들에게 선례를 설정하여, 기업 책임을 통해 상당한 환경 영향을 달성할 수 있음을 보여줍니다. 이것은 영향력 있는 기업들이 긍정적인 환경 변화를 주도하는 데 얼마나 중요할 수 있는지를 보여줍니다. 따라서, 개인의 노력이 칭찬할 만하고 필요하긴 하지만, 산업 부문에서 발생하는 오염의 엄청난 양은 대기업이 그들의 환경 영향을 줄이기 위해 더 엄격한 조치를 취해야 함을 요구합니다.

자기평가표

통합형		Point	Weak 0	Limited 1	Fair 2	Good 3
서론						
문장별 평가						
읽기 지문 #1	말 바꾸어 쓰기 (Paraphrasing)					
듣기 지문 #1	문장력 (Quality of writing - 문법, 표현, 문장구조 등)					
	내용의 완성도 및 정확도 (Completeness & Accuracy of Content)					
읽기 지문 #2	말 바꾸어 쓰기 (Paraphrasing)					
듣기 지문 #2	문장력 (Quality of writing - 문법, 표현, 문장구조 등)					
	내용의 완성도 및 정확도 (Completeness & Accuracy of Content)					
읽기 지문 #3	말 바꾸어 쓰기 (Paraphrasing)					
듣기 지문 #3	문장력 (Quality of writing - 문법, 표현, 문장구조 등)					
	내용의 완성도 및 정확도 (Completeness & Accuracy of Content)					
		Total Score				/30

독립형		Point	0	2	4	6
문법	글을 문법에 맞게 썼는지를 판단합니다.					
표현력	상황에 맞는 정확한 표현을 다양하게 구사했는지를 판단합니다.					
문장의 흐름	내용의 비약없이 안정된 구조의 문장을 구사했는지를 판단합니다.					
설명	예시 등을 이용하여 얼마나 설득력 있게 썼는지를 판단합니다.					
일관성	주제에 맞추어 각 문단들을 잘 연결했는지를 판단합니다.					
		Total Score				/30

Day 07 — Writing for an Academic Discussion

Instructions: Your professor is giving a lesson on the environment and business in your social studies class. Write a post responding to the professor's question. In your response, you should:
- Clearly state your opinion and explain why you believe it.
- Add your own ideas in a straightforward way.
- Make sure your post is at least 100 words.

Many businesses make things we use every day but also create pollution. Some people think the government should make these businesses pay more money when they pollute the environment, like through bigger fines or taxes.

Do you agree with this idea? Why or why not?

Leo
"I think it's a good idea for the government to make businesses that pollute pay more. This could make them think twice about harming the environment. If companies have to pay big fines or taxes for polluting, they might find cleaner ways to make their products. This way, we can enjoy what they make without harming our planet.."

Emma
"I'm not sure if just making companies pay more is the best idea. Some businesses are trying to be better and not pollute so much. Big fines might make it hard for them to afford to create new, cleaner ways of working. Maybe the government should help them be greener with rewards or support, not just punishments."

뼈대

[INTRO] In the context of '_____,' I gathered different opinions of two students. I prefer _____, justified by a detailed reason and an example, and this is in harmony with [Person]'s studies on _____ .

12간지

Environment: The environment encompasses the living and non-living elements that sustain life on Earth. Preserving and protecting the environment is crucial for the well-being of present and future generations. It provides us with vital resources, clean air, water, and a stable climate. By understanding the interconnectedness of all living beings and the environment, we can make sustainable choices, promote biodiversity, mitigate climate change, and create a healthier and more sustainable planet for ourselves and future generations.

Day 07 — Writing for an Academic Discussion

Instructions: 교수님이 사회 과학 수업에서 환경과 비즈니스에 대해 강의하고 있습니다. 교수님의 질문에 답변하는 글을 작성하세요. 답변에서는 다음을 확실히 하세요:
- 의견을 명확하게 밝히고 왜 그렇게 믿는지 설명하세요.
- 자신의 아이디어를 간단명료하게 추가하세요.
- 글은 최소 100단어가 되도록 하세요.

많은 기업들이 우리가 매일 사용하는 것들을 만들지만, 동시에 오염도 발생시킵니다. 일부 사람들은 정부가 이러한 기업들이 환경을 오염시킬 때 더 많은 돈을 내게 해야 한다고 생각합니다, 예를 들어 더 큰 벌금이나 세금을 통해서요.

이 아이디어에 동의하나요? 왜 그렇거나 그렇지 않은가요?

Leo
"정부가 오염을 일으키는 기업에게 더 많은 돈을 내게 하는 것은 좋은 아이디어라고 생각합니다. 이것은 그들이 환경을 해치는 것에 대해 두 번 생각하게 만들 수 있습니다. 기업들이 오염에 대해 큰 벌금이나 세금을 내야 한다면, 그들은 제품을 만들기 위한 더 깨끗한 방법을 찾을지도 모릅니다. 이런 식으로 우리는 그들이 만든 것을 즐기면서도 우리 행성을 해치지 않을 수 있습니다."

Emma
"기업에게 더 많은 돈을 내게 하는 것이 최선인지 확신할 수 없습니다. 일부 기업들은 더 나아지려고 노력하며 그렇게 많은 오염을 발생시키지 않으려고 합니다. 큰 벌금은 그들이 새롭고 더 깨끗한 작업 방식을 개발할 여유를 갖기 어렵게 만들 수 있습니다. 아마도 정부는 그들이 더 친환경적이 되도록 보상이나 지원으로 도와주어야 할 것입니다, 단순히 처벌만으로는 아닙니다."

뼈대

[INTRO] '_____'의 맥락에서, 저는 두 학생의 다른 의견을 모았습니다. 저는 구체적인 이유와 예시로 정당화된 _____를 선호하며, 이는 [Person]의 _____에 관한 연구와 조화를 이룹니다.

12간지

환경: 환경은 지구상의 생명을 유지하는 살아있는 요소와 살아있지 않은 요소를 포함합니다. 환경을 보존하고 보호하는 것은 현재와 미래 세대의 행복을 위해 중요합니다. 그것은 우리에게 중요한 자원, 깨끗한 공기, 물, 그리고 안정된 기후를 제공합니다. 모든 생명체와 환경의 상호 연관성을 이해함으로써, 우리는 지속 가능한 선택을 할 수 있고, 생물 다양성을 촉진하고, 기후 변화를 완화하고, 우리 자신과 미래 세대를 위해 더 건강하고 지속 가능한 지구를 만들 수 있습니다.

모범 답안

[INTRO] In the context of 'corporate environmental responsibility,' I gathered different opinions of two students. I prefer the idea of imposing higher financial penalties on polluting businesses, justified by a detailed reason and an example, and this is in harmony with Leo's studies on environmental economics. Imposing heavier fines or taxes on companies that pollute acts as a deterrent against environmental negligence. This policy can incentivize businesses to innovate and adopt cleaner production methods to avoid financial losses. For example, in a nearby city, after the implementation of stricter pollution taxes, a well-known manufacturing company revamped its production process to reduce emissions. This shift not only resulted in lower pollution levels but also in cost savings for the company in the long run, as they paid less in fines and taxes. This demonstrates that financial penalties can be an effective tool in encouraging businesses to prioritize environmental sustainability. The goal is not just to punish but to motivate companies to find sustainable solutions that align with both economic and environmental objectives. Hence, while support and rewards for green initiatives are important, the threat of financial penalties remains a crucial mechanism to compel significant environmental improvements in the corporate sector.

모범 답안

[INTRO] '기업의 환경 책임'의 맥락에서, 저는 두 학생의 다양한 의견을 모았습니다. 저는 구체적인 이유와 예시로 정당화된 오염 기업에 대해 더 높은 재정적 벌금을 부과하는 아이디어를 선호하며, 이는 레오의 환경 경제학에 관한 연구와 조화를 이룹니다. 오염을 일으키는 기업에 대해 무거운 벌금이나 세금을 부과하는 것은 환경적 부주의에 대한 억제책으로 작용합니다. 이 정책은 기업들이 재정적 손실을 피하기 위해 혁신을 하고 더 깨끗한 생산 방법을 채택하도록 유도할 수 있습니다. 예를 들어, 인근 도시에서 더 엄격한 오염 세금이 시행된 후, 잘 알려진 제조 회사가 배출량을 줄이기 위해 생산 과정을 개선했습니다. 이 변화는 단순히 오염 수준을 낮추는 것뿐만 아니라 장기적으로 회사의 비용 절감을 초래했으며, 그들은 벌금과 세금을 덜 내게 되었습니다. 이는 재정적 벌금이 기업들이 환경 지속 가능성을 우선시하도록 장려하는 효과적인 도구가 될 수 있음을 보여줍니다. 목표는 단순히 처벌하는 것이 아니라 기업들이 경제적 및 환경적 목표와 부합하는 지속 가능한 해결책을 찾도록 동기를 부여하는 것입니다. 따라서 친환경 이니셔티브에 대한 지원과 보상이 중요하긴 하지만, 재정적 벌금의 위협은 기업 부문에서 중요한 환경 개선을 강제하는 중요한 메커니즘으로 남아 있습니다.

자기평가표

통합형			Weak	Limited	Fair	Good
서론						
문장별 평가		Point	0	1	2	3
읽기 지문 #1	말 바꾸어 쓰기 (Paraphrasing)					
듣기 지문 #1	문장력 (Quality of writing - 문법, 표현, 문장구조 등)					
	내용의 완성도 및 정확도 (Completeness & Accuracy of Content)					
읽기 지문 #2	말 바꾸어 쓰기 (Paraphrasing)					
듣기 지문 #2	문장력 (Quality of writing - 문법, 표현, 문장구조 등)					
	내용의 완성도 및 정확도 (Completeness & Accuracy of Content)					
읽기 지문 #3	말 바꾸어 쓰기 (Paraphrasing)					
듣기 지문 #3	문장력 (Quality of writing - 문법, 표현, 문장구조 등)					
	내용의 완성도 및 정확도 (Completeness & Accuracy of Content)					
		Total Score				/30

독립형		Point	0	2	4	6
문법	글을 문법에 맞게 썼는지를 판단합니다.					
표현력	상황에 맞는 정확한 표현을 다양하게 구사했는지를 판단합니다.					
문장의 흐름	내용의 비약없이 안정된 구조의 문장을 구사했는지를 판단합니다.					
설명	예시 등을 이용하여 얼마나 설득력 있게 썼는지를 판단합니다.					
일관성	주제에 맞추어 각 문단들을 잘 연결했는지를 판단합니다.					
		Total Score				/30

Day 08 — Writing for an Academic Discussion

Instructions: Your professor is leading a class discussion on consumer choices and community impact. Write a post responding to the professor's question. In your response, ensure you:
- State and explain your opinion clearly.
- Use straightforward language to share your thoughts.
- Aim for at least 100 words in your post.

Think about how we buy clothes. Some people shop at big chain stores because they offer a lot of options and usually have lower prices. Others prefer to buy from local boutiques or second-hand shops because they offer unique items and support local business or sustainability.

Where do you think is better to shop for clothes, at large chain stores or local boutiques and why?

Tyler
"I choose big chain stores for clothes shopping. They have a huge variety of styles and sizes, and their prices are often more affordable. This is great for someone like me who needs to stick to a budget. Plus, these stores have many locations, so it's really convenient to find one nearby or even shop online."

Sophia
"I prefer buying from local boutiques or second-hand shops. Even though they might be more expensive, they have unique clothes that stand out. Shopping locally is also a way to help the community's economy and reduce environmental impact. Plus, it feels good to wear something not everyone else has."

뼈대

[INTRO] Considering the topic '_____,' I listened to the views of two students. I settled on _____ , with a convincing reason and an example, echoing [Person]'s theories on _____ .

12간지

Money holds significant importance as it is a basic necessity for survival in today's world. It provides a means to procure food, shelter, healthcare, and other essentials. Beyond survival, money can also facilitate comfort and stability, enable access to education and opportunities, and afford us experiences that enrich our lives. Moreover, it provides the potential for generosity, allowing us to assist others and contribute to social causes. However, it's crucial to understand money as a tool for achieving goals, not a goal itself.

Day 08 — Writing for an Academic Discussion

Instructions: 교수님이 소비자 선택과 커뮤니티 영향에 대한 수업 토론을 이끌고 있습니다. 교수님의 질문에 답하는 글을 작성하세요. 답변에서는 다음을 확실히 하세요:
- 의견을 명확하게 밝히고 설명하세요.
- 생각을 직설적인 언어로 공유하세요.
- 글은 최소 100단어가 되도록 하세요.

우리가 옷을 사는 방법에 대해 생각해 봅시다. 어떤 사람들은 많은 옵션을 제공하고 가격이 일반적으로 저렴하기 때문에 대형 체인점에서 쇼핑합니다. 다른 사람들은 독특한 아이템을 제공하고 지역 사업이나 지속 가능성을 지원하기 때문에 지역 부티크나 중고품 가게에서 사는 것을 선호합니다.

옷을 살 때 대형 체인점이나 지역 부티크 중 어디에서 쇼핑하는 것이 더 좋다고 생각하나요, 그리고 왜 그렇습니까?

Tyler
"저는 옷 쇼핑을 위해 대형 체인점을 선택합니다. 그들은 다양한 스타일과 사이즈를 갖추고 있으며, 가격이 종종 더 저렴합니다. 예산을 지켜야 하는 저와 같은 사람에게는 정말 좋습니다. 또한, 이러한 상점들은 많은 위치에 있어서 주변에서 쉽게 찾거나 온라인으로 쇼핑하는 것이 정말 편리합니다."

Sophia
"저는 지역 부티크나 중고품 가게에서 구매하는 것을 선호합니다. 비록 더 비싸더라도, 그들은 눈에 띄는 독특한 옷을 가지고 있습니다. 지역적으로 쇼핑하는 것은 또한 커뮤니티의 경제를 돕고 환경적 영향을 줄이는 방법입니다. 또한, 다른 사람들이 가지고 있지 않은 것을 입는 것이 기분이 좋습니다."

뼈대

[INTRO] '_____' 주제를 고려하며, 저는 두 학생의 견해를 들었습니다. 저는 설득력 있는 이유와 예시를 들어 _____에 동의했으며, 이는 [Person]의 _____에 대한 이론과 울림이 있습니다.

12간지

돈은 오늘날 세계에서 생존을 위한 기본적인 필수품이기 때문에 매우 중요합니다. 그것은 음식, 주거지, 의료 및 기타 필수품을 조달할 수 있는 수단을 제공합니다. 생존을 넘어, 돈은 또한 편안함과 안정을 촉진하고, 교육과 기회에 대한 접근을 가능하게 하며, 우리의 삶을 풍요롭게 하는 경험을 제공할 수 있습니다. 게다가, 그것은 관대함의 잠재력을 제공하여 우리가 다른 사람들을 돕고 사회적인 원인에 기여할 수 있도록 합니다. 하지만 돈을 목표 자체가 아니라 목표를 달성하기 위한 도구로 이해하는 것이 중요합니다.

모범 답안

[INTRO] Considering the topic 'consumer choices and community impact,' I listened to the views of two students. I settled on shopping at local boutiques, with a convincing reason and an example, echoing Sophia's theories on sustainable consumerism. I believe that supporting local businesses is crucial for fostering community growth and reducing environmental footprints. Local boutiques often source their products from nearby suppliers, which not only supports the local economy but also minimizes the carbon emissions associated with transportation. Additionally, these shops usually offer unique and handcrafted items, contributing to diversity in fashion choices and promoting individual style. A personal example that resonates with me is a local boutique in my neighborhood that sources all its clothes from regional designers. This practice has not only helped the designers grow their businesses but also created a tight-knit community of consumers who value sustainability and unique fashion. Therefore, while big chain stores offer convenience and affordability, the long-term benefits of nurturing local economies and promoting sustainable practices make shopping at local boutiques a more impactful choice for the community and the environment.

모범 답안

[INTRO] '소비자 선택과 커뮤니티 영향'이라는 주제를 고려하며, 저는 두 학생의 견해를 들었습니다. 저는 설득력 있는 이유와 예를 들어 지역 부티크에서 쇼핑하는 것을 선택했으며, 이는 소피아의 지속 가능한 소비주의에 대한 이론을 반영합니다. 지역 사업을 지원하는 것이 커뮤니티 성장을 촉진하고 환경 발자국을 줄이는 데 중요하다고 믿습니다. 지역 부티크는 종종 근처 공급업체로부터 제품을 조달하는데, 이는 지역 경제를 지원할 뿐만 아니라 운송과 관련된 탄소 배출을 최소화합니다. 또한, 이러한 상점들은 보통 독특하고 수공예품을 제공하여 패션 선택의 다양성에 기여하고 개인 스타일을 촉진합니다. 저와 공명하는 개인적인 예로, 제 이웃에 있는 지역 부티크는 모든 옷을 지역 디자이너들로부터 조달합니다. 이 관행은 디자이너들이 그들의 사업을 성장시키는 데 도움을 줄 뿐만 아니라 지속 가능성과 독특한 패션을 가치 있는 소비자 커뮤니티를 만들었습니다. 따라서 대형 체인점들이 편리함과 저렴함을 제공하는 동안, 지역 경제를 육성하고 지속 가능한 관행을 촉진하는 장기적인 이점들은 커뮤니티와 환경에 대해 지역 부티크에서 쇼핑하는 것을 더 큰 영향을 미치는 선택으로 만듭니다.

자기평가표

통합형			Weak	Limited	Fair	Good
서론						
문장별 평가		Point	0	1	2	3
읽기 지문 #1	말 바꾸어 쓰기 (Paraphrasing)					
듣기 지문 #1	문장력 (Quality of writing - 문법, 표현, 문장구조 등)					
	내용의 완성도 및 정확도 (Completeness & Accuracy of Content)					
읽기 지문 #2	말 바꾸어 쓰기 (Paraphrasing)					
듣기 지문 #2	문장력 (Quality of writing - 문법, 표현, 문장구조 등)					
	내용의 완성도 및 정확도 (Completeness & Accuracy of Content)					
읽기 지문 #3	말 바꾸어 쓰기 (Paraphrasing)					
듣기 지문 #3	문장력 (Quality of writing - 문법, 표현, 문장구조 등)					
	내용의 완성도 및 정확도 (Completeness & Accuracy of Content)					
		Total Score				/30

독립형		Point	0	2	4	6
문법	글을 문법에 맞게 썼는지를 판단합니다.					
표현력	상황에 맞는 정확한 표현을 다양하게 구사했는지를 판단합니다.					
문장의 흐름	내용의 비약없이 안정된 구조의 문장을 구사했는지를 판단합니다.					
설명	예시 등을 이용하여 얼마나 설득력 있게 썼는지를 판단합니다.					
일관성	주제에 맞추어 각 문단들을 잘 연결했는지를 판단합니다.					
		Total Score				/30

Day 09 — Writing for an Academic Discussion

Instructions: Your science professor is discussing technology's impact on health. Write a post responding to the professor's question. In your response, you should:
- Clearly express and support your opinion.
- Use easy-to-understand language to explain your ideas.
- Your post should be at least 100 words.

Let's talk about screen time and its effects on our health. With the increase in online learning, gaming, and social media, people are spending more time in front of screens than ever before. Some experts believe that too much screen time can lead to poor sleep, eye strain, and lack of physical activity. Others argue that digital devices are essential tools for learning and staying connected with others.

What's your view on screen time? Do you think it's mostly harmful, or does it have more benefits? Why?

Mia
"I think too much screen time can be harmful. Staying in front of a screen for a long time can make it hard to sleep and hurt your eyes. I've noticed that on days when I use my devices a lot, I don't move around much, which isn't good for my health. Even though we need screens for school and talking to friends, we should still find time to take breaks and be active."

Lucas
"I believe screen time has a lot of benefits. It's not just about playing games; it's how we learn new things and keep in touch with friends and family, especially when we can't see them in person. As long as we use screens wisely, like taking breaks and using them for productive activities, it can be more helpful than harmful."

뼈대

[INTRO] When examining '_____,' I noted the diverse opinions of two students. My decision towards _____, founded on a specific reason and an example, matches [Person]'s research on _____.

12간지

Stress, often perceived negatively, is an important aspect of human life. Moderate stress can be a great motivator, pushing individuals to perform better and reach their potential. It can help us react to threatening situations, thus protecting us from harm. Stress also signals when we might need to change aspects of our lives for our overall well-being. Understanding and managing stress can lead to personal growth, resilience, and improved mental and physical health. It's not about eliminating stress but using it constructively.

Day 09 — Writing for an Academic Discussion

Instructions: 교수님이 기술이 건강에 미치는 영향에 대해 논의하고 있습니다. 교수님의 질문에 답하는 글을 작성하세요. 답변에서는 다음을 확실히 하세요:
- 의견을 명확하게 표현하고 지지하세요.
- 이해하기 쉬운 언어를 사용하여 아이디어를 설명하세요.
- 글은 최소 100단어가 되어야 합니다.

화면 시간과 우리 건강에 미치는 영향에 대해 이야기해 봅시다. 온라인 학습, 게임, 소셜 미디어의 증가로 사람들은 이전보다 더 많은 시간을 화면 앞에서 보내고 있습니다. 일부 전문가들은 화면 시간이 과다하면 수면 장애, 눈의 피로, 신체 활동 부족을 초래할 수 있다고 믿습니다. 다른 이들은 디지털 기기가 학습과 타인과의 연결을 유지하는 데 필수적인 도구라고 주장합니다.

화면 시간에 대한 당신의 견해는 무엇입니까? 주로 해롭다고 생각하나요, 아니면 더 많은 이점이 있다고 생각하나요? 왜 그렇습니까?

Mia
"저는 화면 시간이 너무 많으면 해로울 수 있다고 생각합니다. 오랜 시간 동안 화면 앞에 있으면 잠을 자기 어렵게 만들고 눈을 아프게 할 수 있습니다. 제가 기기를 많이 사용하는 날에는 움직이지 않는 경우가 많은데, 이것은 제 건강에 좋지 않습니다. 학교와 친구들과의 대화를 위해 화면이 필요하더라도, 우리는 여전히 휴식을 취하고 활동적이어야 할 시간을 찾아야 합니다."

Lucas
"저는 화면 시간이 많은 이점이 있다고 믿습니다. 게임만 하는 것이 아니라, 우리가 새로운 것을 배우고 친구 및 가족과 연결을 유지하는 방법입니다, 특히 직접 만날 수 없을 때. 화면을 현명하게 사용한다면, 예를 들어 휴식을 취하고 생산적인 활동에 사용한다면, 해로운 것보다 더 도움이 될 수 있습니다."

뼈대

[INTRO] '_____'을 검토하면서, 저는 두 학생의 다양한 의견을 주목했습니다. 구체적인 이유와 예를 근거로 한 제 결정은 _____에 있으며, 이는 [Person]의 _____에 관한 연구와 일치합니다.

12간지

종종 부정적으로 인식되는 스트레스는 인간 삶의 중요한 측면입니다. 적당한 스트레스는 개인들이 더 잘 수행하고 그들의 잠재력에 도달하도록 격려하는 훌륭한 동기부여가 될 수 있습니다. 그것은 우리가 위협적인 상황에 대응하여 해로움으로부터 우리를 보호하는 데 도움을 줄 수 있습니다. 스트레스는 또한 우리가 우리의 전반적인 행복을 위해 우리 삶의 측면을 바꿀 필요가 있을 때 신호를 보냅니다. 스트레스를 이해하고 관리하는 것은 개인적인 성장, 회복력, 그리고 향상된 정신적, 신체적 건강으로 이어질 수 있습니다. 그것은 스트레스를 없애는 것이 아니라 건설적으로 사용하는 것입니다.

모범 답안

[INTRO] When examining 'the impact of screen time on health,' I noted the diverse opinions of two students. My decision towards the necessity of balanced screen use, founded on a specific reason and an example, matches Lucas's research on digital well-being. I believe that while screen time is indispensable in our daily lives for education, work, and social connectivity, it needs to be managed to prevent negative health outcomes. Excessive use of screens can indeed lead to issues like poor sleep quality and eye strain, but these devices also offer significant benefits, particularly in terms of accessibility to information and maintaining relationships. For instance, during the pandemic, I relied on digital devices for online classes and to stay connected with family and friends, which was vital for my mental and educational well-being. However, I found that incorporating regular breaks and setting limits on unnecessary screen usage helped maintain my physical health and improve my sleep. This personal experience illustrates that screen time, when used wisely and in moderation, can be more beneficial than harmful, supporting the idea that a balanced approach to digital device usage is essential for maintaining overall health and well-being.

모범 답안

[INTRO] '화면 시간이 건강에 미치는 영향'을 검토할 때, 저는 두 학생의 다양한 의견을 주목했습니다. 구체적인 이유와 예를 근거로 한 저의 결정은 균형 잡힌 화면 사용의 필요성을 지지하며, 이는 루카스의 디지털 웰빙에 관한 연구와 일치합니다. 화면 시간은 교육, 업무, 사회적 연결성을 위해 우리 일상생활에서 필수적이지만, 부정적인 건강 결과를 예방하기 위해 관리되어야 한다고 믿습니다. 화면을 과도하게 사용하면 수면 질 저하와 눈의 피로 같은 문제를 초래할 수 있지만, 이러한 기기는 특히 정보 접근성과 관계 유지 측면에서 상당한 이점을 제공합니다. 예를 들어, 팬데믹 동안 저는 온라인 수업을 듣고 가족 및 친구들과 연결되는 데 디지털 기기에 의존했으며, 이는 제 정신적 및 교육적 웰빙에 필수적이었습니다. 그러나 정기적인 휴식을 포함하고 불필요한 화면 사용에 대한 제한을 설정함으로써 제 신체 건강을 유지하고 수면을 개선하는 데 도움이 되었습니다. 이 개인적 경험은 화면 시간이 현명하고 적당히 사용될 때 해로운 것보다 더 유익할 수 있음을 보여주며, 전반적인 건강과 웰빙을 유지하기 위해 디지털 기기 사용에 대한 균형 잡힌 접근이 필수적임을 뒷받침합니다.

자기평가표

통합형		Weak	Limited	Fair	Good
서론					
문장별 평가	Point	0	1	2	3
읽기 지문 #1	말 바꾸어 쓰기 (Paraphrasing)				
듣기 지문 #1	문장력 (Quality of writing - 문법, 표현, 문장구조 등)				
	내용의 완성도 및 정확도 (Completeness & Accuracy of Content)				
읽기 지문 #2	말 바꾸어 쓰기 (Paraphrasing)				
듣기 지문 #2	문장력 (Quality of writing - 문법, 표현, 문장구조 등)				
	내용의 완성도 및 정확도 (Completeness & Accuracy of Content)				
읽기 지문 #3	말 바꾸어 쓰기 (Paraphrasing)				
듣기 지문 #3	문장력 (Quality of writing - 문법, 표현, 문장구조 등)				
	내용의 완성도 및 정확도 (Completeness & Accuracy of Content)				
	Total Score				/30

독립형		Point	0	2	4	6
문법	글을 문법에 맞게 썼는지를 판단합니다.					
표현력	상황에 맞는 정확한 표현을 다양하게 구사했는지를 판단합니다.					
문장의 흐름	내용의 비약없이 안정된 구조의 문장을 구사했는지를 판단합니다.					
설명	예시 등을 이용하여 얼마나 설득력 있게 썼는지를 판단합니다.					
일관성	주제에 맞추어 각 문단들을 잘 연결했는지를 판단합니다.					
	Total Score					/30

Day 10 — Writing for an Academic Discussion

Instructions: Your literature professor is starting a discussion about the value of reading fiction. Write a post responding to the professor's question. In your response, you should:
- Express your opinion clearly and provide reasons for it.
- Communicate your thoughts in a clear and understandable way.
- Ensure your response is at least 100 words.

Today, we're going to explore the importance of reading fiction. Some people argue that reading fiction is a waste of time and that students should focus more on practical, real-world information. Others believe that fiction helps develop imagination, empathy, and understanding of different perspectives.

What's your stance on this? Do you think reading fiction is valuable, or should education focus more on non-fiction? Why?

Olivia

"I think reading fiction is really important. It helps us to imagine different worlds and understand people who are not like us. When I read stories, I learn about emotions, relationships, and problems in a way that's interesting and not boring. Fiction can teach us a lot about life, even if the stories aren't real. So, I believe it's as valuable as learning facts from non-fiction."

Ethan

"While I get that fiction can be fun and imaginative, I think education should focus more on non-fiction. Real-world skills and knowledge are crucial for our future. We need to understand things like history, science, and math to solve real problems. Fiction is nice for entertainment, but learning should be about preparing us for the real world and its challenges."

빼대

[INTRO] Researching '_____,' I observed the arguments of two students. I lean towards _____ , as a reasoned argument and an example support this choice, paralleling **[Person]**'s scholarly work on _____ ."

Day 10 — Writing for an Academic Discussion

Instructions: 문학 교수님이 소설 읽기의 가치에 대해 토론을 시작하고 있습니다. 교수님의 질문에 답하는 글을 작성하세요. 답변에서는 다음을 확실히 하세요:
- 의견을 명확하게 표현하고 그 이유를 제공하세요.
- 생각을 명확하고 이해하기 쉬운 방식으로 전달하세요.
- 응답은 최소 100단어가 되어야 합니다.

오늘 우리는 소설 읽기의 중요성을 탐구할 것입니다. 일부 사람들은 소설 읽기가 시간 낭비라고 주장하며 학생들이 실용적이고 현실 세계의 정보에 더 집중해야 한다고 생각합니다. 다른 이들은 소설이 상상력, 공감 능력, 그리고 다양한 관점의 이해를 개발하는 데 도움이 된다고 믿습니다.

이에 대한 당신의 입장은 무엇인가요? 소설 읽기가 가치가 있다고 생각하나요, 아니면 교육이 논소설에 더 집중해야 한다고 생각하나요? 왜 그렇습니까?

Olivia
"저는 소설 읽기가 정말 중요하다고 생각합니다. 소설은 우리가 다른 세계를 상상하고 우리와 다른 사람들을 이해하는 데 도움을 줍니다. 이야기를 읽을 때, 저는 감정, 관계, 문제에 대해 흥미롭고 지루하지 않은 방식으로 배웁니다. 소설은 이야기가 실제가 아니더라도 인생에 대해 많은 것을 가르쳐 줄 수 있습니다. 그래서 저는 소설이 논소설에서 사실을 배우는 것만큼 가치가 있다고 믿습니다."

Ethan
"소설이 재미있고 상상력을 자극할 수 있다는 것을 이해하지만, 저는 교육이 논소설에 더 집중해야 한다고 생각합니다. 현실 세계의 기술과 지식은 우리의 미래에 매우 중요합니다. 우리는 역사, 과학, 수학과 같은 것을 이해해야 실제 문제를 해결할 수 있습니다. 소설은 오락을 위한 것이 좋지만, 학습은 실제 세계와 그 도전에 대비하는 것에 관한 것이어야 합니다."

뼈대

[INTRO] '_____'를 연구하며, 저는 두 학생의 논쟁을 관찰했습니다. 이유 있는 논거와 예가 이 선택을 뒷받침하므로 저는 _____를 선호합니다. 이는 [Person]의 _____에 관한 학술 작업과 일치합니다.

모범 답안

[INTRO] Researching 'the value of reading fiction,' I observed the arguments of two students. I lean towards the importance of fiction, as a reasoned argument and an example support this choice, paralleling Olivia's scholarly work on literature's role in developing empathy and imagination. Fiction extends beyond mere entertainment; it serves as a conduit for experiencing and understanding the complexities of human nature and society. Through narratives and characters, readers gain insights into different cultures, historical periods, and psychological depths. A personal example that illustrates this is when I read 'To Kill a Mockingbird.' This novel not only entertained me but also profoundly affected my understanding of racial injustice and moral courage. It allowed me to empathize with experiences far removed from my own and to contemplate ethical and social issues deeply. Therefore, while non-fiction provides essential factual knowledge and practical information, fiction offers invaluable lessons in human experience, fostering empathy, critical thinking, and creativity. These cognitive and emotional skills are crucial for personal development and understanding the nuanced world we live in, underscoring the significant educational value of reading fiction.

모범 답안

[INTRO] '소설 읽기의 가치'를 연구하며, 저는 두 학생의 논쟁을 관찰했습니다. 저는 이유 있는 논거와 예시가 이 선택을 뒷받침하는 만큼, 문학이 공감과 상상력을 개발하는 데 있어서의 역할에 대한 올리비아의 학술적 작업과 맞닿아 있는 소설의 중요성을 지지합니다. 소설은 단순한 오락을 넘어서, 인간 본성과 사회의 복잡성을 경험하고 이해하는 수단으로 기능합니다. 서사와 캐릭터를 통해 독자들은 다른 문화, 역사적 시기, 심리적 깊이에 대한 통찰력을 얻습니다. 이를 보여주는 개인적인 예로 '앵무새 죽이기'를 읽었을 때를 들 수 있습니다. 이 소설은 저를 오락뿐만 아니라 인종적 불의와 도덕적 용기에 대한 이해를 깊게 하는 데 큰 영향을 미쳤습니다. 이는 저로 하여금 제 경험과는 거리가 먼 경험에 공감하게 하고, 윤리적이고 사회적인 문제에 대해 깊이 생각해 보게 했습니다. 따라서 비록 논소설이 필수적인 사실 지식과 실용적인 정보를 제공한다 해도, 소설은 인간 경험에서 얻을 수 있는 귀중한 교훈을 제공하여 공감, 비판적 사고, 창의성을 기릅니다. 이러한 인지적 및 감정적 기술은 개인 발전과 우리가 살고 있는 미묘한 세계를 이해하는 데 중요하며, 소설 읽기의 중대한 교육적 가치를 강조합니다.

자기평가표

통합형			Weak	Limited	Fair	Good
서론						
문장별 평가		Point	0	1	2	3
읽기 지문 #1	말 바꾸어 쓰기 (Paraphrasing)					
듣기 지문 #1	문장력 (Quality of writing - 문법, 표현, 문장구조 등)					
	내용의 완성도 및 정확도 (Completeness & Accuracy of Content)					
읽기 지문 #2	말 바꾸어 쓰기 (Paraphrasing)					
듣기 지문 #2	문장력 (Quality of writing - 문법, 표현, 문장구조 등)					
	내용의 완성도 및 정확도 (Completeness & Accuracy of Content)					
읽기 지문 #3	말 바꾸어 쓰기 (Paraphrasing)					
듣기 지문 #3	문장력 (Quality of writing - 문법, 표현, 문장구조 등)					
	내용의 완성도 및 정확도 (Completeness & Accuracy of Content)					
		Total Score				/30

독립형		Point	0	2	4	6
문법	글을 문법에 맞게 썼는지를 판단합니다.					
표현력	상황에 맞는 정확한 표현을 다양하게 구사했는지를 판단합니다.					
문장의 흐름	내용의 비약없이 안정된 구조의 문장을 구사했는지를 판단합니다.					
설명	예시 등을 이용하여 얼마나 설득력 있게 썼는지를 판단합니다.					
일관성	주제에 맞추어 각 문단들을 잘 연결했는지를 판단합니다.					
		Total Score				/30

Day 11 — Writing for an Academic Discussion

Instructions: Your world history professor is initiating a conversation on the effects of globalization on cultural identity. Write a post responding to the professor's question. In your response, you should:
- Clearly state and support your viewpoint.
- Communicate your thoughts in an accessible and straightforward manner.
- Ensure your post is at least 100 words long.

As we explore the history and impact of globalization, we encounter the debate on its influence on cultural identities. Some worry that the spread of global culture might diminish or even replace local customs and traditions. Others see globalization as a way to enhance cultural understanding and exchange, enriching local identities.

What is your opinion on this matter? Does globalization endanger cultural uniqueness, or does it contribute to the richness of global cultural exchange?

Maya
"I'm concerned that globalization could endanger local cultures by pushing a more uniform, global culture that can drown out smaller, local traditions. It's like when international brands become popular everywhere, local businesses and their unique cultural products often struggle to compete. But, globalization can also bring attention to these local cultures and help preserve them by sharing their value with a wider audience."

Jake
"I see globalization as a positive force for cultural exchange. It connects different parts of the world, helping people learn about and appreciate other cultures. This can lead to a greater understanding and respect for cultural diversity. While it's important to be mindful of not losing local customs, globalization can actually support and spread cultural knowledge and appreciation globally."

뼈대

[INTRO] In my delving into '_____,' I encountered the varied opinions of two students. I am persuaded towards _____ , due to a logical reason and an example, which accords with [**Person**]'s studies on _____ .

12간지

Academic courses are instrumental in shaping a person's intellectual capabilities and future prospects. They equip individuals with a solid foundation of knowledge and skills required in specific fields, potentially opening doors to various career opportunities. These courses also foster critical thinking, problem-solving abilities, and creative ingenuity, which are invaluable in today's rapidly evolving world. Moreover, academic courses provide a platform for cultural exchange and personality development, making them vital for individual growth and societal progress.

Day 11 — Writing for an Academic Discussion

Instructions: 세계사 교수님이 문화 정체성에 대한 세계화의 영향에 대해 대화를 시작하고 있습니다. 교수님의 질문에 답하는 글을 작성하세요. 답변에서는 다음을 확실히 하세요:
- 자신의 관점을 명확히 밝히고 지지하세요.
- 이해하기 쉽고 명확한 방식으로 생각을 전달하세요.
- 게시글은 최소 100단어가 되도록 하세요.

세계화의 역사와 영향을 탐구하면서, 우리는 그것이 문화 정체성에 미치는 영향에 대한 논쟁을 만나게 됩니다. 일부는 전 세계적인 문화의 확산이 지역의 관습과 전통을 약화시키거나 심지어 대체할 수 있다고 우려합니다. 다른 이들은 세계화를 문화적 이해와 교류를 향상시키는 방법으로 보고, 지역 정체성을 풍요롭게 한다고 봅니다.

이 문제에 대한 당신의 의견은 무엇인가요? 세계화가 문화적 독특성을 위협하나요, 아니면 글로벌 문화 교류의 풍요로움에 기여하나요?

Maya
"저는 세계화가 더 획일화된 글로벌 문화를 밀어붙여 작고 지역적인 전통을 잠식할 수 있어 지역 문화를 위협할 수 있다는 점에 우려를 표합니다. 국제 브랜드가 어디서나 인기를 끌 때처럼, 지역 기업과 그들의 독특한 문화 제품은 종종 경쟁에서 어려움을 겪습니다. 하지만, 세계화는 이러한 지역 문화에 주목을 가져다주고 더 넓은 청중에게 그 가치를 공유함으로써 그것들을 보존하는 데 도움을 줄 수도 있습니다."

Jake
"저는 세계화를 문화 교류를 위한 긍정적인 힘으로 봅니다. 이는 세계의 다른 부분들을 연결시켜 사람들이 다른 문화를 배우고 감상하는 데 도움을 줍니다. 이는 문화적 다양성에 대한 더 큰 이해와 존중을 이끌 수 있습니다. 지역 관습을 잃지 않는 것이 중요하긴 하지만, 실제로 세계화는 전 세계적으로 문화 지식과 감상을 지원하고 확산시킬 수 있습니다."

뼈대

[INTRO] '_____'를 깊이 연구하면서, 저는 두 학생의 다양한 의견을 접했습니다. [Person]의 _____에 관한 연구와 일치하는 논리적 이유와 예로 인해 저는 _____를 지지하게 되었습니다.

12간지

학술 과정은 한 사람의 지적 능력과 미래 전망을 형성하는 데 중요합니다. 개인에게 특정 분야에 필요한 지식과 기술의 견고한 기반을 제공하여 다양한 직업 기회의 문을 열어줄 수 있습니다. 이 과정들은 또한 빠르게 진화하는 오늘날 세계에서 매우 귀중한 비판적 사고, 문제 해결 능력, 그리고 창의적인 독창성을 길러줍니다. 또한, 학술 과정은 문화 교류와 인격 형성을 위한 기반을 제공하여 개인의 성장과 사회 발전에 필수적입니다.

모범 답안

[INTRO] In my delving into 'the effects of globalization on cultural identity,' I encountered the varied opinions of two students. I am persuaded towards the view that globalization is a positive force for cultural exchange, due to a logical reason and an example, which accords with Jake's studies on global cultural dynamics. Globalization does not necessarily dilute cultural uniqueness; rather, it provides a platform for different cultures to interact and enrich each other. For example, in my own experience, attending an international food festival in my city allowed me to experience the culinary traditions of various countries firsthand. This event was a direct result of globalization, bringing together diverse cultures and fostering a greater appreciation and understanding among participants. It highlighted how globalization can act as a catalyst for cultural exchange and understanding, rather than a threat to cultural identity. By exposing people to a broader range of cultural experiences, globalization can enhance our collective knowledge and appreciation of global diversity, leading to a more interconnected and empathetic world community.

모범 답안

[INTRO] '세계화가 문화 정체성에 미치는 영향'을 탐구하며, 저는 두 학생의 다양한 의견을 접했습니다. 저는 논리적인 이유와 예를 바탕으로, 세계화가 문화 교류에 긍정적인 힘이라는 견해를 지지하게 되었습니다. 이는 제이크의 글로벌 문화 역학에 대한 연구와 일치합니다. 세계화가 반드시 문화적 독특성을 희석시키는 것은 아니며, 오히려 서로 다른 문화가 상호 작용하고 서로를 풍요롭게 하는 플랫폼을 제공합니다. 예를 들어, 제 자신의 경험에서, 제 도시에서 열린 국제 음식 축제에 참여함으로써 다양한 국가의 요리 전통을 직접 경험할 수 있었습니다. 이 행사는 세계화의 직접적인 결과로서, 다양한 문화를 결합시키고 참가자들 사이에 더 큰 감사와 이해를 촉진했습니다. 이는 세계화가 문화 정체성에 대한 위협이 아닌, 문화 교류와 이해를 촉진하는 촉매제로 작용할 수 있음을 강조했습니다. 사람들이 더 넓은 범위의 문화적 경험에 노출됨으로써, 세계화는 우리의 집단적 지식과 글로벌 다양성에 대한 감상을 향상시킬 수 있으며, 이는 더 연결되고 공감적인 세계 공동체로 이어집니다.

자기평가표

통합형			Weak	Limited	Fair	Good
서론						
문장별 평가		Point	0	1	2	3
읽기 지문 #1	말 바꾸어 쓰기 (Paraphrasing)					
듣기 지문 #1	문장력 (Quality of writing - 문법, 표현, 문장구조 등)					
	내용의 완성도 및 정확도 (Completeness & Accuracy of Content)					
읽기 지문 #2	말 바꾸어 쓰기 (Paraphrasing)					
듣기 지문 #2	문장력 (Quality of writing - 문법, 표현, 문장구조 등)					
	내용의 완성도 및 정확도 (Completeness & Accuracy of Content)					
읽기 지문 #3	말 바꾸어 쓰기 (Paraphrasing)					
듣기 지문 #3	문장력 (Quality of writing - 문법, 표현, 문장구조 등)					
	내용의 완성도 및 정확도 (Completeness & Accuracy of Content)					
		Total Score				/30

독립형		Point	0	2	4	6
문법	글을 문법에 맞게 썼는지를 판단합니다.					
표현력	상황에 맞는 정확한 표현을 다양하게 구사했는지를 판단합니다.					
문장의 흐름	내용의 비약없이 안정된 구조의 문장을 구사했는지를 판단합니다.					
설명	예시 등을 이용하여 얼마나 설득력 있게 썼는지를 판단합니다.					
일관성	주제에 맞추어 각 문단들을 잘 연결했는지를 판단합니다.					
		Total Score				/30

Day 12 — Writing for an Academic Discussion

Instructions: Your art professor is initiating a conversation about the role of technology in art creation. Write a response to the professor's question. In your post, make sure to:
- Clearly express and support your opinion.
- Use language that's easy to understand.
- Aim for a response that is at least 100 words.

Let's explore how technology is influencing the art world. Today, artists can use digital tools like graphic tablets, 3D printing, and virtual reality to create their works, which is quite different from traditional methods like painting or sculpting.

Do you think the use of technology in art is a positive development, enhancing creativity and opening new possibilities? Or do you feel it takes away from the authenticity and skill of traditional art? What's your perspective on the integration of technology in artistic creation?

Leo
"I think technology in art is amazing because it opens up new ways for artists to express themselves. With digital tools, artists can create things that are impossible with just paint or clay. It's like adding more colors to their palette. This doesn't mean traditional art is less important; it just means there are more options available for creating art."

Emma
"While I appreciate the new opportunities technology brings to art, I also value traditional methods. They require a certain level of skill and patience that digital art might not. However, I don't think technology takes away from traditional art. Instead, it's another form of expression. Artists should have the freedom to choose their medium, whether it's a paintbrush or a computer program."

뼈대

[INTRO] Through my analysis of '_____,' I considered the perspectives of two students. I have selected _____, motivated by a specific reason and an example, consistent with **[Person]**'s theories on _____."

12간지

Social connection is fundamental to human existence. We are inherently social creatures, and our interactions with others greatly influence our mental and emotional health. Engaging with friends, family, and community gives us a sense of belonging and acceptance, leading to increased self-esteem and happiness. Our social networks also provide emotional support in times of stress, helping us navigate life's challenges. Studies even show that strong social connections can improve our physical health and increase longevity. Therefore, maintaining and nurturing social relationships is crucial for a well-rounded, satisfying life.

Day 12 — Writing for an Academic Discussion

Instructions: 미술 교수님이 기술이 예술 창작에 미치는 역할에 대해 대화를 시작하고 있습니다. 교수님의 질문에 대한 답변을 작성하세요. 게시물에서는 다음을 확실히 하세요:
- 의견을 명확하게 표현하고 지지하세요.
- 이해하기 쉬운 언어를 사용하세요.
- 응답은 최소 100단어가 되도록 하세요.

기술이 예술 세계에 어떤 영향을 미치고 있는지 탐구해 봅시다. 오늘날, 예술가들은 그래픽 태블릿, 3D 프린팅, 가상 현실과 같은 디지털 도구를 사용하여 작품을 만들 수 있습니다. 이는 회화나 조각과 같은 전통적인 방법과는 매우 다릅니다.

예술에서 기술의 사용이 창의성을 향상시키고 새로운 가능성을 열어주는 긍정적인 발전이라고 생각하나요? 아니면 전통 예술의 진정성과 기술을 저해한다고 느끼나요? 기술과 예술 창작의 통합에 대한 당신의 관점은 무엇인가요?

Leo
"저는 예술에서 기술이 놀랍다고 생각합니다. 디지털 도구를 사용하면 예술가들이 물감이나 점토만으로는 불가능한 것들을 창조할 수 있습니다. 그것은 마치 그들의 팔레트에 더 많은 색상을 추가하는 것과 같습니다. 이것은 전통 예술이 덜 중요하다는 것을 의미하지 않습니다; 그저 예술 창작을 위한 옵션이 더 많다는 것을 의미할 뿐입니다."

Emma
"기술이 예술에 가져다주는 새로운 기회에 감사하면서도, 저는 전통적인 방법들을 소중히 여깁니다. 그것들은 디지털 예술이 요구하지 않을 수 있는 특정 수준의 기술과 인내를 필요로 합니다. 그러나, 저는 기술이 전통 예술을 해치는 것이라고 생각하지 않습니다. 오히려, 그것은 표현의 또 다른 형태입니다. 예술가들은 그것이 붓이든 컴퓨터 프로그램이든 자신의 매체를 선택할 자유가 있어야 합니다."

뼈대

[INTRO] '_____'에 대한 제 분석을 통해, 저는 두 학생의 관점을 고려했습니다. 특정 이유와 예를 들어 이 선택에 동기를 부여받았으며, 이는 **[Person]**의 _____에 대한 이론과 일관됩니다.

12간지

사회적 연결은 인간 존재의 기본입니다. 우리는 본질적으로 사회적인 생물이고, 다른 사람들과의 상호작용은 우리의 정신적, 정서적 건강에 큰 영향을 미칩니다. 친구, 가족, 그리고 공동체와 함께 참여하는 것은 우리에게 소속감과 수용감을 주고, 자존감과 행복을 증가시킵니다. 또한 우리의 소셜 네트워크는 스트레스가 있을 때 정서적인 지원을 제공하여 우리가 삶의 도전을 헤쳐나갈 수 있도록 도와줍니다. 연구들은 심지어 강한 사회적 연결이 우리의 신체적 건강을 향상시키고 수명을 늘릴 수 있다는 것을 보여줍니다. 그러므로, 사회적 관계를 유지하고 양육하는 것은 균형 잡힌 만족스러운 삶을 위해 중요합니다.

모범 답안

[INTRO] Through my analysis of 'the role of technology in art creation,' I considered the perspectives of two students. I have selected the viewpoint that technology enhances artistic creativity, motivated by a specific reason and an example, consistent with Leo's theories on digital innovation in art. I believe that technology in art represents evolution rather than a departure from authenticity. Digital tools offer artists unprecedented ways to realize their visions, expanding the realm of what's possible in art creation. For example, I once visited an exhibition that featured augmented reality installations, where traditional paintings were transformed into interactive experiences through a mobile app. This fusion of classical and digital art techniques created a new dimension of engagement and interpretation, showcasing how technology can complement and extend traditional artistic expressions. Rather than diminishing the skill or value of conventional methods, the integration of technology in art enriches the artistic landscape, offering both artists and audiences diverse and innovative ways to experience and appreciate art. This symbiosis between traditional and digital art forms exemplifies the positive impact of technology in expanding the boundaries of creativity and artistic expression.

모범 답안

[INTRO] '예술 창작에서 기술의 역할'에 대한 제 분석을 통해, 저는 두 학생의 관점을 고려했습니다. 저는 기술이 예술적 창의력을 강화한다는 관점을 선택했는데, 이는 디지털 혁신에서 레오의 이론과 일치하는 특정 이유와 예시에 의해 동기를 부여받았습니다. 저는 예술에서의 기술이 진정성으로부터의 이탈이 아니라 진화를 나타낸다고 믿습니다. 디지털 도구는 예술가들에게 전례 없는 방식으로 그들의 비전을 실현할 수 있는 기회를 제공하며, 예술 창작의 영역을 확장합니다. 예를 들어, 저는 전통적인 그림이 모바일 앱을 통해 대화형 경험으로 변모된 증강 현실 설치 작품이 특징인 전시회를 방문한 적이 있습니다. 고전적이고 디지털 예술 기법의 융합은 참여와 해석의 새로운 차원을 만들어냈으며, 기술이 전통적인 예술 표현을 보완하고 확장할 수 있는 방법을 보여주었습니다. 전통적인 방법의 기술이나 가치를 축소하는 대신, 예술에서 기술의 통합은 예술적 풍경을 풍요롭게 하며, 예술가와 관객 모두에게 다양하고 혁신적인 방식으로 예술을 경험하고 감상할 기회를 제공합니다. 전통적이고 디지털 예술 형태 간의 공생은 기술이 창의력과 예술적 표현의 경계를 확장하는 긍정적인 영향을 예시적으로 보여줍니다.

자기평가표

통합형			Weak	Limited	Fair	Good
서론						
문장별 평가		Point	0	1	2	3
읽기 지문 #1	말 바꾸어 쓰기 (Paraphrasing)					
듣기 지문 #1	문장력 (Quality of writing - 문법, 표현, 문장구조 등)					
	내용의 완성도 및 정확도 (Completeness & Accuracy of Content)					
읽기 지문 #2	말 바꾸어 쓰기 (Paraphrasing)					
듣기 지문 #2	문장력 (Quality of writing - 문법, 표현, 문장구조 등)					
	내용의 완성도 및 정확도 (Completeness & Accuracy of Content)					
읽기 지문 #3	말 바꾸어 쓰기 (Paraphrasing)					
듣기 지문 #3	문장력 (Quality of writing - 문법, 표현, 문장구조 등)					
	내용의 완성도 및 정확도 (Completeness & Accuracy of Content)					
		Total Score				/30

독립형		Point	0	2	4	6
문법	글을 문법에 맞게 썼는지를 판단합니다.					
표현력	상황에 맞는 정확한 표현을 다양하게 구사했는지를 판단합니다.					
문장의 흐름	내용의 비약없이 안정된 구조의 문장을 구사했는지를 판단합니다.					
설명	예시 등을 이용하여 얼마나 설득력 있게 썼는지를 판단합니다.					
일관성	주제에 맞추어 각 문단들을 잘 연결했는지를 판단합니다.					
		Total Score				/30

Day 13 — Writing for an Academic Discussion

Instructions: Your music professor is hosting a discussion on the evolution of music genres. Write a response to the professor's question. In your response, make sure to:
• Express and argue your opinion.
• Use language that is clear and understandable.
• Your response should be at least 100 words.

Music has evolved significantly over the years, with new genres emerging and influencing each other. Some people love exploring these new music styles and believe that this evolution is essential for keeping music fresh and exciting. Others prefer the classic genres and feel that music today is losing its quality and originality.

What's your view on the evolution of music genres? Do you think the constant change and mixing of music styles is a good thing, or should we focus more on preserving traditional music forms? Why?

Noah
"I believe the evolution of music genres is a great thing because it keeps music interesting and dynamic. When artists experiment and mix different styles, they create something new and exciting. This doesn't mean we forget the classics—they're the foundation of modern music—but evolution is natural in music, just like in everything else. It's all about building on what came before to create new sounds for the future."

Ava
"I understand why people like new music styles, but I think we should also preserve traditional music. It has a timeless quality and connects us to our past. While it's okay to have new music genres, we shouldn't overlook the classics. They teach us about history and culture, and without them, we might lose a part of our heritage. Both new and old music genres have their place and should be valued."

뼈대

[INTRO] In the discussion on '_____,' I encountered opinions from two students. My endorsement of _____, informed by a clear reason and an example, aligns with [Person]'s research on _____ .

12간지

Following one's heart is a vital element of personal fulfillment and authenticity. It entails pursuing passions, dreams, and listening to our inner voices, which often leads to a sense of purpose and happiness. Doing so promotes emotional well-being, as it brings genuine contentment and eliminates regrets associated with forsaking one's desires. Furthermore, by following our hearts, we establish our unique paths, leading to self-discovery, growth, and resilience in the face of challenges. Hence, it's imperative to pay heed to our inner callings to achieve a fulfilling life.

Day 13 — Writing for an Academic Discussion

Instructions: 음악 교수님이 음악 장르의 진화에 대해 토론을 주최하고 있습니다. 교수님의 질문에 답변을 작성하세요.

답변에서는 다음을 확실히 하세요:
- 의견을 표현하고 논리를 전개하세요.
- 이해하기 쉽고 명확한 언어를 사용하세요.
- 응답은 최소 100단어가 되어야 합니다.

음악은 수년에 걸쳐 상당히 진화했으며, 새로운 장르가 등장하고 서로 영향을 주고 있습니다. 일부 사람들은 이러한 새로운 음악 스타일을 탐색하는 것을 좋아하며 이 진화가 음악을 신선하고 흥미롭게 유지하는 데 필수적이라고 믿습니다. 다른 이들은 클래식 장르를 선호하며 오늘날의 음악이 품질과 독창성을 잃어가고 있다고 느낍니다.

음악 장르의 진화에 대한 당신의 견해는 무엇인가요? 음악 스타일의 지속적인 변화와 혼합이 좋은 것이라고 생각하나요, 아니면 전통적인 음악 형태를 보존하는 데 더 집중해야 한다고 생각하나요? 왜 그렇습니까?

Noah
"음악 장르의 진화는 음악을 흥미롭고 역동적으로 유지하기 때문에 훌륭한 것이라고 믿습니다. 예술가들이 다양한 스타일을 실험하고 혼합할 때, 그들은 새롭고 흥미로운 것을 창조합니다. 이것이 우리가 고전을 잊는다는 의미는 아닙니다—그것들은 현대 음악의 기반입니다—하지만 음악에서의 진화는 다른 모든 것들처럼 자연스러운 것입니다. 과거에 기반을 둔 새로운 소리를 미래를 위해 창조하는 것이 전부입니다."

Ava
"새로운 음악 스타일을 좋아하는 사람들의 이유를 이해하지만, 전통 음악도 보존해야 한다고 생각합니다. 전통 음악은 시대를 초월한 품질을 가지고 있으며 우리를 과거와 연결시킵니다. 새로운 음악 장르가 있어도 괜찮지만, 고전을 간과해서는 안 됩니다. 그것들은 우리에게 역사와 문화에 대해 가르치며, 그것들 없이 우리는 우리의 유산의 일부를 잃을 수 있습니다. 새로운 음악 장르와 오래된 음악 장르 모두 각자의 자리가 있으며 가치를 인정받아야 합니다."

뼈대

[INTRO] '_____'에 대한 토론에서, 저는 두 학생의 의견을 접했습니다. 명확한 이유와 예를 바탕으로 한 제 지지는 _____로, 이는 [Person]의 _____에 관한 연구와 일치합니다.

12간지

사람의 마음을 따르는 것은 개인적 성취와 진정성의 필수적인 요소입니다. 그것은 열정, 꿈을 추구하고 우리의 내면의 목소리를 듣는 것을 수반하며, 이것은 종종 목적 의식과 행복으로 이어집니다. 그렇게 하는 것은 진정한 만족감을 가져오고 자신의 욕망을 버리는 것과 관련된 후회를 제거하기 때문에 정서적 행복을 촉진합니다. 또한, 우리는 우리의 마음을 따름으로써 우리의 고유한 길을 개척하고, 도전에 직면했을 때의 자기 발견, 성장, 회복력으로 이어집니다. 그러므로, 만족스러운 삶을 이루기 위해서는 우리의 내적 소명에 주의를 기울이는 것이 필수적입니다.

모범 답안

[INTRO] In the discussion on 'the evolution of music genres,' I encountered opinions from two students. My endorsement of the dynamic evolution of music, informed by a clear reason and an example, aligns with Noah's research on the progressiveness of music. I believe that the continual change and blending of music styles are essential for the growth and vibrancy of the musical landscape. This evolution not only reflects the diversity of human experience but also fosters creativity and innovation among artists. For instance, jazz, which originated from a mix of African rhythms and European harmonic structure, exemplifies how blending different cultural sounds can create a whole new genre that speaks universally. This doesn't negate the importance of preserving traditional music; rather, it shows that musical evolution allows for the birth of new genres while also respecting and remembering the origins. Just like languages evolve to reflect changing times, so does music, and this evolution is what keeps it relevant and resonant with successive generations. Thus, embracing the fluid nature of music genres contributes to a richer, more diverse musical world.

모범 답안

[INTRO] '음악 장르의 진화'에 대한 토론에서, 저는 두 학생의 의견을 접했습니다. 명확한 이유와 예를 바탕으로 한 음악의 역동적 진화에 대한 제 지지는 노아의 음악의 진보성에 대한 연구와 일치합니다. 저는 음악 스타일의 지속적인 변화와 혼합이 음악적 풍경의 성장과 활력에 필수적이라고 믿습니다. 이 진화는 인간 경험의 다양성을 반영할 뿐만 아니라 예술가들 사이의 창의성과 혁신을 촉진합니다. 예를 들어, 아프리카 리듬과 유럽의 화성 구조의 혼합에서 유래한 재즈는 서로 다른 문화적 사운드를 혼합하여 전 세계적으로 호소력 있는 새로운 장르를 창조할 수 있음을 보여줍니다. 이는 전통 음악을 보존하는 것의 중요성을 부정하는 것이 아니라, 음악적 진화가 새로운 장르의 탄생을 허용하는 동시에 기원을 존중하고 기억하는 것을 가능하게 한다는 것을 보여줍니다. 마치 언어가 변화하는 시대를 반영하여 진화하듯이 음악도 마찬가지이며, 이 진화는 음악을 연속적인 세대에게 관련성 있고 울림 있는 것으로 유지시킵니다. 따라서, 음악 장르의 유동적인 특성을 받아들이는 것은 더 풍부하고 다양한 음악적 세계에 기여합니다.

자기평가표

통합형		Weak	Limited	Fair	Good
서론					
문장별 평가	Point	0	1	2	3
읽기 지문 #1	말 바꾸어 쓰기 (Paraphrasing)				
듣기 지문 #1	문장력 (Quality of writing - 문법, 표현, 문장구조 등)				
	내용의 완성도 및 정확도 (Completeness & Accuracy of Content)				
읽기 지문 #2	말 바꾸어 쓰기 (Paraphrasing)				
듣기 지문 #2	문장력 (Quality of writing - 문법, 표현, 문장구조 등)				
	내용의 완성도 및 정확도 (Completeness & Accuracy of Content)				
읽기 지문 #3	말 바꾸어 쓰기 (Paraphrasing)				
듣기 지문 #3	문장력 (Quality of writing - 문법, 표현, 문장구조 등)				
	내용의 완성도 및 정확도 (Completeness & Accuracy of Content)				
	Total Score				/30

독립형		Point	0	2	4	6
문법	글을 문법에 맞게 썼는지를 판단합니다.					
표현력	상황에 맞는 정확한 표현을 다양하게 구사했는지를 판단합니다.					
문장의 흐름	내용의 비약없이 안정된 구조의 문장을 구사했는지를 판단합니다.					
설명	예시 등을 이용하여 얼마나 설득력 있게 썼는지를 판단합니다.					
일관성	주제에 맞추어 각 문단들을 잘 연결했는지를 판단합니다.					
	Total Score					/30

Day 14 — Writing for an Academic Discussion

Instructions: Your health teacher is opening a dialogue on the role of exercise in mental well-being. Write a response to the teacher's question. In your post, make sure to:
- State your opinion clearly and provide reasons for it.
- Communicate in a way that's easy to understand.
- Your post should be at least 100 words.

We often hear about the physical benefits of exercise, but it's also crucial for our mental health. Some studies suggest that regular physical activity can help reduce stress, improve mood, and even enhance cognitive functions like memory and concentration.

Based on your experiences or what you've learned, how important do you think exercise is for mental health? Do you feel that its impact is as significant as its physical benefits?

Lucas
"I believe exercise is really important for mental health. When I'm active, I feel less stressed and more positive. It's like all the worries of the day just disappear when I'm playing soccer or running. Exercise helps clear my mind and makes me feel more focused and ready to tackle challenges. So, yes, I think its mental benefits are just as important as the physical ones."

Emma
"Exercise definitely has mental benefits, but I think its importance can vary from person to person. For some, like athletes, it might be a major way to improve mood and relieve stress. For others, different activities like reading or playing music might help more with mental well-being. While exercise is beneficial, we should recognize that mental health can also be supported through a variety of activities, not just physical ones."

뼈대

[INTRO] Surveying the topic '_____,' I evaluated the viewpoints of two students. I am compelled towards _____ , based on a substantial reason and an example, which resonates with [Person]'s scholarly work on _____ .

12간지

The environment shapes our existence and quality of life. Its significance is multifaceted, including elements like clean air, fertile soil, and clear water. These elements provide the essentials of life, fuel biodiversity, and regulate our climate. The environment also supports economic growth, from providing raw materials for production to creating destinations for tourism. Yet, our environment is fragile. Pollution, deforestation, and climate change are pressing issues that threaten its integrity. Therefore, environmental conservation isn't just about preserving nature, it's about safeguarding our future and the sustainability of generations to come.

Day 14 — Writing for an Academic Discussion

Instructions: 건강 교사가 정신 건강에서 운동의 역할에 대해 대화를 시작하고 있습니다. 교수님의 질문에 답변하는 글을 작성하세요. 게시물에서는 다음을 확실히 하세요:
- 의견을 명확하게 밝히고 이유를 제공하세요.
- 이해하기 쉬운 방식으로 소통하세요.
- 게시물은 최소 100단어가 되어야 합니다.

운동의 신체적 이점에 대해 자주 듣지만, 우리의 정신 건강에도 매우 중요합니다. 일부 연구에 따르면 규칙적인 신체 활동이 스트레스를 줄이고 기분을 개선하며 심지어 기억력과 집중력과 같은 인지 기능을 향상시킬 수 있다고 합니다.

당신의 경험 또는 배운 바에 따라, 정신 건강에 운동이 얼마나 중요하다고 생각하나요? 그것의 영향이 신체적 이점만큼 중요하다고 느끼나요?

Lucas
"저는 운동이 정신 건강에 정말 중요하다고 믿습니다. 활동적일 때 저는 덜 스트레스를 받고 더 긍정적입니다. 축구를 하거나 달리기를 할 때 하루의 모든 걱정이 사라지는 것 같아요. 운동은 제 마음을 맑게 하고 더 집중하고 도전을 해결할 준비가 되게 합니다. 그래서, 네, 저는 정신적인 이점이 신체적인 이점만큼 중요하다고 생각합니다."

Emma
"운동은 분명히 정신적인 이점이 있지만, 그 중요성은 사람마다 다를 수 있다고 생각합니다. 일부 사람들, 예를 들어 운동 선수들에게는 기분을 개선하고 스트레스를 완화하는 주요 방법일 수 있습니다. 다른 사람들에게는 독서나 음악 연주와 같은 다른 활동이 정신 건강에 더 도움이 될 수 있습니다. 운동이 유익하긴 하지만, 정신 건강을 지원할 수 있는 활동이 신체적인 것뿐만이 아니라는 것을 인식해야 합니다."

뼈대

[INTRO] '_____' 주제를 조사하면서, 저는 두 학생의 관점을 평가했습니다. **[Person]**의 _____에 관한 학술적 작업과 울림이 있는 실질적인 이유와 예를 바탕으로 _____에 대한 확신을 갖게 되었습니다.

12간지

환경은 우리의 존재와 삶의 질을 형성합니다. 그것의 중요성은 깨끗한 공기, 비옥한 토양, 그리고 맑은 물과 같은 요소들을 포함하여 다면적입니다. 이러한 요소들은 생명체의 필수 요소들을 제공하고, 생물 다양성을 촉진하며, 우리의 기후를 조절합니다. 환경은 또한 생산을 위한 원료 제공에서 관광 목적지 창출에 이르기까지 경제 성장을 지원합니다. 하지만, 우리의 환경은 취약합니다. 오염, 삼림 벌채, 그리고 기후 변화는 그것의 무결성을 위협하는 긴급한 문제들입니다. 따라서, 환경 보존은 자연을 보존하는 것만이 아니라, 우리의 미래와 미래 세대의 지속 가능성을 보호하는 것입니다.

모범 답안

[INTRO] Surveying the topic 'the role of exercise in mental well-being,' I evaluated the viewpoints of two students. I am compelled towards the idea that exercise significantly benefits mental health, based on a substantial reason and an example, which resonates with Lucas's scholarly work on the holistic benefits of physical activity. physical activity stimulates the release of endorphins, often known as 'feel-good' hormones, which are crucial for stress relief and mood improvement. Exercise not only helps in managing stress and anxiety but also enhances self-esteem and cognitive function. during a particularly stressful period at school, I started regular jogging sessions. Initially, it was merely to get some physical exercise, but soon I noticed a marked improvement in my overall mood and mental clarity. The days began to feel more manageable, and my concentration improved, echoing the mental benefits of exercise that Lucas highlights. Therefore, I strongly believe in the parity of mental and physical benefits derived from regular exercise, underscoring the importance of incorporating physical activity into our daily regimen for both physical and mental health.

모범 답안

[INTRO] '정신 건강에서 운동의 역할'이라는 주제를 조사하면서, 저는 두 학생의 관점을 평가했습니다. 루카스의 신체 활동의 전반적인 이점에 관한 학술적 연구와 울림이 있는 상당한 이유와 예를 바탕으로, 저는 운동이 정신 건강에 상당한 이점을 준다는 견해에 끌립니다. 신체 활동은 '기분 좋은' 호르몬으로 알려진 엔돌핀의 분비를 자극하여 스트레스 완화와 기분 개선에 중요합니다. 운동은 스트레스와 불안 관리뿐만 아니라 자존감과 인지 기능을 향상시키는 데 도움을 줍니다. 학교에서 특히 스트레스가 많은 시기에, 저는 정기적인 조깅 세션을 시작했습니다. 처음에는 신체 운동을 위한 것이었지만 곧 전반적인 기분과 정신적 명료성이 현저히 향상되었다는 것을 알아차렸습니다. 날이 더 쉽게 느껴지고 집중력이 향상되었으며, 루카스가 강조하는 운동의 정신적 이점을 잘 나타내주었습니다. 따라서 저는 규칙적인 운동에서 비롯된 정신적 및 신체적 혜택의 동등함을 강하게 믿으며, 신체적 및 정신적 건강을 위해 우리 일상에 신체 활동을 통합하는 것의 중요성을 강조합니다.

자기평가표

통합형			Weak	Limited	Fair	Good
서론						
문장별 평가		Point	0	1	2	3
읽기 지문 #1	말 바꾸어 쓰기 (Paraphrasing)					
듣기 지문 #1	문장력 (Quality of writing - 문법, 표현, 문장구조 등)					
	내용의 완성도 및 정확도 (Completeness & Accuracy of Content)					
읽기 지문 #2	말 바꾸어 쓰기 (Paraphrasing)					
듣기 지문 #2	문장력 (Quality of writing - 문법, 표현, 문장구조 등)					
	내용의 완성도 및 정확도 (Completeness & Accuracy of Content)					
읽기 지문 #3	말 바꾸어 쓰기 (Paraphrasing)					
듣기 지문 #3	문장력 (Quality of writing - 문법, 표현, 문장구조 등)					
	내용의 완성도 및 정확도 (Completeness & Accuracy of Content)					
		Total Score				/30

독립형		Point	0	2	4	6
문법	글을 문법에 맞게 썼는지를 판단합니다.					
표현력	상황에 맞는 정확한 표현을 다양하게 구사했는지를 판단합니다.					
문장의 흐름	내용의 비약없이 안정된 구조의 문장을 구사했는지를 판단합니다.					
설명	예시 등을 이용하여 얼마나 설득력 있게 썼는지를 판단합니다.					
일관성	주제에 맞추어 각 문단들을 잘 연결했는지를 판단합니다.					
		Total Score				/30

Day 15 — Writing for an Academic Discussion

Instructions: Your history teacher is leading a discussion on the influence of media in shaping historical events. Write a response to the teacher's question. In your post, make sure to:
- Clearly articulate your opinion and back it up with reasons.
- Use language that is understandable and straightforward.
- Your post should be at least 100 words.

We've seen throughout history that media, like newspapers, television, and now social media, play a big role in how events are recorded and perceived. Consider how media has influenced public opinion and historical events.

Do you think media has more of a positive or negative impact on how we view history? Are there ways in which it has shaped our understanding for better or worse?

Evan
"I think media has a mostly positive impact on how we view history because it helps spread important information quickly. For example, during important events, media can provide instant news and updates to a wide audience. However, it's also true that sometimes media can be biased and change how we see certain events, which can be a negative thing. So, while it's mostly good, we have to be careful about believing everything we see or read."

Hailey
"Media can be a double-edged sword when it comes to shaping our view of history. On one hand, it documents events as they happen, which is invaluable for historical records. On the other hand, the way media presents these events can influence public opinion in a way that may not always be accurate or fair. It has the power to highlight certain aspects while ignoring others, which can distort our understanding of history."

뼈대

[INTRO] Upon investigating '_____,' I analyzed the opinions of two students. I am drawn to _____, with a strong reason and an example to back it up, in concurrence with [Person]'s studies on _____ .

12간지

Money - Money plays a crucial role in today's society. It is the medium through which we exchange goods and services, meeting our basic needs like food, clothing, and shelter. Beyond meeting basic needs, money provides access to better healthcare, education, and opportunities for growth. It can also be used to support others and contribute to social causes. While money in itself doesn't bring happiness, it does offer security, comfort, and the ability to experience and enjoy various aspects of life.

Time - Time is one of the most valuable resources that we have. Its importance lies in its scarcity - it's finite and irreplaceable. Good management of time boosts productivity and efficiency, allowing us to achieve more with less. It also affords us the luxury of pursuing hobbies, building relationships, and engaging in activities that enrich our lives. Time provides the framework within which we grow, learn, work, and enjoy life. Therefore, understanding the value of time and using it wisely is key to a fulfilling life.

Day 15 — Writing for an Academic Discussion

Instructions: 역사 교사가 역사적 사건 형성에서 미디어의 영향에 대해 토론을 이끌고 있습니다. 교수님의 질문에 답하는 글을 작성하세요. 게시물에서는 다음을 확실히 하세요:
- 의견을 명확히 표현하고 이유로 뒷받침하세요.
- 이해하기 쉽고 명확한 언어를 사용하세요.
- 게시물은 최소 100단어가 되어야 합니다.

역사를 통틀어 우리는 신문, 텔레비전, 그리고 지금은 소셜 미디어와 같은 미디어가 사건이 기록되고 인식되는 방식에 큰 역할을 한다는 것을 봐왔습니다. 미디어가 대중의 여론과 역사적 사건에 어떤 영향을 미쳤는지 고려해보세요.

미디어가 우리가 역사를 보는 방식에 더 긍정적인 영향을 미쳤다고 생각하나요, 아니면 부정적인 영향을 미쳤다고 생각하나요? 그것이 우리의 이해를 더 나은 쪽으로 혹은 더 나쁜 쪽으로 형성한 방법이 있나요?

Evan
"미디어는 중요한 정보를 빠르게 전파하는 데 도움이 되기 때문에 우리가 역사를 보는 방식에 대체로 긍정적인 영향을 미친다고 생각합니다. 예를 들어, 중요한 사건 동안 미디어는 광범위한 청중에게 즉시 뉴스와 업데이트를 제공할 수 있습니다. 그러나 미디어가 때때로 편향되어 특정 사건을 바라보는 방식을 바꿀 수 있다는 것도 사실입니다, 이것은 부정적인 것일 수 있습니다. 그러므로 대체로 좋지만, 우리가 보거나 읽는 모든 것을 믿는 것에 대해 주의해야 합니다."

Hailey
"미디어는 역사적 관점을 형성하는 데 있어 양날의 검이 될 수 있습니다. 한편으로는 그것이 사건을 그 순간에 문서화하는 것은 역사 기록에 매우 귀중합니다. 다른 한편으로, 미디어가 이러한 사건을 제시하는 방식은 항상 정확하거나 공정하지 않을 수 있는 방식으로 대중의 여론에 영향을 미칠 수 있습니다. 특정 측면을 부각시키면서 다른 측면을 무시함으로써 우리의 역사 이해를 왜곡할 수 있는 힘을 가지고 있습니다."

뼈대

[INTRO] '_____'을 조사하면서, 저는 두 학생의 의견을 분석했습니다. [Person]의 _____에 관한 연구와 일치하는 강력한 이유와 예를 들어, 저는 _____에 끌립니다.

12간지

돈 - 돈은 오늘날 사회에서 중요한 역할을 합니다. 그것은 우리가 상품과 서비스를 교환하는 매개체이며, 음식, 옷, 그리고 주거지와 같은 우리의 기본적인 필요를 충족시킵니다. 기본적인 요구를 충족하는 것 외에도, 돈은 더 나은 의료 서비스, 교육 및 성장 기회에 대한 액세스를 제공합니다. 그것은 또한 다른 사람들을 지원하고 사회적인 원인에 기여하는 데 사용될 수 있습니다. 돈 자체가 행복을 가져다 주지는 않지만, 돈은 안정감, 편안함, 그리고 삶의 다양한 측면을 경험하고 즐길 수 있는 능력을 제공합니다.

시간 - 시간은 우리가 가진 가장 가치 있는 자원 중 하나입니다. 그것의 중요성은 그것의 희소성에 있습니다 - 그것은 유한하고 대체할 수 없습니다. 시간을 잘 관리하면 생산성과 효율성이 향상되어 더 적은 비용으로 더 많은 것을 달성할 수 있습니다. 그것은 또한 우리에게 취미를 추구하고, 관계를 형성하고, 우리의 삶을 풍요롭게 하는 활동에 참여하는 사치를 제공합니다. 시간은 우리가 성장하고, 배우고, 일하고, 인생을 즐기는 틀을 제공합니다. 그러므로, 시간의 가치를 이해하고 그것을 현명하게 사용하는 것은 성취감 있는 삶의 열쇠입니다.

모범 답안

[INTRO] Upon investigating 'the role of media in shaping historical perspectives,' I analyzed the opinions of two students. I am drawn to the complexity and dual nature of media's influence on history, with a strong reason and an example to back it up, in concurrence with Hailey's studies on media representation. Media undoubtedly plays a pivotal role in documenting and influencing our understanding of historical events. Its ability to disseminate information rapidly and broadly has democratized access to knowledge, leading to a more informed public. However, this power comes with significant responsibilities and potential biases. Media outlets, driven by various agendas, can skew perceptions of history, highlighting some facts while omitting others. This selective representation can alter public opinion and understanding of events. during political elections, the portrayal of candidates and their policies can greatly influence voters' perceptions and decisions, often overshadowing the complete truth with sensationalized narratives. Therefore, while media has the capacity to enlighten, it can also mislead, necessitating a critical and discerning approach to consuming its content.

모범 답안

[INTRO] '역사적 관점 형성에서 미디어의 역할'에 대한 제 조사에서, 저는 두 학생의 의견을 분석했습니다. 헤일리의 미디어 표현에 관한 연구를 보완하는 강력한 이유와 예를 바탕으로, 저는 미디어의 역사에 대한 영향의 복잡성과 이중성을 인정하는 견해에 이끌립니다. 미디어는 역사적 사건을 문서화하고 이해하는 데 결정적인 역할을 하며, 정보를 신속하고 광범위하게 전파하는 능력은 대중에게 지식에 대한 접근을 민주화하여 더 많은 정보를 제공합니다. 그러나 이러한 힘은 상당한 책임과 잠재적인 편견을 동반합니다. 다양한 의제에 의해 주도되는 미디어 매체는 역사 인식을 왜곡할 수 있으며, 일부 사실을 강조하고 다른 사실을 생략할 수 있습니다. 이러한 선택적 표현은 대중의 여론과 사건에 대한 이해를 변화시킬 수 있습니다. 정치 선거 기간에 후보자와 그들의 정책 표현은 종종 선정적인 서사와 함께 완전한 진실을 가리며 유권자들의 인식과 결정에 큰 영향을 미칠 수 있습니다. 따라서 미디어는 계몽할 수 있는 능력이 있는 동시에 오도할 수도 있으므로, 그 내용을 소비할 때 비판적이고 분별 있는 접근이 필요합니다.

자기평가표

통합형		Weak	Limited	Fair	Good
서론					
문장별 평가	Point	0	1	2	3
읽기 지문 #1	말 바꾸어 쓰기 (Paraphrasing)				
듣기 지문 #1	문장력 (Quality of writing - 문법, 표현, 문장구조 등)				
	내용의 완성도 및 정확도 (Completeness & Accuracy of Content)				
읽기 지문 #2	말 바꾸어 쓰기 (Paraphrasing)				
듣기 지문 #2	문장력 (Quality of writing - 문법, 표현, 문장구조 등)				
	내용의 완성도 및 정확도 (Completeness & Accuracy of Content)				
읽기 지문 #3	말 바꾸어 쓰기 (Paraphrasing)				
듣기 지문 #3	문장력 (Quality of writing - 문법, 표현, 문장구조 등)				
	내용의 완성도 및 정확도 (Completeness & Accuracy of Content)				
	Total Score				/30

독립형		Point	0	2	4	6
문법	글을 문법에 맞게 썼는지를 판단합니다.					
표현력	상황에 맞는 정확한 표현을 다양하게 구사했는지를 판단합니다.					
문장의 흐름	내용의 비약없이 안정된 구조의 문장을 구사했는지를 판단합니다.					
설명	예시 등을 이용하여 얼마나 설득력 있게 썼는지를 판단합니다.					
일관성	주제에 맞추어 각 문단들을 잘 연결했는지를 판단합니다.					
	Total Score					/30

Day 16 — Writing for an Academic Discussion

Instructions: Your philosophy teacher is opening a debate about the concept of free will versus determinism. Write a response to the teacher's question. In your post, make sure to:
• Clearly state your position and provide reasons.
• Write in a way that is easy to understand.
• Your response should be at least 100 words.

In philosophy, we often discuss the idea of free will, which is the ability to choose our own actions, versus determinism, the belief that all events, including human actions, are determined by external forces and we don't really have control.

What's your opinion on this? Do you believe more in free will, that we can choose our own paths, or in determinism, that our choices are influenced by factors out of our control? Why?

Liam
"I believe in free will. I think we can make our own choices and control our future. Even though some things in life are out of our hands, like where we're born, I feel we still have the power to decide how we live our lives. Our decisions shape our destiny, not just things that happen to us."

Zoe
"I lean towards determinism because I think our choices are influenced by our background, society, and other factors we can't change. It seems like everything is connected and our so-called choices are just reactions to what's around us. I don't think we have total control over our lives because so many decisions are shaped by these outside influences."

뼈대

[INTRO] In my research into '_____,' I heard different perspectives from two students. I opt for _____, due to a compelling reason and an example, which complements **[Person]**'s theories on _____ .

12간지

Following one's heart - "The act of following one's heart signifies living a life rooted in authenticity and personal conviction. This practice encourages us to pursue our passions and desires, even when they deviate from societal norms or expectations. It invites us to listen to our inner voice and embrace our unique path. When we follow our hearts, we foster self-discovery and personal growth, leading to a profound sense of fulfillment and contentment. Moreover, such authenticity enhances our relationships with others, as it allows us to engage more sincerely and wholeheartedly. Following one's heart is thus essential to cultivating a meaningful, joyful, and self-directed life."

Social connection - "Social connection is integral to our well-being and survival as humans. We are intrinsically social creatures who thrive on interaction and mutual support. Nurturing healthy relationships provides a sense of belonging, shared joy, and mutual understanding. It boosts our emotional well-being, improving our self-esteem and mental health. Furthermore, social connection provides a network of support during times of stress or adversity, fostering resilience. Research also suggests that strong social relationships can improve physical health and longevity. Thus, investing in our social connections is not just beneficial, but crucial to leading a fulfilling, healthy life."

Day 16 — Writing for an Academic Discussion

Instructions: 철학 수업에서 자유 의지와 결정론에 대한 토론을 시작하고 있습니다. 교수님의 질문에 답변을 작성하세요.
게시물에서는 다음을 확실히 하세요:
- 자신의 입장을 명확히 밝히고 이유를 제공하세요.
- 이해하기 쉬운 방식으로 작성하세요.
- 응답은 최소 100단어가 되어야 합니다.

철학에서 우리는 자주 자유 의지, 즉 자신의 행동을 선택할 수 있는 능력과 결정론, 모든 사건, 인간의 행동을 포함하여 외부 세력에 의해 결정된다는 믿음에 대해 논의합니다.

이에 대한 당신의 의견은 무엇인가요? 자신의 길을 선택할 수 있다고 믿는 자유 의지에서 더 많은 신념을 가지고 있나요, 아니면 우리의 선택이 우리의 통제를 벗어난 요인들에 의해 영향을 받는다고 생각하는 결정론에서 더 많은 신념을 가지고 있나요? 왜 그렇게 생각하나요?

Liam
"저는 자유 의지를 믿습니다. 우리가 자신의 선택을 할 수 있고 우리의 미래를 통제할 수 있다고 생각합니다. 삶에서 우리의 통제를 벗어난 일들이 있긴 하지만, 예를 들어 우리가 태어난 곳처럼, 우리는 여전히 우리 삶을 어떻게 살 것인가를 결정할 힘이 있다고 느낍니다. 우리의 결정이 우리의 운명을 형성합니다, 우리에게 일어나는 일만이 아닙니다."

Zoe
"저는 결정론을 더 지지합니다. 왜냐하면 우리의 선택은 우리의 배경, 사회, 그리고 우리가 바꿀 수 없는 다른 요인들에 의해 영향을 받는다고 생각하기 때문입니다. 모든 것이 연결되어 있고 우리가 '선택'이라고 부르는 것들은 우리 주변의 것에 대한 반응처럼 보입니다. 우리의 삶을 완전히 통제할 수 있다고는 생각하지 않습니다. 왜냐하면 너무 많은 결정들이 이러한 외부 요인들에 의해 형성되기 때문입니다."

뼈대

[INTRO] '_____'에 대한 제 연구에서, 저는 두 학생의 다양한 관점을 들었습니다. [Person]의 _____에 관한 이론을 보완하는 설득력 있는 이유와 예시로 인해, 저는 _____를 선택합니다."

12간지

마음을 따르는 것 - "마음을 따르는 행위는 진실성과 개인적 신념에 뿌리를 둔 삶을 사는 것을 의미합니다. 이러한 관행은 우리의 열정과 욕망이 사회적 규범이나 기대에서 벗어날 때에도 추구하도록 장려합니다. 그것은 우리가 내면의 목소리에 귀를 기울이고 우리의 독특한 길을 받아들이도록 초대합니다. 우리가 우리의 마음을 따를 때, 우리는 자기 발견과 개인적인 성장을 촉진하고, 깊은 성취감과 만족감으로 이어집니다. 게다가, 그러한 진정성은 우리가 더 성실하고 진심으로 참여할 수 있게 해주기 때문에 다른 사람들과의 관계를 향상시킵니다. 따라서 자신의 마음을 따르는 것은 의미 있고, 즐겁고, 자기 주도적인 삶을 기르는 데 필수적입니다."

사회적 연결 - "사회적 연결은 인간으로서 우리의 행복과 생존에 필수적입니다. 우리는 본질적으로 상호 작용과 상호 지원을 통해 번창하는 사회적 생물입니다. 건강한 관계를 기르는 것은 소속감, 공유된 기쁨, 그리고 상호 이해를 제공합니다. 그것은 우리의 정서적 행복을 증진시키고, 자존감과 정신 건강을 향상시킵니다. 게다가, 사회적 연결은 스트레스나 역경이 있을 때 지원 네트워크를 제공하여 회복력을 길러줍니다. 연구는 또한 강한 사회적 관계가 신체적 건강과 수명을 향상시킬 수 있다고 제안합니다. 따라서, 우리의 사회적 관계에 투자하는 것은 단지 유익할 뿐만 아니라, 만족스럽고 건강한 삶을 영위하는 데 중요합니다."

모범 답안

[INTRO] In my research into 'free will versus determinism,' I heard different perspectives from two students. I opt for determinism, due to a compelling reason and an example, which complements Zoe's theories on how our choices are influenced by external factors.

While the idea of free will is appealing as it gives us a sense of control and autonomy, determinism resonates more with me because it acknowledges the profound impact of external factors on our lives. Our environment, upbringing, and the societal structures we are part of significantly shape our choices and behaviors. my decision to pursue a particular career path was heavily influenced by my family's values, the education I received, and the opportunities available in my community. These factors, which were beyond my control, directed me toward specific preferences and decisions. Although it feels like I made these choices independently, they were largely predetermined by the circumstances of my life. This example illustrates how determinism plays a crucial role in shaping our actions and decisions, suggesting that our sense of free will operates within a framework of predetermined influences.

모범 답안

[INTRO] '자유 의지 대 결정론'에 대한 제 연구에서, 저는 두 학생의 다양한 관점을 들었습니다. 외부 요인에 의해 우리의 선택이 어떻게 영향을 받는지에 대한 조이의 이론을 보완하는 설득력 있는 이유와 예를 바탕으로, 저는 결정론을 선택합니다. 자유 의지의 개념은 우리에게 통제와 자율성의 느낌을 주는 것이 매력적이지만, 결정론은 우리 삶에 대한 외부 요인의 깊은 영향을 인정하기 때문에 저와 더욱 resonates합니다. 우리의 환경, 양육 방식, 그리고 우리가 속한 사회적 구조는 우리의 선택과 행동을 크게 형성합니다. 특정 경력 경로를 추구하기로 한 내 결정은 내 가족의 가치관, 받은 교육, 그리고 내 커뮤니티에서 가능한 기회에 크게 영향을 받았습니다. 내 통제를 벗어난 이러한 요인들이 특정한 선호와 결정을 향해 나를 이끌었습니다. 독립적으로 이러한 선택을 했다고 느낄 수 있지만, 그것들은 대부분 내 삶의 상황에 의해 미리 결정되었습니다. 이 예는 결정론이 우리의 행동과 결정을 형성하는 데 얼마나 중요한 역할을 하는지 보여주며, 우리의 자유 의지가 미리 정해진 영향의 틀 내에서 작동한다는 것을 제안합니다.

자기평가표

통합형			Weak	Limited	Fair	Good
서론						
문장별 평가		Point	0	1	2	3
읽기 지문 #1	말 바꾸어 쓰기 (Paraphrasing)					
듣기 지문 #1	문장력 (Quality of writing - 문법, 표현, 문장구조 등)					
	내용의 완성도 및 정확도 (Completeness & Accuracy of Content)					
읽기 지문 #2	말 바꾸어 쓰기 (Paraphrasing)					
듣기 지문 #2	문장력 (Quality of writing - 문법, 표현, 문장구조 등)					
	내용의 완성도 및 정확도 (Completeness & Accuracy of Content)					
읽기 지문 #3	말 바꾸어 쓰기 (Paraphrasing)					
듣기 지문 #3	문장력 (Quality of writing - 문법, 표현, 문장구조 등)					
	내용의 완성도 및 정확도 (Completeness & Accuracy of Content)					
		Total Score				/30

독립형		Point	0	2	4	6
문법	글을 문법에 맞게 썼는지를 판단합니다.					
표현력	상황에 맞는 정확한 표현을 다양하게 구사했는지를 판단합니다.					
문장의 흐름	내용의 비약없이 안정된 구조의 문장을 구사했는지를 판단합니다.					
설명	예시 등을 이용하여 얼마나 설득력 있게 썼는지를 판단합니다.					
일관성	주제에 맞추어 각 문단들을 잘 연결했는지를 판단합니다.					
		Total Score				/30

usherin.usher.co.kr

USHER
iBT TOEFL
WRITING
출제 예상 문제

Integrated Task

INTEGRATED TASK

통합형 문제에서는 한글로도 쉽지 않은 주제들이 읽기 지문이나 강의에 종종 출제 됩니다.
다음의 출제 예상 주제들을 배경지식으로 알아두면 실제 문제 풀이에 큰 도움이 될 것입니다.

READING	LECTURE
Natufian부족이 농경생활을 시작하게 된 이유 - 효율성: 농경생활이 수렵보다 에너지를 덜 쓴다. 힘이 덜 든다. - 기후변화: 강수량이 늘면서 강가 쪽에 살게 됐다. - 인구상승: 인구가 늘면서 많은 식량이 필요해 농경을 시작했다.	- 아직도 수렵생활을 하는 사람들이 있고, 오히려 농경생활이 더 힘들다. - 기후변화가 있어 강수량이 많아졌지만 온도가 떨어지면서 농사짓기 힘든 온도였다. - 인구상승은 농경생활의 결과이다. 음식이 많아지고 농사인력이 필요해지면서 인구가 늘게 됐다.
Stegosaurus에게 plates가 필요한 이유 - 육식 공룡으로부터 방어를 한다. - 데워진 몸을 식힌다. - 이성을 유혹하는데 쓰인다.	- Plate가 너무 얇고, 등에 붙어있어 방어용으로 쓰기엔 너무 약했다. - 핏줄이 그 쪽에 없어서 열을 식힐 수 없었다. - 동물들은 보통 수컷이 구애하기 때문에 수컷이 더 화려하고 암컷은 그렇지 않은데, stegosaurus는 암수 모두 plate를 갖고 있다.
Manatee가 다른 바다생물에 비해 지능이 낮다는 근거 - 뇌에 wrinkle이 없다. - 뇌 크기가 몸에 비해 너무 작다. - 돌고래들이 하는 점프나 묘기를 따라할 수 없다.	- wrinkle이 항상 높은 지능을 반영하는 것은 아니다. 원숭이 같은 움직이는 동물은 wrinkle이 생기지만 manatee는 환경에 적응해서 wrinkle이 별로 없다. 대신, 뇌의 구조가 아주 detail하다. - 뇌가 작은 이유는 특유의 생활방식이 반영됐기 때문이다. 추운 바다에서 살아야 해서 체온을 유지해야 하기 때문이다. - manatee가 묘기를 하기에는 신체적으로 불가능하다. 대신 멀리 이동한다거나, 특정 물체를 찾는 등 높은 지능을 입증하는 증거가 있다.
Iron fertilization이 지구온난화를 막는데 효율적이지 않다는 근거 - 이산화탄소 흡수량이 적어 효과가 있을지는 미지수다. - phytoplankton의 독소가 많아 환경에 치명적일 수 있다. - 장기적으로 봤을 때 해양생물들이 어떻게 반응할지 모른다.	- 이산화탄소 흡수량이 첫 달에는 적지만 2~3개월째에는 크게 늘어나므로 효과적이다. - iron dust의 양을 조절하면 phytoplankton의 수를 조절할 수 있다. 위협이 되는 상황에 양을 조절하면 된다. - 그렇다고 이 방법을 안 쓰면 지구온난화 때문에 생태계가 더 큰 위협을 받는다.
마야 문명이 가뭄 때문에 망했다는 근거 - 가뭄은 많은 문명이 망하는 이유고, 마야도 당시 가뭄기였다. - 역사의 기록이 BC 800년대에 갑자기 끊겼다. - 미국의 Anasazi 문명도 가뭄 때문에 망했다.	- 마야 문명은 800년 넘게 존속했으며, 가뭄은 200년마다 찾아와서 가뭄 때문에 망했다고 보기는 어렵다. 마야는 영토가 넓었는데, 가뭄 피해가 없었던 곳도 있었지만 망했다. - 기록이 끊긴 것은 전쟁이 많이 나서 정복자가 기록하는 사람들에게 더 이상의 기록을 금지시켰기 때문이다. - Anasazi는 관개시설이 발달하지 않았으나, 마야는 그렇지 않았다.
자동차 통행료 부과의 장점 - 주행시간을 줄일 수 있다. - 공해를 줄일 수 있다. - 세금 수입이 늘어서 좋다.	- 통행료가 없는 곳으로 가려고 하면 주행거리가 오히려 늘어난다. - 전체 통행량이 줄어야 공해도 줄어드는데, 돌아가는 통행량이 늘어 전체 통행량이 오히려 늘어나기 때문에 공해가 늘어난다. - 지하철이나 버스를 이용하는 사람이 늘어나기 때문에 세금 수입이 늘지는 않는다.

Baghdad Battery - 항아리 그림을 보여주고, 건전지가 아닌 이유
- 전도체가 없다.

- 안에 있는 구리모양 실린더가 다른 유적에서 발견된 것과 같았는데, 그 유물은 성스러운 문자 기록에 쓰인 것이었으므로, 그 항아리도 건전지가 아니었을 것이다.
- 옛날 사람들은 전기를 쓸 곳이 없었다.

- 처음 발견한 사람은 고고학자가 아니라 지역주민이었다. 발굴 과정에서 훼손됐거나, 필요 없다고 생각해서 떼어버렸을 수도 있다.
- 실린더 모양이라고 같은 용도였다는 증거가 없고, 항아리 자체가 처음에는 문서 보관용이었을지 모르지만 나중에 전기가 흐른다는 것을 알게 됐을 수도 있다.
- 흘러나오는 전류를 사람은 느낄 수 있다. 그래서 보통 사람들한테 magical conviction을 줬을 수도 있고, 고대 의사들이 heating source로 썼을 수도 있다.

Food irradiation이 필요한 이유
- 99%의 병원균을 죽이니까 안전하다.

- 음식이 상하는 것을 막아주므로 소비자에게 이익이 된다.

- Food irradiation으로 인한 영양분 손실은 아주 미미하다.

- 99%의 병원균을 죽이는 건 사실이나, 남은 1%의 저항력이 강해져 더 심각한 문제를 초래할 수 있다.
- 음식이 상하는 것뿐 아니라, 토마토가 익을 때 녹색에서 빨강으로 변하는 것도 막기 때문에 소비자로부터 외면당할 수 있다.
- 연구에 따르면 irradiation food는 저장기간 동안 더 빨리 비타민 C를 잃었다.

마야 문명이 멸망한 이유
- 빈번한 전쟁 때문이었다.

- 농경지의 부족과 척박한 토양 때문이었다.

- 가뭄 때문이었다.

- 전쟁은 그 전에도 자주 일어났고, 특히 마야의 기록에 있던 마지막 전쟁은 5~600년 전이었었기 때문에 연관성이 없다.
- 마야인들은 땅을 비옥하게 만들 줄 알았고, 새로운 작물과 농작법으로 농경지 부족을 극복할 수 있었다.
- 가뭄으로 인한 피해는 북부가 특히 심했는데, 남부가 먼저 망했다.

이탈리아에 있는 Etruscan족은 터키에서 왔다는 근거
- 유명한 역사가 Herodotus의 글에 그렇다고 나와있다.

- 그들은 터키 옆 작은 섬에서 쓰던 말을 썼다.

- Etruscan의 소들은 이탈리아의 다른 소들과 유전적으로 다르다.

- Herodotus의 글은 말도 안되는 내용이 많아서 믿을 수 없다. 예를 들면, 거대 곤충이 사람도 잡아먹었다는 글을 썼는데, 과장이 심하다.
- 말이 비슷하다는 것은 이유가 될 수 없다. 언어가 터키에서 온 게 아니라, 그 반대로 이탈리아에서 쓰던 말이 그 섬으로 갔을 수도 있다.
- Etruscan은 무역을 많이 했기 때문에, 이탈리아로 이주하면서 소를 데려간 게 아니라, 터키에서 소를 수입해서 기른 것일 수도 있다.

고래의 등 지느러미(dorsal fin)가 손상되는 이유
- 근육이 약해져서 그렇다.

- 영양 부족으로 콜라겐 조직이 부실해져서 그렇다.

- 물의 압력 때문이다.

- 한 방향으로만 돌면 한쪽 fin만 발달돼야 하는데 양쪽 다 그대로 있고 등의 fin만 손상돼 있어서 근육이 약해졌다는 것은 말이 안된다.
- 꼬리나 다른 fin들도 콜라겐으로 되어있는데 멀쩡한 것으로 봐서는 영양부족은 아니다.
- 뉴질랜드의 깊은 바다에 사는 고래의 dorsal fin이 수심이 얕은 곳에 사는 다른 고래들의 그것과 같은 모양인걸로 봐선 수압 때문은 아니다.

소빙하기(Little Ice Age)의 원인
- 소빙하기의 원인은 gulf stream이 해류를 disrupt하기 때문이다. 녹은 빙하의 차가운 물이 gulf로 흘러 들어 해류와 합쳐진다.
- 화산폭발 때문이다. 화산의 잿더미가 어두운 구름을 형성하고 이게 퍼져서 소빙하기를 초래했다.

- 인구의 감소 때문이다. 인구가 감소하여 너무 많은 나무가 온실가스를 다 흡수해 지구를 냉각시켰을 것이다

- 해류의 disruption은 gulf stream이기에 북반구 지역에만 해당되어 육지가 적은 남반구 지역의 소빙하기를 설명하기엔 부족하다.
- 화산폭발로 인한 구름은 거대하지 않았다. 만약 그랬다면 그에 대한 이상현상 (눈이 하얗지 않고 회색으로 보이는 등)에 대한 자료가 있었겠지만 그런 게 없는 것으로 보아 화산폭발은 크지 않았을 것이다.
- 나무들에 의한 냉각화라고 보기엔 시간이 너무 짧다. 인구는 곧 증가하고 사람들은 나무를 베기 때문이다.

화성에서 가져온 화석을 통해 알게 된 박테리아의 존재 근거
- 화성에도 지구와 비슷한 유기화합물이 있다. 모양이 비슷하다.

- 박테리아가 있기 때문에 만들어진 것이다.

- 자기장을 통해서 화성의 박테리아를 탐색할 수 있다.

- 전자 현미경으로 관찰하기 위한 샘플을 추출하는 과정에서 샘플의 형태가 바뀔 수 있다. 그래서 원래 형태가 현미경 샘플 형태와 다를 수 있다. 따라서 segmented되어 있는 현상은 지구와 비슷해서 life-form일 것이라는 이유는 신빙성이 없다.
- 박테리아의 존재를 어떻게 증명할 수 있는가? 이런 것은 화성의 화산활동으로도 얼마든지 만들어질 수 있다.
- 지구에서 박테리아가 magnetite를 이용하는 목적이 자기장을 이용하여 나침반으로 사용하는 것인데 화성은 자기장이 매우 약하여 박테리아가 magnetite를 이용하여 navigate할 수 없으므로 존재 근거가 될 수 없다. 무생물에 의해 생겼을 것이다.

Eocene warming의 원인
- 해류 변화의 영향이 크다. 파도가 열을 전달하기 때문이다.

- 혜성과 지구의 충돌로 인해 온난화에 영향을 끼치는 자기장 입자가 형성된다.
- 해저의 메탄가스가 대기로 유입되면서 온실효과로 기온이 올랐다.

- 컴퓨터 모델로 실험한 결과 파도가 운반하는 열의 양은 온난화에 영향을 끼치기에는 너무 미미하다.
- 자기장 입자는 혜성에서 온 것이 아니라 원시 단세포 생물에서 나온 것이다.
- 메탄 가스가 대기로 흡수되기까지 느린 축적이 일어나는데 이는 수천 년이 걸린다. 새로운 발견에 의하면 온난화와 메탄가스의 발생은 같은 시기에 이루어졌다. 그러므로 둘 사이에 수천 년의 시간차가 생긴다.

사회기반시설의 민영화가 좋은 이유
- 민간기업에 팔면 돈을 벌 수 있다.

- 민간기업이 유지 및 보수를 잘한다.

- 민간기업은 새로운 기술을 도입한다.

- 장기적으로 보면 손해다. 예를 들면, 시카고 스카이웨이 통행세를 꼬박꼬박 받으면 파는 것보다 장기적으로 더 많은 돈을 벌 수 있다.
- 민간기업은 단기 이익에 집중하므로 유지 보수를 안한다. 예를 들면, 미국 남서부 도시에서 수도 시스템을 민간에 팔았다가 망해서 시에서 다시 권리를 가져온 사례가 있다.
- 민간기업은 독점기업이 되므로 새로운 기술을 도입하지 않는다. 도시마다 전기 및 수도시스템은 하나씩만 있으므로 독점상태가 된다.

피라미드 만드는 방법
- 완만한 ramp(경사면)을 이용하여 무거운 바위들을 올렸다.

- 나무를 가져다가 크레인을 만들어 세웠다.

- 석회석으로 만든 콘크리트를 썼다. 콘크리트 버블이 발견됐다.

- 피라미드가 너무 커서, ramp를 만드는 건 시간이 너무 오래 걸리므로 불가능했다.
- 크레인은 약한 것을 드는 것이었다. 이집트는 단단한 나무가 귀해서 크레인을 만들 수도 없었고, 수입하자니 비싸서 불가능했을 것이다.
- 이집트인들은 콘크리트를 만들 줄 몰랐다. 지금 남아있는 콘크리트는 보수하는 과정에서 바른 것이지 처음부터 있었던 것은 아니다.

Placenta(태반이 있는 포유류)와 marsupial(육아낭이 있는 포유류)의 비교
- joey(캥거루 새끼)는 너무 빨리 어미 몸 밖으로 나와서 미숙하다.

- marsupial은 체온을 잘 조절하지 못한다.

- marsupial은 경쟁에서 진 동물들이다. 개체수가 적은 게 근거다.

- joey도 환경에 적응할 수 있다. 어미의 주머니에 있는 동안 내장 기관을 성장시키고 젖을 먹어 면역체계를 완성하여 병원균과 싸운다.
- 몇몇 marsupial들은 placental보다 더 좋은 생리학적 시스템을 갖고 있다. 작은 marsupial들은 더 힘든 환경에서 살기 위해 체온을 낮춘다. 그러면 열량을 더 적게 써도 된다.
- marsupial도 경쟁에서 살아남아 호주서 수백만 년 전부터 살고 있다.

이산화탄소를 저장하는 방법	
- 나무에 저장한다.	- 나무는 결국 죽어서 썩기 때문에 이산화탄소가 다시 방출된다.
- 바다 깊은 곳에 저장한다.	- 바다 깊은 곳은 안정적이지 못해서 저장이 어렵다. 화산활동이나 지진이 일어나면 이산화탄소는 공기 중으로 방출된다.
- 금속 산화물을 혼합해서 저장한다.	- 금속 산화물을 결합시키려면 높은 열이 필요한데, 화석연료를 써서 가열하면 열 에너지가 발생해서 공기 중으로 나가므로 효과가 없다.

Robert Peary가 북극을 탐험한 것이 사실인 이유	
- National Geographic Society의 조사위원회에서 검증을 했다.	- 조사위원들이 Peary의 친구들이어서 그 결과를 믿기가 어렵다.
- 37일만에 등정하는게 불가능하다고 했었는데, 최근 Avery가 더 짧은 기간에 등정했다.	- Avery의 경우는 장비를 비행기에 싣고 갔고, 날씨가 좋아서 쉽게 성공했다. 반면, Peary는 장비도 많았고 날씨도 좋지 않았다.
- 등정 후 찍은 사진에 나온 태양의 위치를 보면 북극이 확실하다.	- 사진이 워낙 오래된 것이어서 흐릿하고 낡아서 알아보기가 어렵다.

Mima mounds가 생기게 원인	
- 미국 원주민들이 만든 무덤이다.	- 물건이나 도구 같은 것이 발견되지 않았다.
- 지진에 의해서 생긴 것이다.	- 지진의 영향권 밖에 있을만한 곳에도 Mima mounds가 있다.
- Pocket gopher라는 동물이 만들었다.	- Pocket gopher가 Mima mounds를 만든 게 아니라, 이미 형성된 Mima mounds에 pocket gopher가 들어가서 사는 것이다.

유럽인들이 뉴질랜드에 왔을 때 moa가 멸종하지 않았다는 근거	
- Alice McKenzie라는 소녀가 moa를 본적이 있다.	- 그 소녀가 본 것은 다른 종류의 새였을 수 있다. 그녀가 봤던 새의 발 크기가 실제 moa보다 작기 때문이다. 또, 실제로 moa만큼 큰 발을 갖지 않은 새도 큰 발자국을 남길 수 있다.
- Moa의 뼈에 날카로운 자국이 발견됐다. 유럽인들에 의한 보급 이전에 뉴질랜드 원주민들에게는 철제도구가 없었다.	- 뉴질랜드 원주민들은 이미 단단한 도구를 갖고 있었다.
- Moa의 깃털이 특정 지층에서 발견되는데, 그 지층에 같이 묻힌 물건들이 유럽인들의 정착시기의 것들이다.	- 뉴질랜드 원주민들이 이전에 멸종된 moa의 깃털을 다른 물건들과 함께 묻었을 수도 있다.

Sulfur를 가득 실은 로켓이 지구온난화를 막지 못하는 이유	
- 이산화황(Sulfur Dioxide = SO2)은 수증기랑 결합해서 산성비를 내리기 때문에 환경에 좋지 않다.	- 이산화황이 엄청난 양의 수증기를 접할 때만 산성비를 만든다. 그나마 이산화황과 수증기는 고도가 달라서 접할 가능성이 정말 낮다.
- 로켓을 쏘아 올리는데 수십억 불이 든다. 더구나 여러 번 쏴야 하기 때문에 비용이 엄청나다.	- 다른 방법보다 로켓을 쏘는 것이 훨씬 싸다. 화석연료를 기술적으로 향상시키는데 필요한 비용은 엄청나고, 또 이산화황보다 사용량도 훨씬 많기 때문에 돈이 만만치 않다.
- 온도가 0.5도 정도밖에 안 떨어지기 때문에 효과가 크지 않다	- 빙하가 조금만 덜 녹아도 많은 문제들이 해결되기 때문에, 온도가 약간만 떨어져도 큰 향상을 기대할 수 있다.

미국의 nonnative animal 거래관련법이 불합리한 이유	
- 사람들은 nonnative 동물 거래관련법 시행 이후에 자신의 애완동물을 빼앗길까 걱정한다.	- nonnative 동물 거래관련법 제정 이후에 동물들의 거래가 금지될 것이기 때문에 애완동물을 빼앗기지 않는다.
- 그 nonnative 동물들의 유해여부를 알아보는 실험이 너무 비싸다.	- 널리 퍼진 nonnative 동물들을 처리하는 비용에 비해 유해성 여부를 실험하는 비용이 훨씬 낮다. 예를 들면, python(비단뱀)을 다 죽이고 복구하는데 드는 비용이 미리 실험하는 비용보다 훨씬 높다.
- 미국 전체에 하나의 룰을 적용시키기가 어렵다.	- 하나의 룰을 적용시킬 수 있다. 토끼의 예를 든다.

미국 Death Valley의 sailing stones가 움직이는 이유	
- 바람에 의해 움직인다. 땅이 젖은 상태에서 강한 바람이 불면, 그 돌들은 부드럽고 미끄러운 진흙을 가로질러 움직이게 된다.	- 바람이 200kg 이상의 큰 바위들을 움직인다는 것은 말이 안된다 (교수는 그 돌들에 의해 만들어진 두 track을 돌의 관점에서 본 사진을 보여주며). 부드럽고 미끄러운 진흙을 가로질러 움직였다면 사진에 있는 두 grooves를 남기지 않았을 것이다.
- 지하수가 스며 올라와 얼음으로 변하면 경사진 땅 위에 미끄러지면서 움직인다.	- 얼음이 형성되었던 것은 사실이다. 하지만 낮에는 다시 녹고 밤에는 다시 어는 변화가 계속되면서 얼음 상태가 유지되지 못했다.
- 초능력을 가진 사람들이 교묘한 속임수로 그 돌들을 옮겼다.	- 농담을 좋아하는 사람들이 재미로 퍼뜨린 말이다.

알래스카의 공룡 Edmontosaurus가 겨울에는 이동했다는 근거
- 그 공룡은 초식동물이고, 겨울에 알래스카에는 풀이 없어서 먹이를 찾아 이동했다.
- 이동하는 동물인 caribou처럼 떼지어 살던 공룡이어서 이동하기가 수월했다.
- 먼 거리를 빠르게 이동할 수 있는 신체조건을 갖추었다.

- 극지방은 여름에 햇볕이 하루 종일 비추기 때문에 좋은 성장조건을 제공했다. 겨울에는 죽은 풀을 먹으면 됐기 때문에 이동할 필요가 없었다.
- 공룡들이 떼지어 사는 이유는 이동을 위한 것이 아니라 Roosevelt Elk처럼 천적으로부터 자신을 보호하기 위함이었다. 보호를 위해서라면 원래 서식지가 더 안전했다.
- 어린 공룡들은 빠르지 않고 느렸다. 어른 공룡들이 새끼들 때문에 시간에 맞춰 이동할 수 없었을 것이다.

Toucan새의 큰 부리의 용도
- 공격하는데 쓰인다.
- 부리의 색이 주변의 식물과 같아서 그 식물 뒤에 숨을 수 있다.
- 열 방출을 도와서 몸을 시원하게 해준다.

- 속이 텅 비어있고 약하기 때문에 공격용으로 부적합하다. 오히려 손상되기 쉽다.
- 숨는데 유리하긴 하지만, 6마리씩 떼지어 소리를 내기 때문에 천적의 관심을 끈다.
- 부리의 표면적이 넓어서 낮에는 열 방출을 돕지만, 밤에는 체온을 보존해야 하기 때문에 오히려 불리하다. 밤에는 열 방출을 막기 위해 큰 부리를 자기의 깃털 속에 감춘다.

그리스군이 로마군에 사용했던 burning mirror가 사실이 아닌 이유
- 고대에 거대한 구리판과 오목한 모양을 만들 기술이 없었다.
- 나무로 만든 배를 태우려면 정지된 배에 10분 이상 쏴야 하는데 배가 움직이기 때문에 불가능했을 것이다.
- 더 쉽고 빠른 불화살이 있어서 burning mirror가 필요하지 않았다.

- 작은 구리판들을 이어 붙여서 큰 구리판의 효과를 냈다. 이렇게 여러 개를 이어 붙일 수 있었기에 오목한 곡선을 만드는 기술도 필요 없었다.
- Pitch라는 끈적한 방수제가 로마 배에 쓰였는데 이것이 발화 물질 이어서 몇 초 만에 배를 태울 수 있었다.
- 불화살은 눈에 보이기 때문에 미리 대비가 가능했다. 그래서 눈에 띄지 않는 burning mirror를 이용해 기습을 했다. 로마군이 놀라서 전열이 흐트러지게 되어 훨씬 더 큰 효과를 거두었다.

미국 정부가 Amtrak (미국 철도)를 소유하면 안 되는 이유
- 멀리 떨어진 곳들을 연결하자니 사용자 수도 적고 유지비도 비싸므로 민간 기업에 양도하는 것이 낫다.
- 정부가 철도만 지원하는 건 항공회사에 대한 차별이다.
- 전체 교통량에 비하면 철도가 차지하는 비율이 적다. 그래서 정부는 철도를 포기하고 주민들에게 승용차를 권하는 것이 더 낫다.

- 정부의 목적은 이윤추구가 아니라 미국시민들에게 고르게 서비스를 제공하는 것이다. 민간 기업에게 철도를 넘긴다면 그들은 이윤이 적은 지역의 철도 서비스를 철회할 것이다.
- 항공회사들은 정부로부터 다른 형태의 지원을 받는다. 정부는 관제탑을 운영하고 직원들을 교육시킨다. 날씨정보도 무료로 제공한다.
- 철도가 외면당하는 이유는 시설이 낡아서다. 시설이 개선되면 유럽이나 일본의 고속철도처럼 큰 성공을 이룰 것이다.

석탄 에너지가 효율적인 이유
- 석탄은 다른 연료보다 값이 싸고, 매장량이 풍부하다.
- 석탄 연소 기술은 오래된 것이라 발전용으로 아주 적합하다.
- 석탄은 화학 연료로서 응용 범위가 넓은 유용한 자원이다.

- 석탄은 효율성이 떨어진다. 인구 증가율이 더 높기 때문에 10%의 효율성으로는 턱없이 부족하다.
- 석탄을 연소시키기 전에 석탄을 씻는데 사용하는 화학물질은 물을 오염시키기 때문에 환경에 해롭다.
- 일산화탄소가 누출돼서 사람들에게 해롭고 안전하지 못하다.

Sinosauropteryx에 깃털이 달렸었을까?
- 화석에 남아있는 선은 화석화 이후에 생긴 것이다.
- 그 선이 실제로 신체의 일부였다 해도 frills였을 가능성이 크다.
- 보온과 같은 깃털의 역할을 수행하기엔 그 선이 몸 뒤쪽과 꼬리에만 있는 게 어색하다.

- 같은 지역에서 발견된 다른 동물의 화석에는 그런 흔적이 없으며 또 그들의 외피는 잘 보존되어 있었다. 그 선도 신체의 일부였을 것이다.
- Frills와 깃털은 화학적으로 다르다. 깃털에는 beta-keratin이 있는데 frills에는 없다. 그런데 화석에서는 검출되었다.
- 선의 위치가 이상하긴 하지만 깃털이 보온의 기능만 하는 것은 아니다. 아마 마치 공작새의 그것처럼 과시용이었을 것이다. 연구 결과, 그 깃털들은 색이 다채로웠으며, 주황색과 흰색이었을 것으로 추정된다.

러시아 잠수함들은 이상한 파동(quaking) 소리를 들었다 - 범고래(orca)가 구애(courtship)할 때 내는 소리다. - giant 오징어가 내는 소리다. - 다른 나라 잠수함 소리다.	- 범고래는 바다 표면에 살지만, 잠수함은 깊은 곳에 있다. 만약 범고래가 소리였다면 잠수함은 그 소리를 감지하지 못했을 것이다. - 60,~ 80년대에만 소리가 났고 지금은 그 소리가 나지 않는다. 하지만 giant 오징어는 지금도 살고 있으므로 지금도 소리가 나야 한다. - 그 이상한 소리를 조사해보니 방향을 빠르게 바꾸면서도 소음을 내지 않았다. 만약 그것이 잠수함 소리였다면, 방향을 빠르게 바꾸지 못했을 것이고, 엔진소리가 났을 것이다. 하지만 아무리 기술이 좋아도 조용한 엔진을 만들지 못하는 것을 감안하면 그것은 잠수함 소리가 아니었을 것이다.
Great Zimbabwe의 용도 - 곡물 저장고 - 금광의 입구 - 천문학 관측대	- 그 건축물 안에 곡물이 있었다는 증거가 없다. - 금광의 유무를 확인하는 방사능 테스트에서 부정적인 결과가 나왔다. - 그 건축물은 관측을 위한 어떠한 형태도 갖고 있지 않다.
Deer Antler의 목적 - Antler는 몸의 열을 dissipate해서 체온을 유지시킨다. - Antler는 사슴을 보호하는 수단이다. - Antler는 사슴의 dominance를 나타낸다.	- Antler가 열을 dissipate하는데 쓰인다면 겨울에도 antler를 가진 사슴들을 설명할 수 없다. - 암컷은 antler가 없는데 발차기로 자신을 지킨다. - Antler가 큰 사슴이 우세하지만은 않다. Antler가 작은 사슴이 antler가 큰 사슴을 이기기도 하기 때문이다.
Bison은 유럽인들이 북미로 이주한 후에 수가 감소했다는 근거 - 유럽인들이 북미로 이주하면서 bison을 지나치게 사냥해서 그 수가 크게 줄었다. - 식량 부족으로 인해 bison의 숫자가 줄었다 bison은 한정된 양의 풀을 두고 말과 소와 경쟁해야 했다. - 자동 소총 같은 현대 무기의 새로운 기술이 bison의 수를 줄이는데 영향을 끼쳤다.	- Bison이 유럽인들의 사냥으로 인해 감소된 것이라면 미국 동부부터 감소해야 하는데 서부부터 감소했다. 이것은 논리적으로 맞지 않다. 유럽인들은 동부에 먼저 정착했기 때문이다. - Bison과 말과 소는 사는 곳이 다르기 때문에 풀을 놓고 경쟁할 필요가 없다. 말과 소는 grassland에 살지만 bison은 거친 산악지대나 아주 추운 곳에서 산다. - 새로운 기술 발전이 bison을 크게 감소시키지 않았다. 만약 그랬다면, 원주민들이 개선된 활과 화살을 개발했을 때 bison의 수가 크게 줄었어야 했다. 활과 화살의 발전 속도는 자동 소총의 발전 속도와 비슷하기 때문이다.
Menhaden(청어과 생선)을 보호하기 위한 어획량 제한에 반대 이유 - Menhaden이 멸종 위기에 처한 것은 천적인 striped bass(줄무늬 농어)때문이다. 그래서 menhaden의 어획량을 제한하는 것보다 striped bass의 수를 줄이는 것이 더 효과적이다. - Menhaden은 그 지역 가축들에게 중요한 단백질 공급원이기 때문에 어획량을 제한하면 축산업에 타격이 크다. - Menhaden의 어획량을 제한하면 해당 산업의 일자리를 감소시켜 결국 지역 경제에 심각한 피해를 입힐 수 있다.	- Striped bass의 수를 인위적으로 조절하면 그 지역의 생태계 균형에 해를 끼치게 되므로 어획량을 제한하는 게 더 효과적이다. - Menhaden 말고도 콩 같은 다른 단백질 공급원이 있으므로 축산업에 타격을 입히지 않는다. - Menhaden 어획량을 제한했을 때 해당산업의 일자리가 감소하는 건 일시적 현상이다. 장기적으로 menhaden의 수가 회복되면 일자리도 회복된다. 하지만 menhaden 어획량을 제한하지 않으면 산업 전체가 붕괴될 수도 있다.

트라이아스기(Permian-Triassic)의 대멸종
- 해수면 높이가 계속 변해서 해안가에 사는 동물들이 죽었고 먹이사슬이 깨지면서 많은 동물들이 멸종했다.
- 화산 활동에 의해 유출된 많은 이산화황(SO2)이 기온을 하강시켜서 날씨가 추워지고 동물들이 멸종했다.
- 소행성이 지구와 충돌해서 거대 먼지구름을 일으켜서 햇빛을 가렸다. 광합성을 막았기 때문에 식물들이, 다음에 동물들이 죽었다.

- 해수면은 서서히 변했기 때문에 해안가의 동물들은 새로운 환경에 적응했을 것이다.
- 이산화황은 일시적으로 기온을 낮출 수 있지만 산소와 섞이면 구름이 되어 비와 함께 떨어지기 때문에 오래 대기에 거물 수 없다.
- 소행성이 지구와 충돌했다면 그 증거로 거대 분화구가 있어야 하는데 대멸종과 관련된 분화구를 찾을 수 없다. 최근에 발견된 분화구는 대멸종보다 약 1200만년 전에 발생한 것이라서 대멸증과 관련이 없다.

벌레들의 공격으로 인한 미국의 옥수수 수확량 감소에 대한 해결책
- pesticide를 이용해서 벌레를 죽이면 해결된다.
- 벌레들이 번식하기 전에 옥수수를 빨리 심고 수확하면 된다.
- 콩과 함께 옥수수를 기르면 벌레들의 공격을 피할 수 있다.

- 살아남은 벌레들은 pesticide에 대한 저항력이 커진 상태에서 번식하므로 그 애벌레들은 살충제에 대한 저항력을 갖고 태어난다.
- 옥수수를 빨리 심으면 추위에 노출되어 잘 자라지 않는다. 이것은 벌레 먹은 것과 똑같은 부정적인 효과를 야기시킨다.
- 벌레들은 콩이 자랄 때 번식하지 않고 기다렸다가 옥수수가 자랄 때 번식해서 옥수수를 먹는다.

Exotic 물고기의 피해는 줄이는 방법
- 댐을 만들면 그 물고기는 위로 올라올 수 없다.
- 전기 device를 이용해서 그 물고기들을 sting한다.
- toxic chemical을 이용해서 모든 물고기를 없앤다. 그 후에 토종 물고기들만 다시 도입한다.

- 댐을 만들면 주변 공장에서 만드는 제품들의 shipping에 문제를 야기시킬 수 있다.
- 이전에 그런 방법을 사용했었는데 효과가 없었다.
- toxic chemical은 환경 및 인간들의 건강에 좋지 않다.

Hammerhead Shark의 독특한 모양의 flat head의 기능
- Flat head는 상어가 균형을 잃지 않으면서 빠르게 회전할 수 있도록 하기 때문에 먹이를 잡는데 도움을 준다.
- Flat head는 먼 거리에 있는 자기장을 탐지할 수 있다.
- Flat head는 먹이를 꽉 누르면서 압도할 수 있기 때문에 먹이를 잡는데 도움이 된다.

- 다른 종류의 상어들도 빠르게 회전할 수 있다. 더구나 이 실험은 어린 상어를 대상으로 한 실험이라서 문제가 있다. 어린 상어는 유연해서 회전하는데 유리하기 때문이다.
- 다른 상어들도 자기장을 탐지한다. 또한, 실험 결과, flat head는 먼 거리에 있는 자기장을 탐지하는 것이 아니라 30센티미터 밖에 있는 자기장을 탐지할 뿐이었다.
- Flat head는 먹이를 잡는데 오히려 방해가 된다. Hammerhead Shark는 시력은 좋은데 비해 입이 아주 작아서 먹이를 잡는데 불리하다.

스코틀랜드에 있는 Carved Stone Balls의 목적
- Carved stone balls는 사냥이나 싸움을 할 때 무기로 사용됐다. 파인 구멍이나 홈이 던질 때 사용됐다는 것을 의미한다.
- Carved stone balls는 장사 목적을 위해 단위를 재는 도구로 사용됐다.
- Carved stone balls는 사회적 지위를 나타내는 도구로 사용됐다.

- Carved stone balls가 무기로 사용됐으면 깨지거나 손상된 흔적이 있어야 하는데 오히려 표면이 잘 보존됐다.
- Carved stone balls는 다양한 돌로 만들어져서 size가 같아도 무게가 다를 수 있다. 그래서, 그것들은 장사 용도에 적합하지 않았다.
- Carved stone balls는 전체적으로 단순한 모양이기 때문에 사회적 지위를 나타내는데 적합하지 않았다. 더구나 그것들은 다른 귀중품들과 함께 무덤 속에서 발견된 적이 없다.

Bering Island 근처에 사는 Steller's Sea Cow의 멸종 원인
- Sea cow는 Bering Island에 사는 시베리아 사람들의 중요한 food source였다. 시베리아인들이 sea cow를 overhunt했다.
- Sea cow의 중요 식량이었던 kelp라는 해조류가 감소해 생태계에 교란이 생겨 멸종했다.

- Sea cow의 크기는 9미터요, 몸무게는 10톤까지 나갔다. 그 당시에 시베리아인들의 인구가 많지 않았으므로 그들이 sea cow를 다 잡아먹었을리 없다.
- Kelp가 줄어들어서 생태계 교란이 생겼다면 다른 동물도 죽었어야지 왜 sea cow만 죽었나? Bering Island 주변에서 whale과 같은 다른 marine animals가 멸종됐다는 기록이 없다.

- 유럽 모피상들이 Bering Island에 와서 Sea Cow를 마구 죽였다.	- 유럽 모피상들이 Bering Island에 왔을 무렵에 sea cows의 개체 수는 이미 상당히 줄어들어 있었다. Sea cows가 가장 많은 시점은 유럽 모피상들이 섬에 오기 100여년 전쯤이다.
Noynich의 원고가 아주 복잡한 언어로 쓰인 이유 - 당시 유명 물리학자이자 식물학자인 Ascham에 의해 쓰여진 것이다. 왜냐하면 Noynich 와 Ascham의 식물 그림이 일치한다. - 그 원고는 가짜다. 마법적 내용을 담고 있는데, 이건 그 당시 부자들에게 팔아먹기 위한 수작이었다. - Noynich가 이 원고를 오래된 신기한 책으로 팔려고 만든 것이다.	- Ascham이 책에 쓴 내용은 이미 그 시대에 흔했기 때문에, Noynich의 책을 Ascham이 썼다고 할 수는 없다. - 사기용으로 만들기에는 그 원고가 너무 복잡하게 쓰여졌다. 사람을 속이기 위해서 이렇게까지 공들일 필요는 없었다. - 원고에 쓰인 잉크는 400년 전 것이라서 Noynich가 구할 수가 없다.
지난 100년간 인도에서 세 번 내린 red rain의 이유 - 혜성폭발로 인해 red rain이 발생했다. - Arabia에 있는 사막 먼지가 인도까지 바람에 실려와서 비에 섞인 후에 red rain이 된 것이다. - lichen 포자의 빨간 색깔이 비를 빨갛게 만들었다.	- 비에 비해 혜성폭발의 발생빈도가 훨씬 낮다. 100년간 혜성폭발이 같은 곳에 세 번이나 있었다는 건 믿기 어렵다. - 사막 먼지와 비의 성분에 유사성이 없다. 사막 먼지에서는 철이 많이 검출되는데 비에는 철이 거의 없다. - 비를 빨갛게 물들이려면 많은 포자가 한꺼번에 번식해야 하는데, lichen의 특성을 고려할 때 불가능하다.
Oak trees에게 해를 끼치는 fungi에 대한 해결책 - 포자가 등산객의 신발과 자전거 길에 묻어서 퍼지므로 신발을 닦도록 장려하고 자전거 길을 처리한다. - 화학약품을 이용한다. - 감염된 나무를 제거하고, 그 주변에 건강해 보이지만 실제로는 감염 가능성이 있는 나무들도 없앤다.	- 그 방법은 임시방편일 뿐, 더 큰 감염로는 water stream이다. 비에 씻긴 포자들이 water stream을 타고 더 멀리까지 퍼지기 때문이다. - 약효가 짧아 삼림보호 담당자들이 주기적으로 작업해야 하므로 비싸고 번거로움. 도시에서나 가능하고, trunk에 직접 감염된 나무에만 효과 - 만약 그 중에 건강한 희귀종이라도 죽이게 되면, 다시 자라는데 오래 걸리고, 생태계에 피해와 손실이 막대하다.
바다거북 살리기 그물(TED: Turtle Excluder Device)이 쓸모 없다. - 거북이 걸릴 확률은 낮고, 새우 포획량이 줄어 피해가 크다. - 시간제한을 두어서 거북이 걸려도 숨 쉴 시간을 주면 된다. - 거북처럼 큰 동물은 어차피 표준 TED에서 빠져나올 수 없다.	- 한 달에 한 마리만 잡혀도, 미국 주변 7개 지역에서 매년 수천 마리이고, 거북과 새우의 수를 비교하면, 당연히 거북이 훨씬 더 중요하다. - 그 시간제한을 두는 방법은 이론적으로만 가능하다. 올바른 TED 를 쓰는지, 시간제한을 지키는지 정부가 확인하는 것은 거의 불가능하다. - 크기와 디자인은 쉽게 바꿀 수 있다. 더 큰 TED가 생산되면 큰 동물들에게도 문제가 안 된다.
American burying beetle이 없어지는 이유에 대한 가설	**American burying beetle이 없어지는 이유에 대한 가설에 대한 반박**
ivory-billed woodpecker가 살아있다는 주장은 근거 없다. - 이 새와 다른 딱따구리들을 구별할 수 있는 특징을 그 사진에서 잘 볼 수 없다. - 전문가들이 이 새의 둥지를 찾으러 30일 동안 돌아다녔지만 찾을 수 없었다. - 이 새의 소리는 매우 커서 숲 속에서 그 소리를 다른 어떤 소리하고도 구별하기가 어렵다. 아마 총소리나 다른 소리였을 거다.	- 야생동물의 모든 특징을 사진에 담기는 거의 불가능하다. 목격자들은 조류 전문가들로써 특이한 부리와 등의 흰 얼룩을 직접 확인했다. - 이 새는 둥지가 $25km^2$에 하나 있을 만큼 넓게 퍼져있어 둥지를 찾는 것은 불가능하다. 또, 목격장소는 멸종이전의 서식지였다. - 이 새의 소리를 녹음한 곳에서는 사냥을 할 수 없어서 사냥꾼도 없고, 총소리가 날 수도 없다. 또, 이 새의 소리는 워낙 독특해서 다른 새들이 모방할 수 없고, 그나마 소리가 비슷한 새들도 그 곳에 살지 않는다.

Wildlife crossings(동물들이 길을 건너도록 만든 육교)의 효율성
- 동물들이 이용법을 모르기 때문에 쓸모 없고, 가르쳐도 쓸 수 없을 뿐더러, 이용빈도도 낮다.
- 비용의 낭비다.
- Wildlife crossing을 건설하는 과정에서 동물들의 서식지가 더 파괴 된다. Segmentation 때문에 오갈 수 없어서 쓸모 없다.

- 시간이 지나면 이용빈도가 는다. 관찰결과, 느는 시점까지의 시간이 꽤 걸리지만 동물도 적응할 수 있어서 이용가치가 있다.
- 사람의 경우는 차치하더라도 동물들과의 충돌만 줄인다면 그것만으로도 수백만 불을 아낄 수 있어서 더 경제적이다.
- 적응하면 segmentation 사이를 오갈 수 있어 고립되지 않고, 더 많은 먹이를 찾음으로써 개체 수를 늘릴 수 있다.

스코틀랜드의 언덕의 성벽에 유리화 된(vitrified) 물질이 있다. 암석이 유리화되기 위해서는 엄청난 고온이 필요하다.
- 종교적 의미로 만든 거다.
- 침략자들이 불을 지르다 보니 우연히 발생했다.
- 벽을 강화시키기 위해 이어 붙였다.

- 19세기는 기독교 시대여서 아무런 미신적 행위도 행해지지 않았다.
- 우연히 지른 불은 유리가 생길 만큼 뜨겁지도, 오래가지도 않는다.
- 틈새를 아예 없애려고 유리를 쓰면 오히려 깨지기 쉬워진다. 차라리 약간의 틈이 있어 flexible해야 강도가 높아진다.

고대 메소포타미아의 Akkadian Empire가 망한 이유 세가지
- 정복자들이 너무 무리하게 귀중품을 요구했기 때문에 정복된 도시국가의 빈번한 폭동으로 인해 망했다.
- 농경에 굉장히 적합한 지역이었고 생산성이 좋았는데, 갑자기 찾아온 극심한 가뭄으로 인해 망했다.
- 무역할 때, 다른 나라들에게 unfair trading을 강요했다. 그래서 resilience가 많아지면서 당한 나라들끼리 연합해서 망했다.

- Akkadian이 공격했을 때 이미 방어시설을 허물었으므로 도시국가는 폭동 자체가 불가능했다.
- Akkadian은 농업기술, 관개시설, 저장능력 등이 뛰어났기 때문에 오랜 가뭄을 버틸 수 있었다.
- Akkadian은 계속해서 인디아와 같은 새로운 trade partner를 찾았다. 그들이 잃은 만큼의 자원을 충분히 커버할 수 있었다.

(박쥐 같은 동물 그림이 나오고) 이 동물이 날 수 없는 이유
- 변온동물인 파충류라서 날 수 없다.
- 새들과 몸의 구조가 너무 다르고, 날기에는 너무 무겁다.
- 대부분 새들은 뒷다리로 차고 올라 날게 되는데, 발견된 화석에 따르면, 이 동물은 새들처럼 뒷다리 근육이 발달되어 있지 않다.

- 파충류처럼 생겼지만, 사실 알고 보면 온혈동물이다.
- 새들의 뼈처럼 속이 비어있고, 몸무게도 매우 가볍다.
- 이 동물은 새들과 달리 네 개의 다리로 걸을 수 있으며, 새와 같은 방법으로 이륙하지 않기 때문에 발달된 뒷다리가 필요치 않다.

동물멸종 지역에 substitute species을 보내는 것은 문제가 있다.
- 동물이 멸종되더라도 생태계는 자정능력이 있다.
- substitute species가 invasive할 수 있다.
- 문제가 생겼을 경우, substitute species를 제거할 수 없다.

- 아니다. 한 예로, 거북을 들여왔더니 생태계에 큰 도움이 되었다.
- 대부분 동물들로, 원래 종처럼 vulnerable하기에 위험하지 않다.
- 사자나 코끼리 같은 큰 동물만 들여오기 때문에 locate하거나 control하기도 쉽다. 만약 환경적 문제가 생겨도 제거하기 쉽다.

스코틀랜드의 풍력발전을 반대한다.
- 관광산업에 악영향을 미친다. 사람들은 발전기가 자연경관을 망치는 것을 보고 싶어하지 않는다.
- 지형이 파괴되고, 공사 중에 많은 이산화탄소가 배출될 것이다.
- 해양 풍력발전과 같은 더 나은 방법들이 있다. 풍력발전은 지역 날씨의 영향을 받기 때문이다.

- 관광객들도 자연을 사랑하는 사람들이며, 자연의 힘을 이용한 발전을 통해 더 많은 관광객들을 유치해야 한다. 또, 관광객들은 보통 그 지역 사람들이라 다른 관광지들을 쉽게 찾을 수 있다.
- 풍력발전은 화력발전에 비해 훨씬 적은 양의 이산화탄소를 배출한다.
- 해양 풍력발전은 해저케이블 같은 요소들 때문에 비용이 더 들고, 여전히 지역 날씨의 영향을 받는다.

로마제국의 번영(rise)에는 세가지 factor가 있었다.
- 강력한 군대 - 크고 강력한 군대는 영토확장의 기초를 이루었다.
- 강력한 지도자 - 황제는 강한 권력을 가졌고, 반대세력이 없었다
- 부와 세금 - 넓은 영토로부터 많은 세금을 거둘 수 있었다.

앞의 세 가지 요인은 망하는 요인이 되기도 했다.
- 군인들이 Roman이 아닌데다, 적국 사람도 있어서 loyalty가 없었다.
- 황제가 현명할 땐 좋지만, selfish하고 unwise하면 돌이킬 수 없었다. (예: 자신만을 위한 palace를 짓는다든지)
- 확장을 멈춘 후, 수입은 고정됐는데 방어를 위해 돈이 필요했다. 경제가 나빠도 세금을 너무 거둬서 농부로부터 반발심이 일어났다.

TLP(Transient Lunar Phenomenon)의 원인
- Optical instruments error - 관측기구의 오류이다.

- Meteor impact - 운석이 달에 충돌할 때 내는 빛이 보인 것이다.

- Rocks generating lights - 암석이 내는 thermoluminescent light이 우리 눈에 보이는 것이다.

- 오류라는 건 원래 random해서, report도 random해야 되는데, 관측된 빛은 언제나 달의 두 군데에서만 관측된다.
- 운석충돌(meteor strike)로 관측되는 빛은 아주 짧은데 TLP는 20분 동안 관측돼 말이 안 된다. 운석이 여러 개 충돌하면 (meteor shower) 오래 지속될 수는 있지만 TLP가 관측됐을 때는 발생한 적이 없다.
- 달이 햇빛을 반사시켜 내는 달빛이 너무 밝아서 암석이 내는 빛은 우리 눈에 보이지도 않는다.

저수지(reservoir)를 없애지 말아야 한다.
- 이 곳을 찾아오는 관광객이 많아서 경제발전에 도움이 된다.

- 이 저수지는 이 지역의 유일한 물 공급원이다.

- 생태계에 도움이 된다. 귀한 품종의 bass가 살고 있어서 저수지가 없어지면 멸종될 수 있다.

댐을 없애고 협곡(canyon)을 복구하자.
- 원래의 협곡을 restore하면 경치가 더 attractive해질 것이다. 그래서 관광객이 늘면 경제발전에도 좋다.
- 물이 대량으로 증발하기 때문에 물 공급원으로 적합한 위치가 아니다. 근처의 강에 작은 저수지를 새로 건설하면 훨씬 효율적일 것이다.
- 저수지 주변의 human activity(보트 타고 놀기 등) 때문에 공해가 심해져서 주변의 생태계를 위협한다.

고래 중 Narwhal의 뿔(tuck)의 기능
- Narwhal은 얼음이 많은 지역에 사는데 뿔은 이런 얼음을 깨고 숨을 쉬기 위한 것이다.
- Territory를 위해 무기의 용도로 쓴다.
- 바다의 특성을 파악하는 데에 쓰여서 적응하는데 도움을 준다.

- 뿔은 잘 휘어져서 얼음을 깨는데 쓸 수 없다. Narwhal은 이미 깨진 얼음에 머리를 내밀고 숨쉰다.
- Narwhal는 소통과 교미를 위해 뿔을 쓰지, 방어를 위해 쓰지 않는다.
- 수컷은 뿔이 긴데, 뿔이 짧은 암컷보다 일찍 죽기 때문에 뿔이 적응력을 높인다는 증거는 없다.

Pine beetles는 소나무(pine trees)에게 큰 해를 입히지 못한다.
- 겨울에 온도가 매우 낮아서 활동하지 못한다.
- 소나무는 수액(sap)을 만들어서 beetles가 공격을 못하게 한다.
- 문제가 되면, 그 지역을 태워버리고 새로 자라게 하면 된다.

Human activities때문에 pine trees의 피해가 심각해졌다.
- 평균온도 높아져서 겨울에도 활동해서 공격한다.
- 사람들이 물을 많이 끌어다 써서 수분 공급이 원활하지 않다. 그래서 수액을 만들지 못해 공격을 받는다.
- Management를 잘못해서 숲 다 태워버리면 돌이킬 수 없다.

Sucralose는 건강에 좋지 않다.
- 쥐 실험에서 먹였더니 나쁜 영향이 있었다.

- Sucralose는 살충제(pesticide)로도 쓰이는 organochlorine이란 물질의 일종이다. 이 독성이 소화기와 면역력을 망가뜨릴 것이다.
- 이런 인공감미료를 음료수에 넣어 마시면 입맛을 달게 만들어 쿠키나 케이크를 더 달게 먹게 하고, 다이어트에 도움이 안될 것이다.

- 그런 결과가 나오려면 하루에 4000개라는 비현실적인 양을 먹어야 하는데, 그만큼 안 먹으니 괜찮다.
- Organochlorine의 일종인건 맞지만, sucralose는 소화기에서 흡수가 안 된다. 흡수가 안돼서 fat tissue에 쌓이지 않으면 독성은 안 생긴다.
- Sucralose는 열분해가 안되기 때문에 쿠키나 케이크에 넣어도 그 단맛이 계속 유지되어, 단맛을 즐기면서 다이어트를 계속할 수 있다.

새해 첫날밤에 많은 새들이 죽은 건 불꽃놀이(fireworks)때문이다.
- 시간: 불꽃놀이가 한창일 때, 새들이 죽었다. 새들이 떨어지는걸 본 사람들도 있다.
- 외상: 새들에게서 독성물질이나 질병의 증상이 발견되지 않았고, 상처로 보아 불꽃놀이의 충격과 관련이 있다.
- 종류: 새들의 대부분이 red-winged blackbird였다. 밤눈이 어두워 밤에는 이동하지 않는데, 불꽃놀이 때문에 날아다니다 죽었다.

- 죽은 새는 두 군데에서 발견됐는데, 한 곳은 시내이고, 다른 곳은 외곽지역이다. 외곽에서는 불꽃놀이를 한 적이 없어서 새들의 죽음이 불꽃놀이 때문이라 할 수 없다.
- 새들이 부상을 입은 건 사실이나, 이것은 이상기류에 의한 추락 등 다른 이유 때문일 수도 있다.
- Red-winged blackbird가 이 지역에서 가장 흔한 새이기 때문에, 이들이 당한 건 어쩌면 당연한 일이다.

강가에서 발견된 흉상(bust)이 카이사르의 얼굴이다. - 스타일: 현실주의(realistic) 스타일인데 이는 카이사르 때 생겼다. - 외모 비슷함: 다른 동전 같은데도 얼굴이 비슷하다. - 장소: 카이사르 이후의 정권 때 강에 버렸을 수 있다.	- 현실주의는 카이사르 때 처음 생겼지만 이후에 더 번영했다. - 그 동전에서 헤어스타일은 비슷한데 코나 목은 다르다. - 그 흉상 옆에 Neptune이라는 신의 흉상도 발견되었다. 이는 정치와는 아무 관련이 없으며, 그 시대에는 쓰레기를 주로 강가에 버렸다.
파충류 보호를 위한 relocation의 문제점 - Captivity에서 태어나 자라면 사냥능력과 적응력이 떨어진다. - Homing behavior라는 타고난 습성(innate inclination)때문에 연어처럼 원래 살던 데로 돌아가려다 천적을 만나서 죽는다. - Sudden release(=hard release)를 하면, 새로운 환경에 적응하기 힘들기 때문에 생존율을 떨어뜨린다.	- 태어나서부터 genetically determined돼있어 바로 적응한다. 실험에서도 새끼 도마뱀은 처음 보는 동물이 접근하자 바로 도망쳤다. - Homing behavior은 성장하면서 강해지기 때문에, 새끼 때부터 새 환경에 적응시키면 그곳이 고향이라고 인식하게 된다. - Gradual release(=soft release)를 하면 된다. 적응할 동안 보호 된 enclosure내에서 먹이를 준다.
Saber-toothed cat은 집단생활을 하던 동물이 아니었다.	**Saber-toothed cat은 집단생활을 하던 동물이었다.**
Everglade의 환경문제가 심각하다. - invasive plant가 왕성하게 자라서 원래 서식하던 동식물들이 피해를 입고 있다. - 물의 양이 줄어서 - 원래 습한 곳에 서식하던 식물들이 적응하지 못하고 있다. - 수은(mercury) level이 높아서 생선을 먹는 사람들뿐 아니라, 생태계까지 해를 입히고 있다.	- 근처에 농지가 있는데 사용된 비료(fertilizer)가 Everglade로 흘러 들면서 invasive plant가 자랄 수 있는 아주 좋은 환경을 만들었다. 비료의 사용을 줄이면 invasive plant가 자라나지 못할 것이다(원래 Everglade는 땅이 척박해 invasive plant가 자랄 수 없었다고 함.) - 홍수가 잦아서 수로(channel)를 많이 만들었는데 그게 Everglade의 물까지 줄게 만들었다. 수로를 줄이면 물의 양이 늘 것이다. - 수은 level은 발전소에서 석탄을 태우면서 높아진 것이다. 수은 함유량이 적은 석탄을 사용하면 수은 level이 내려갈 것이다.
늑대들을 다시 데려다 놓으면 안 된다. - 생태계의 균형을 깨뜨려 위험하다. - 가축들을 죽이니까 경제에 악영향을 끼친다. - 사람들을 공격한다.	**늑대들을 다시 데려다 놓아야 한다.** - 생태계의 균형을 깨뜨리지 않기 때문에 위험하지 않다. - 가축들을 죽이지 않으니까 경제에 나쁘지 않다. - 사람들을 공격하지 않는다.
외진데 사는 주민이 도시로 가는 항공료를 보조하는 정책에 찬성.	**이 프로그램은 현실적으로 큰 도움이 되지 않는다.**

INTEGRATED TASK

통합형 문제에서는 한글로도 쉽지 않은 주제들이 읽기 지문이나 강의에 종종 출제 됩니다.
다음의 출제 예상 주제들을 배경지식으로 알아두면 실제 문제 풀이에 큰 도움이 될 것입니다.

READING	LECTURE
Hypothesis about why Vikings left Greenland in the 15th century 1. Because of climate change the temperature got lower so the Vikings didn't have enough food. 2. The Vikings were driven out by the local enemies. 3. The trade between the Vikings and the European countries was cut off by Norway.	
Build solar roads Build solar roads by paving glass, glass can absorb the sun's energy and translate into electricity. 1. It is not a logical place. The roads are flat, not tilted. 2. Glass are not safe, especially in wet or icy condition 3. Will be very expensive.	1. It will be more efficient. The solar panel will produce more energy. It will reflect the sun in cloudy days not just in one direction but in many different directions. 2. A new kind of glass will solve the problem. The engineers have already researched for it, it will also useful in wet days. 3. The solar roads will produce more power which can be sold to other counties; its revenue can be the cost.
Three possible theories of what a sea-dwelling microorganism's eye might be for. 1. The eye is used for following preys. 2. The eye is used for sensing sunlight. 3. The eye is used for aiming at having a better accuracy at other tiny life-forms when it is going to stab them.	1. Other closely-related microorganisms which have no eyes could "follow their prey successfully. Therefore, their eyes must be for other purposes." 2. Scientists studying the evolution of microorganism find that they are becoming less and less dependent on sunlight for energy. Compared with their ancestors, the sea-dwelling microorganism is with a much more complex eye. So it must have other functions. 3. After examining the eye thoroughly, researchers find that its eye couldn't focus quite well, thus not being able to have better accuracy at other tiny life-forms when stabbing them.
Three possible theories of why sturgeon fish jump into the air. 1. They need to feed themselves by the insects in the air 2. They want to remove the parasites on the scales. 3. They are aggressive when the tourists' boats invade their territory.	1. they don't eat in the summer since they are fed in winter with enough, and they are bottom fed, they eat from the sea floor 2. The most dangerous parasites are internal, not external, even some domesticated have external parasites. 3. The human invasion is accidently, even without the invasion, the fish also jumped.
Obstacles of sending astronauts to the Mars. 1. The landing is not safe. From 1996 to 1999, four spacecratfs crashed because of computer errors. 2. It is hard for spacecraft to carry fuels. Spacecraft needs to carry large amounts of fuels for its way to Mars as well as back then. 3. Without protection, astronauts would suffer radiation.	1. Computer program accuracy has been improved. 2. Besides, astronauts could adjust to avoid unexpected events. 3. No spacecratfs have crashed since 1999. There is no need to take a lot of fuels. Hydrogen and Oxygen in ice on Mars can make fuels. Therefore, spacecraft only need to take fuel that supports it to Mars. Magnetic field can be created to guarantee safety.

Whether ancestor mammals in Madagascar were from Africa by floating Intro

1. It is unlikely that the ancestor mammals in Madagascar were from Africa by crossing the sea.
2. The situation where mammals can cross the ocean is very accidental, except in the extreme weather conditions such as tempest. Thus, the group migration is more impossible.
3. The direction of ocean current near the Africa coast is not towards Madagascar. The floating mammals will be carried away from Madagascar by the current.

---

1. It is very convincing that those mammals crossed the sea and arrived Madagascar.
2. It is found that all the animals in Madagascar only have four ancestors dating back to 40 million years ago, which offers them sufficient time and opportunities to flow to Madagascar.
3. The direction of the current 40 million years ago was different from that of now. Besides, the location of Africa and Madagascar is also changed now.

Whether the formation of Carolina Bays are caused by meteorite explosion

Carolina Bays are caused by meteorite explosion

1. The landform of the bays is asymmetrical, with some depressions existing, which may be explained by the fact that the meteorites impacted the land from different directions.
2. The sands of the shore near the bays do not contain iron, which may be removed by the high temperature generated in the explosion.
3. There are buckyballs in some of the bays, and they can be formed by the high pressure in the meteorite explosion.

Carolina Bays is not caused by meteorite explosion

1. Those depressions may be caused by the constant washing in a relatively fixed direction by the underground water and deep current, and there are evidences that underground do exist in the bays.
2. If the sands without iron were indeed caused by the high temperature, some of those sands would melt into glasses at such high temperature, but it is not the case. The absence of iron may be caused by other factors such as chemical reactions."
3. If the buckyballs are resulted from the meteorite explosion, then all the bays should have buckyballs. However, the fact is that there are only some of the bays containing buckyballs. It is likely that they are caused by lightening.

Establishing wind turbines through the great lakes to produce electircity

three benefits can prove why the great lakes should build wind turbines to generate electricity.

1. More job opportunities could be created for the locals, which increases economical benefits.
2. The great lakes are fresh water, which are suitable for turbines, and the maintenance costs will be lower.
3. Building wind turbines to generate electricity contributes to the conservation of water resources because there is no need to create more other resources with water.

The benefits mentioned in reading are not convincing at all.

1. It is expensive for the company to build the wind turbines, so the costs will continue to increase for almost 50 years.
2. Fresh water is indeed good for the machine, but once fresh water freezes, it is more harmful for the machine, and it costs more."
3. Water flown by the turbines will be polluted by a kind of oil, which cannot be drunk again. However, millions of people depend on the great lakes for daily supply.

Whether people should protect prairie dogs

There are three reasons to illustrate the bad effects brought by those prairie dogs.

1. They are agricultural pests because they will compete with cattle for grass.
2. The fleas they carry can cause bacterial disease.
3. Protecting them hardly brings benefits to the ecosystem, so it is more worth protecting large mammals.

The messages mentioned in the reading are misleading.

1. "The agricultural pests view is outdated. On the one hand, prairie dogs have changed their diets. On the other hand, cattle now feed on some" specific areas. So there is no competitive relation between them. What's more, the burrowing of prairie dogs does not harm the growth of grass, but in fact makes the land fertile, which facilitates the grass growth.
2. The incidence of a disease is very low. In the past 15 years, only 10 people got infected.
3. They do goods to the ecosystem. First, the burrows underground prairie dogs big are habitats of other animals such as snakes. Second, they are also food resources of large animals such as foxes. The disappearing of prairies dogs will endanger those species.

About the reduction of primary care doctors
The reading points out three reasons to explain the reduction of the primary care doctors.
1. Students majoring in primary care can hardly pay off the loans and they are often low paid when they become primary care doctors.
2. Primary care doctors tend to suffer from high stress and heavy workload.
3. Opportunities to get training are not even.

Refute the three explanations mentioned in reading passage.
1. A national program can help to compensate their loan. According to the policy, after their graduation, students are required to the remote area to practice. And such experiences can be used to cover loans. What's more, by doing so, some students are lucky to gain scholarship.
2. The government will cultivate advanced degree nurses who are able to share some of the workload of the primary care doctors, such as the jobs related to prescription medications and caring.
3. Uneven assigning the recourses results in uneven distribution of opportunities to get trained. And the government has realized this problem and will take actions to reassign the resources every three years among different hospitals.

Prescribed burning의 3가지 위해에 대해 설명
The reading points out three disadvantages of prescribed burning.
1. The wildlife will be negatively affected, especially those which are young and probably unable to escape.
2. There's carbon dioxide in the smoke released during the burring process. And the CO will aggravate pollution and green house effect.
3. Prescribed burning has nothing to do with preventing forest fires in some places, thus there's no need to spend money and energy on prescribed burning.

Refute the three explanations mentioned in reading passage.
1. People will choose to conduct the prescribed burning in some special period. And during these periods animals do not reproduce. Without junior animals, the adult animals will be able to flee easily.
2. The process of growing the plants counteracts this release of carbon dioxide. Besides, the place for prescribed burning is small, and the process emits small amount of smog, which will actually be absorbed soon.
3. It's true that this way cannot prevent another forest fire happening, but that's because of people's carelessness. Prescribed burnings are used to eliminate flammable substances, like branches. And even in the areas where the natural fire often happens, the fire can be controlled and put out easily, for there's no combustion improver nearby."

A comprehended analysis of the three habits of birds anting
Demonstrate three theories to explain why birds have the habit.
1. Birds use anting to irrigate skin during feather change in summer.
2. The acid released during anting by ants can help resist parasites growing on birds.
3. Anting is a way for birds to feed on those ants.

Refute the three explanations mentioned in reading passage.
1. It is just a coincidence between the time of feather change and bird anting.
2. Anting cannot reduce the growth of parasites on some birds.
3. Birds will have other things to rub themselves, but they do not tend to eat those things.

Are wellness programs advantageous to employees?
Wellness Programs in United States bring lots of benefits to companies and employees.
1. The programs can become a motivational tool for people to lose weight "and quit smoking, bringing much healthier lifestyle.
2. Employees will be more inclined to take exercises and have wholesome diets through the motivation of the Wellness Programs.
3. Although the program might cost companies a great deal of money at beginning, it saves more compared to the spending for employees' sickness.

The program does not work.

1. The program may be an effective way to motivate employees in short term, but it cannot keep for a long period. Research shows that after several years, people are back to their bad habits.
2. The program is not fair for every employee, because cases differ. Some who have to take care of their family or cope with chores do not have enough time to exercise, while others are genetically fat.
3. Companies might suffer great financial loss in long term, because many employees will not stay in one company forever.

Sending people to asteroids for colonization
Sending people to asteroids for colonization is optional.
1. "Low gravity in the asteroids contributes to taking off and landing safely," as well as consuming less fuel.
2. "People can mine valuable and rare metals from the asteroids, thus they" can gain many more profits.
3. It is easy to reach the asteroid which is near the earth.

Refute the three explanations mentioned in reading passage.
1. "The lecturer refutes the point by saying that there lie many risks, for the" muscle and bones will suffer if people are under the low gravity for a long time.
2. It causes a large amount of additional costs to obtain the metals. "Because transporting the metals to the earth costs much, and people" cannot guarantee what they unearth is just the metal they expect.
3. "The asteroid's orbit is not regular, so when it moves close the earth" "people can easily reach there but when it moves far away from the earth," it is quite hard to reach the asteroid.

The decline in the number of Yellow-legged Mountaion Frog over the recent 40-50years
Demonstrate three theories to explain why the number of yellow-legged mountain frogs declined 40 years ago.
1. "A kind of fish, the trout, was introduced to this area and the trout ate" tadpoles of the frogs.
2. The use of pesticides contaminated the habitat.
3. The frogs there were infected by a fungal disease.

Refute the three explanations mentioned in reading passage.
1. "The trout was introduced 100 years ago, however the decline happened" 40 years ago. The time does not match.
2. Rainfall tends to wash the pesticides to lower and farther places. "However, frogs lived in areas with higher altitude than that of farms using" pesticides.
3. Yellow-legged mountain frogs can produce some antibodies within their "bodies, so that they can resist to the infection of fungal disease."

Whether the owner of the grave is king R. or not?
The owner of grave is king R.
1. The date of the king R's death is perfectly matched with the date found in the grave.
2. "The grave is grand and splendid, showing the owner is a particularly" powerful king.
3. "There are two spoons showing the owner is a Christian, and King R is the" earliest Christian king.

Refute the three explanations mentioned in reading passage.
1. The death date of King R is debatable. Some think that he died 25years earlier before the date mentioned in the reading.
2. "A lot of graves are unearthed and some of graves are even stolen, which" could not prove that the grave is grand and splendid.
3. Other Christians may give these two spoons to King R as a gift.

The cause of the sink of Mary Rose
There are three reasons to explain why Mary Rose sank.
1. "The gunspot was not closed after getting fire, but they forgot to close it." Water poured in to gunspot.
2. Sailors dislike the captain and do not follow his lead.
3. French made significant damage to the ship.

Refute the three reasons mentioned in reading passage.
1. "According to a research, there were still some connonballs in the" "gunspot, which proved that it cannot be opened."
2. "Mary rose is flag ship. Sailors are all capable, so they will not fail to follow" the captain's lead under such dangerous situation.
3. Frenchmen told a lie in order to show that they were powerful than English.

How does the company continue to grow?
Three ways to promote the products' development.
1. The company can launch new version under existing products.
2. The company can launch related products.
3. The company can cooperate with another company to produce new product.

1. "The regular customers may still prefer the old products, while new" customers may feel the products is old-fashioned.
2. "The related products may have bad quality, which will exert negative" influence on the company's reputation and make the sales decrease.
3. "The partner company may also the new product, thus the partner" becomes the competitor.

The three hypotheses on who Pearl Poet
There are 3 possible hypotheses.
1. John Massey might be possible, because he lived in northwestern England, where the poems came out, and the handwritings of John Massey and Pearl Poet are the same.
2. It might be Hugh, because he wrote poems about Garwin and those 4 famous handwritten poems are also related to Garwin. What's more, the poems all adopt the rhetorical method of alliteration.
3. The 4 poems might not be written by one person because the poems referred different areas in England.

None of the 3 hypotheses is reasonable.
1. There was same copier in 14th century. That is why the handwritings are the same.
2. It cannot be Hugh because the dialect used in the poems of Pearl Poet and Hugh is totally different.
3. The poems cannot be made by several persons, because the wording of the 4 poems is very similar, which is impossible for different authors."

Are there benefits of high-speed rail lines between SanFrancisco and L.A?
The high-speed rail lines benefits people in US.
1. High-speed railway will save money spent maintaining the roads.
2. More citizens will choose to take high-speed train, which can relieve traffic congestion.
3. This means of transportation is one of the most environmentally friendly forms, because it is fuel-efficient while the train is running at a high speed."

The benefits are not as obvious as reading suggests.
1. Compared maintaining the roads, building high-speed rail lines costs more. Government in California has to borrow 100 million, which takes up 75% of annual financial avenue. It is hard to pay back alone.
2. Whether people will choose to take high-speed train depends on whether it is convenient for them to go to train station. People need driving to the train station first, which is not contributing to solve traffic jams.
3. The railway cannot cover all the areas, and somewhere in California is speed-limited, so there is nothing different from regular trains.

The effect of wind turbines upon the decreasing number of bats
Three solutions can be used to lower the effect of wind turbines upon bats.
1. The wind turbines should be built in the areas far away from the migratory routes of the bats.
2. The wind turbines should be turned off in the night for bats are nocturnal.
3. Radars should be used to repel the bats, for the bats hate radar waves.

Those three solutions are not feasible.
1. The migratory routes of bats are exactly the places where wind turbines should be built, for if they are built in the remote areas, such as flat plain, the wind speed will decline.
2. Though the bats are not active in the daytime, they will choose sleep on tall structures, and the tops of the turbines are such places.
3. If bats meet the electromagnetic waves emitted by radars, those waves will prominently influence the reproductive systems of the bats.

Does the photo belong to Adam?
The negatives belong to Adam.
1. The pine tree in this photo is as same as another tree appearing in the photo taken by Adam.
2. The negative is in an envelope£ which has his wife's handwriting.
3. The negative is damaged by fire. It is reported that the office of Adam once got fire.

The reasons are unconvincing.
1. The pine tree in national park is very popular. Many people would take photos there, so it may not be taken by Adam.
2. There are some spelling mistakes. His wife is really familiar with that place, so she would not make such errors.
3. The negatives contain the chemical substance which is highly likely to catch fire.

"Beetles damage ash trees, and how to save ash trees." There are three ways to prevent beetles from damaging the ash trees. 1. Banning transportation of ash trees, which will take beetle's nests to other areas. 2. Drilling holes on the ash trees to inject a chemical pesticide that make beetles leave away ash trees. 3. Planting trap trees that beetles like to lay their eggs on.	The three methods mentioned in the reading are of no use. 1. They cannot prohibit private companies that cut down ash trees to be firewood. 2. Drilling too much holes will damage ash trees. The cycle of injecting a pesticide is two years. 3. Trap trees are beetles' food, which will increase the population of beetles and hurt more ash trees.
Prevent jellyfish booms from happening The writer puts forward three methods to address the problem. 1. Use chemicals to destroy the polyp. 2. Harvest for human consumption 3. The government makes stricter regulation, letting workers clean the ballast water. ballast water.	The measures are unconvincing. 1. The remains of polyp would breed the next generation quickly. Besides, using chemical ways might destroy other species in the marine or other places. 2. Only 12 kinds of jellyfish are edible. And people can only eat one percent of them. 3. Boat companies and fishmen will not be willing to do so, for it wastes a lot of time and has a negative influence on their economic profits.
Should a fund be established to make regular for forests? A fund should be established to make regular payments for forests. 1. Reducing agricultural damage by preventing farmers from using forests as farmland for agriculture. 2. Helping the habitants living in the forest. 3. Promoting biodiversity.	The payment cannot bring about these there benefits mentioned in the reading. 1. If forests are not allowed to be transformed into farmlands, food will be deficient. In order to generate more food, intensive methods will be used, thus aggravating damage." 2. The payment will not improve the forest habitants' lives for money are first received by local government and landlords who are not forest villagers. 3. Biodiversity cannot be improved for those payment will be used for plantation forest, man-made one, in which only trees of great" commercial use are planted, for example, in some plantation forest only" tung trees and walnut trees grow.
"Whether Rome's ninth legions were stationed in Scotland, Netherland & Judea?" Disappeared in Scotland, Netherland & Judea. 1. The ninth legion joined the battle of Scotland and then they were wiped out. 2. The roof tile is a symbol of the ninth legion. 3. The ninth legions were wiped out in the battle of helping Judea.	The reasons are unconvincing. 1. Ninth legion had 5000 soldiers. If the joined the batter, there must be broken weapons and remained equipment, however, no remains were found. 2. Building roof tile required kiln, but there was no kiln in Netherland. So roof tile may be brought from wherever else. Anyone could do this. 3. "The ninth legion were in the west, however, Judea was in the east. It was not a wise choice to choose the ninth legion to join the battle. It took long time and much money. They could send the troops which were closer to Judea.

Is the golden mask discovered by Heinrich Schliemann authentic?

Reading Heinrich Schliemann discovered a golden mask of warrior king. He claimed that the golden mask is the Mask of Agamemnon. However, the archaeology industry suspects that the golden mask is a fake. There are three reasons for that.

1. Firstly, Schliemann has a reputation of faking his discovery and excavation. He used to buy an antique from a craftsman and claim that the item is from ancient Greek until it was identified a fake. Therefore, the golden mask is very suspicious and Schliemann is incredible.

2. Secondly, some features of the golden mask are different from the authentic golden masks from Ancient Greek. Ancient Greek golden masks have very flat appearance and no pointed hairs. The golden mask of warrior king discovered by Schliemann has very well-defined lips and pointed beard. Therefore, the golden mask is a fake.

3. Thirdly, Schliemann immediately shut down the site where the golden mask is discovered after he found the golden mask. This is a very suspicious behavior. Usually archeologist will continue to excavate the site in the hope of finding more cultural information about the discovery,such as the historical context and identify whose mask it is. Moreinformation about the mask could have been discovered to identify the mask, however, Schliemann close the site in a rush, revealing his afraid of being found that the mask is a fake.

Though many archeologists think the golden mask of warrior king is a fake, but I think that is an authentic item from Ancient Greek. There are three reasons to refute the points in the passage.

1. Firstly, Schliemann did have a reputation of faking discovery and excavation. However, for this mask, it's not easy to fake. The Greek government is familiar with Schliemann's reputation of dishonesty and specifically assigned a supervisor to closely supervise and monitor Schliemann's work of excavation. If Schliemann really cheated on this discovery, it's hard to do so without being caught by the supervisor.

2. Secondly, a golden mask of lion from Ancient Greek, which was proved an authentic antique, was compared with the golden mask of warrior king. The golden lion mask also has three- dimensioned lips and nose, and all pointed hair. All the features are comparable to the golden mask of warrior king.

3. Thirdly, the timing of the site being shut down immediately after the golden mask was discovered can be explained. Schliemann was not a real archeologist but a treasure hunter. It fitted a treasure hunter's habit to close the site immediately after he depleted all the valuable things in the site. Therefore, Schliemann's behavior of shutting down the site is not suspicious.

Explanations about the three functions of the road.

1. It was used to move commodities and people.

2. The road was build out of religious reason, for people living in that area believed that their ancestors were from the north.

3. The road can be served as the function of defense.

---

1. At that time, they didn't have cars and other transportation, even they did not use animal. Besides. The road did not need to be ten meters wide, and one or two meters were enough.

2. People's religious belief in ancient times may be different from that of today.

3. If road was used for defense, there would be some traces. However, we could not find such trace. Furthermore, Enemies could take advantage of roads, thus making the invasion more easily.

The way to fight White Nose Syndrome

Suggestions to fight White Nose Syndrome (a kind of fungus killed lots of North American bats in the past few years)

1. One suggestion is restricting people to access the caves where bats live, because fungus can be spread cave to cave by riding on people's clothes.

2. The second suggestion is studying a species of bats that is resistant to fungus.

3. The third suggestion is heating the cave.

Refute the three explanations mentioned in reading passage.

1. The lecturer refutes the point by saying that people are not main factors to help spread fungus, and it is bats themselves that spread the fungus, because in some caves where people cannot access, there's fungus still.

2. Resistance is formed during the process of complex biological evolution. And understanding the process needs decades. However, the bats will die out in 10 years if there's no effective remedy.

3. Bats die because the fungus wakes them up and forces them to face starvation. If the caves are heated, bats will be unable to sleep and thus suffer the starvation. Therefore this suggestion will make the situation worse.

The reasons about the death of Ichthyosaurs
Three possible reasons
1. They died of toxic algae.

2. They stranded in shallow water.
3. They were preserved in a pattern by other creatures.

The reasons are not established.
1. The fossils of ichthyosaurs show that they died in different time. Some were formed earlier than others.
2. According to the seafloor, it was deep water in the past.
3. These nine bones were put in order; however, this creature only put them at random.

Whether the canned food is the factor that contributes to the lead poisoning and the death of crew in Kaship.
1. The lead that was carefully stilled to the can would not contact the food.

2. No other evidence of death of the crew was found in other ship.

3. Water purification system may be the source of poisoning.

1. Company has limited time to finish this work. Workers are under time pressure and it is reasonable that they are careless and apply lead to the cans in a hurry way.
2. First, it is difficult to judge whether sailors are affected by lead without careful tests. Second, the symptoms of lead poisoning are common, such as feeling tired or headache and they can be easily overlooked.
3. The water in the purification system is used for ship engineering since the salt water cannot be used. The water for cooking and drinking comes from a different way.

The reason that causes the low production of rhino in parks.
Three causes can explain the low production of rhino in parks.

1. Infertility results from the alfalfa and hay in animal fodder, which increasing it hormone.
2. Rhinos develop foot disease for often walking on the hard surface.
3. Brain disorder in the newborn rhinos makes them cannot live long.

The Lecture argues against the three reasons mentioned in the reading.
1. Infertility can be cured by regulating the rhino's hormone.

2. Advanced radiographic image equipment can detect the early anomaly of the bone and feet, which can heal the foot disease.
3. The reason for the little rhino's brain disorder is that its mother is so old that it carries toxic chemical element. So letting younger rhino bear child is one of the solution.

Whether Saber-toothed cats lived in groups or not?
1. Fossils of saber-toothed cats with broken bones indicate that they were fed by other saber-toothed cats when they were injured

2. There are large numbers of saber-toothed cats in the trap. The sabertoothed cats hunted together. The sound of dears in the trap attracted them to fall in the trap together

3. Saber-toothed cats lived with other predators such as lions and wolves. Saber-toothed cats have to live in group to compete with those predators.

1. The fossils of saber-toothed cats with broken bones indeed indicate that they could survive when they were injured. However it doesn't necessarily mean that they have to be fed by other saber-toothed cats. Many predators can find dead animals to eat. So did the saber-toothed cats
2. The large numbers of saber-toothed cats in the trap doesn't mean that they hunt together. The saber-toothed cats hunt separately. One of the saber-toothed cats heard the sound of the trapped dear, went to the trap and fell. Then another saber- toothed cat also heard the sound of the trapped dear, came to the trap and fell again
3. Saber-toothed cats were large predators. Take tigers for example, one tiger is strong enough to fight against the social predators such as lions and wolves. So the saber-toothed cats don't have to live together to compete with lions and wolves.

The fossil found in Arizona had been a bee hive two hundred million years ago? 1. bee hives did not exist two hundreds million years ago 2. there were no flowering plants two hundred millions ago 3. bee hives nowdays are coved with caps but the fossil that was discovered has no cap	1. although no bee hive fossil was found 2 hundred millions ago, it is difficult to claim that a bee hive had never existed then. 2. did ancient bees have to extract honey from flower plants? 3. there is a chemical reason why it has no cap
Related to the deterioratio of the ecological environment, how can solve the threats that marine life receives? 1. limitation on capturing crabs 2. a resolution for the impacts of diseases by impating chinese oysters 3. educating fishermen to use less chemical fertilizers	1. fishermen make a living by capturing crabs 2. more problems caused by chinese oysters 3. a large area and a large population make it impossible to use less chemical fertilizers
Agricultural subsidies 1. Lower the price of crops 2. Solve the issue of world hunger 3. Ensure job security	1. the increas of taxes through the nation's active investment 2. impossible to help a small nation 3. the decline of the employment rate
The causes of formation of will-o'-the-wisp of wetland 1. Protection against cold (losing heat). 2. Protection against fungal spores infection, block out water so insects have meanings of fungal infection. 3. Eliminate night time light, in order to track up to the regular time to produce flowers.	1. The plants have no source of internal heating, so whether folding or unfolding suffer the same freezing damage. 2. Even though the plants are folding, they cannot block out all the water and fungal spores only require a few water. 3. Some plants in densely shaded area where no light is reaching still fold their leaves, therefore some other reasons may explain.
Can Pterosaurs fly? Three reasons to explain why Pterosaurs cannot fly. 1. Pterosaurs are cool-blooded, thus cannot produce enough energy to fly. 2. Pterosaurs are too weighty to take off from ground. 3. Pterosaurs have a different muscle from that of birds. Their back leg muscles are too small and weak.	Explain three reasons to contradict with reading. 1. Pterosaurs can actually be considered as warm-blooded, since they always have dense covering hair. 2. The bone structure of Pterosaurs is different. It is hollow not solid. 3. Pterosaurs are different from birds in that they stand with four limbs while birds with two limbs. And Pterosaurs are just like bats which can push off the ground.
The problems of stopping the decline of frog population Provide three methods to the decline of frogs. 1. Prohibition of using pesticides can relieve this phenomenon. 2. Implement the large-scale of treatment. 3. Control the decline of water habit.	These methods are ineffective and useless. 1. It is not financially economical. Farmers will suffer more, if they do not use pesticide. 2. This treatment has to apply to each frog, and people would be easily get infected. This way is expensive and hard to implement. 3. It is not human action that leads to the decline of water habitats, but global warming. Even though human actions are controlled, it cannot solve the whole problem.

Why erdstalls(tunnel systens)were dug. 1. Shelter livestocks in winter and store grains 2. Hiding places(from attacks) 3. Religious purpose(residents believe in souls and spirits)	1. Erdstalls get rainfalls in winter so impossible to shelter livestocks, and no trends of grains and other crops shown. 2. Too small to contain even a family, easy to run out of oxygen, each has only one entrance which is impossible for people to escape. 3. People all share the same religious belief, however, only some communities built Erdstalls while other didn't.
is Gastornis a arnivore bird? Gastornis is a carnivore bird. 1. Its overall appearance resembles other meat-eating birds like terror birds. 2. It has a large, powerful beak to cut through meat and bones. 3. It has large talons at its feet to capture foods.	1. It resembles both meat-eating and plant-eating birds so the appearance cannot determine it's a carnivore. Eg. It has the same feature as the ostriches and emus. 2. It has a straight beak instead of curved beak. The straight beak is more likely to be used on plants such as nuts. 3. The foot prints left by Gastornis don't show claws. The last bone of its foot maybe the structure, not a talon.
is it possible to avoid space debris from colliding with spaceship Three ways to avoid space debris from colliding with spaceships. 1. Tracking technology; 2. Spaceship shield; 3. Laser broom.	The professor is against three methods: 1. Tracking technology will only track bigger debris. Small debris travel fast and collision caused them are fatal. E.g. a chip of paint from one spaceship collided with another spaceship. The small debris smashed on another spaceship's wall and created a hole. 2. Shield method is not good too since it adds extra weight to the spaceship. We need to develop more powerful rocket to deliver the spaceship to the space. The challenge is harder for us. 3. Finally, the professor doesn't like laser broom idea. A laser broom with such power could be used a military weapon in space, which violates the international agreement.
Asian carp, in the Greek Lakes, that has too much will damage the local environment. There are three measures to prevent 1. Build a wall; 2. Use electrical devices; 3. Two-step measure. First, use poison kill all the fish, second, reintroduce the local species.	1. Factories near the lake, they use cargos and ships there. It will cost a lot. Ships upload on one side of the wall, and another ship reload at the other side. 2. Small fish still could swim through the device, they grow up and reproduce in lakes. 3. Drastic. No prediction, cannot ensure not pollute the lakes in the future.

별도 구매 서비스 소개

usherin.usher.co.kr

1. USHER **단어암기** 프로그램 소개
2. **첨삭권** 소개
3. **인강**
4. **모의토플**
5. 토플 Reading 공부방법
6. 토플 Listening 공부방법
7. 수강 후기

 USHER 단어암기 프로그램 소개
usherin.usher.co.kr

1. **듣고** - 아직도 눈으로만 외우나요?
   어셔단어 프로그램에서는 듣고, 쓰고, 품사외우고, 동의어까지 한번에 진행합니다.
2. **말하고** - 아직도 발음을 못하나요?
   발음 연습을 정확하게 프로그램이 읽어, 단어 외우면서 발음까지 한번에 준비할 수 있습니다.
3. **집중 암기**하고 - 천천히 성장 VS 고성장
   90일 동안 외울 단어를 13일 안에 끝내므로 반복효과 및 고성장을 이루어 낼수있습니다.
4. **internet based test** - 즉시채점+틀린것만 계속 테스트
   틀린 단어들만 다시 시험보기가 가능합니다.
5. **기분좋은 성취 확인** - 향상 기록 personal trainer
   본인이 본 시험 기록 내용이 누적 확인되어 본인에 성취를 확인 할수있습니다.

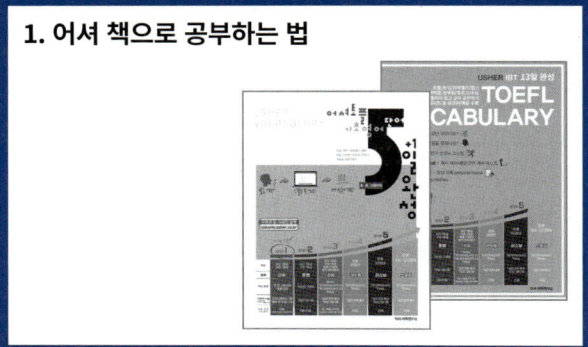

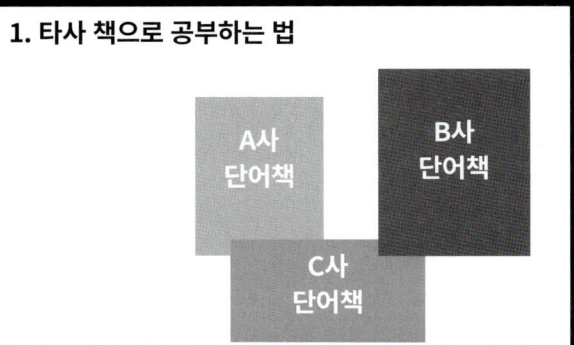

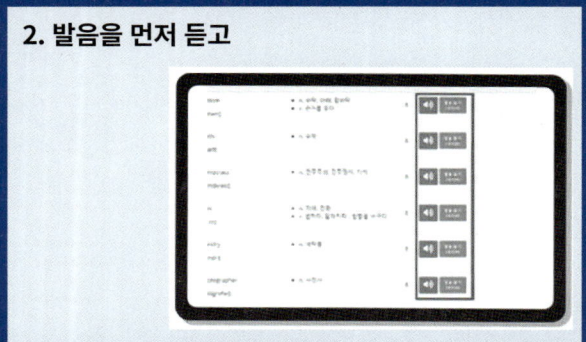

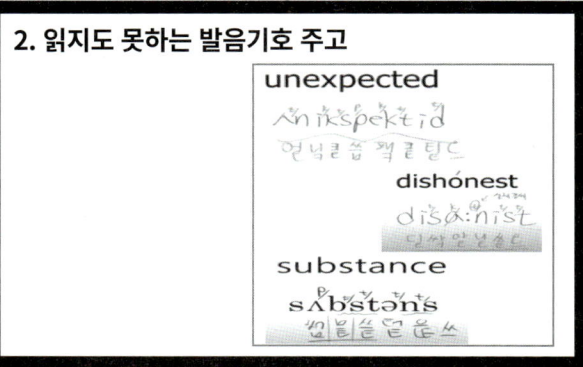

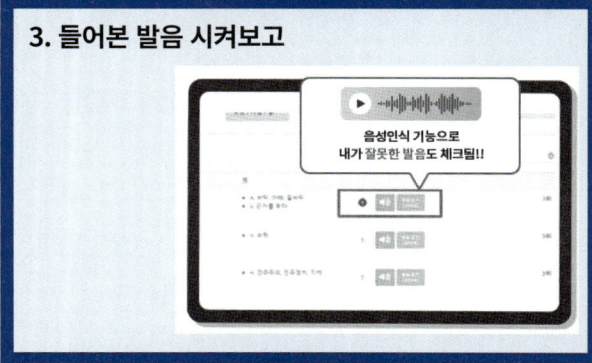

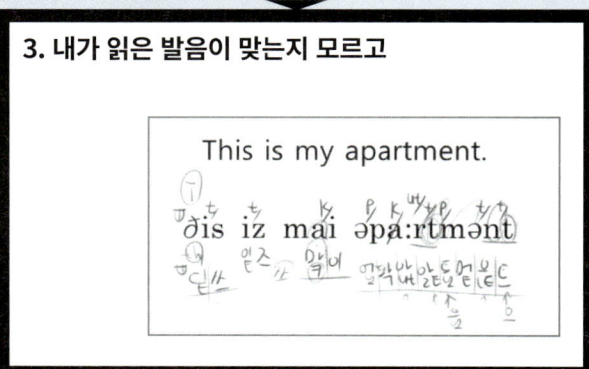

4. 인터벌

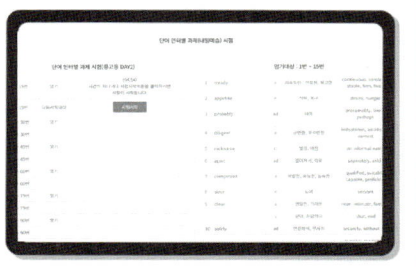

4. 빽빽이 써가면서 단어 외워야하는데

5. 분량을 나눠서 모의시험

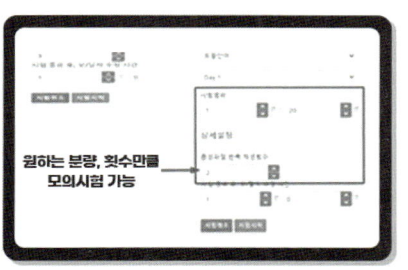

원하는 분량, 횟수만큼 모의시험 가능

5. 빽빽이 써가면서 단어 외워야하는데

6. 준비되면 시전시험!
듣고 → 스펠링 → 품사 → 뜻 순으로 적기

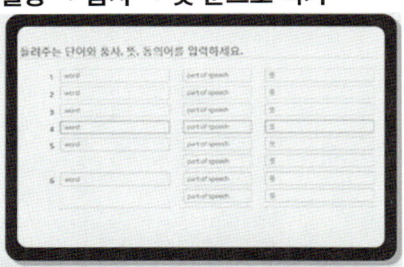

6. 학교 or 학원가서 종이에
한글 또는 스펠링 중 하나만 시험

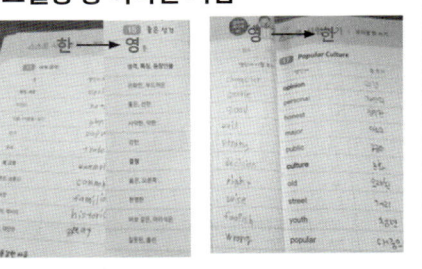

7. 하나라도 틀리면 오답처리
시험결과 자동체크

제출하기 누르면 즉시채점 ~

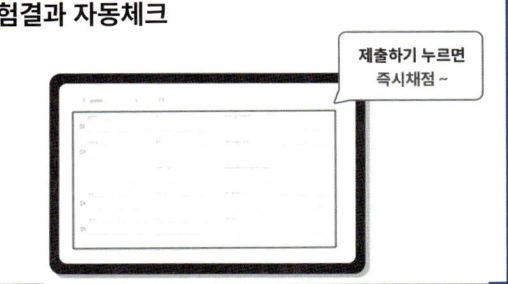

7. 채점을 내가 하면 잘못 외운 스펠링체크 못해주고
친구가 해주면 우정으로 틀린 것도 맞다고 해주고

200개 채점하는데만 30분!

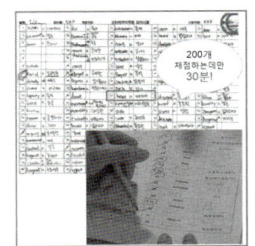

8. 틀린 단어 묶음으로 즉시 **오답노트** 만들어줌

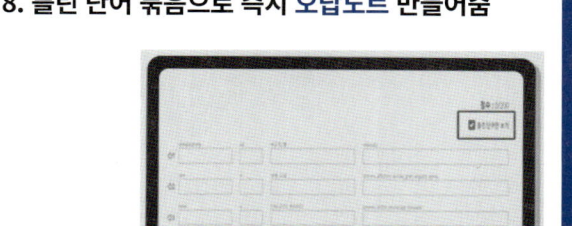

8. 내가 뭘 틀렸는지 일일히 추려내야 하지만... 보통은 보지도 않고 그냥 버리게 됨

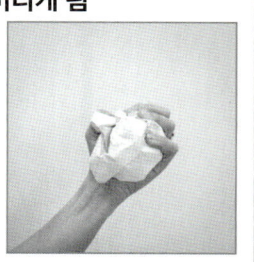

9. 틀린 개수 0으로 만들기 틀린 단어만 **재시험**

9. 틀린 단어가 뭔지 보지도 않고

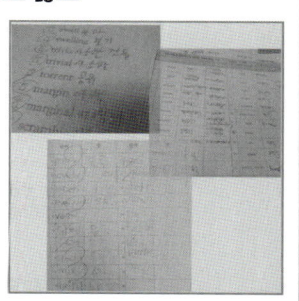

10. 한달 동안 시험 본 모든 기록 체크해주며 자극주는 시스템

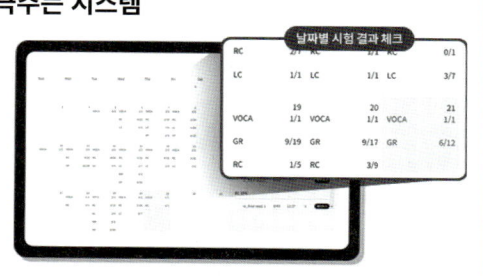

10. 종이가 너덜너덜해지면 그냥 버림

단어 프로그램 가격 소개

🗨 카카오톡으로 문의하기

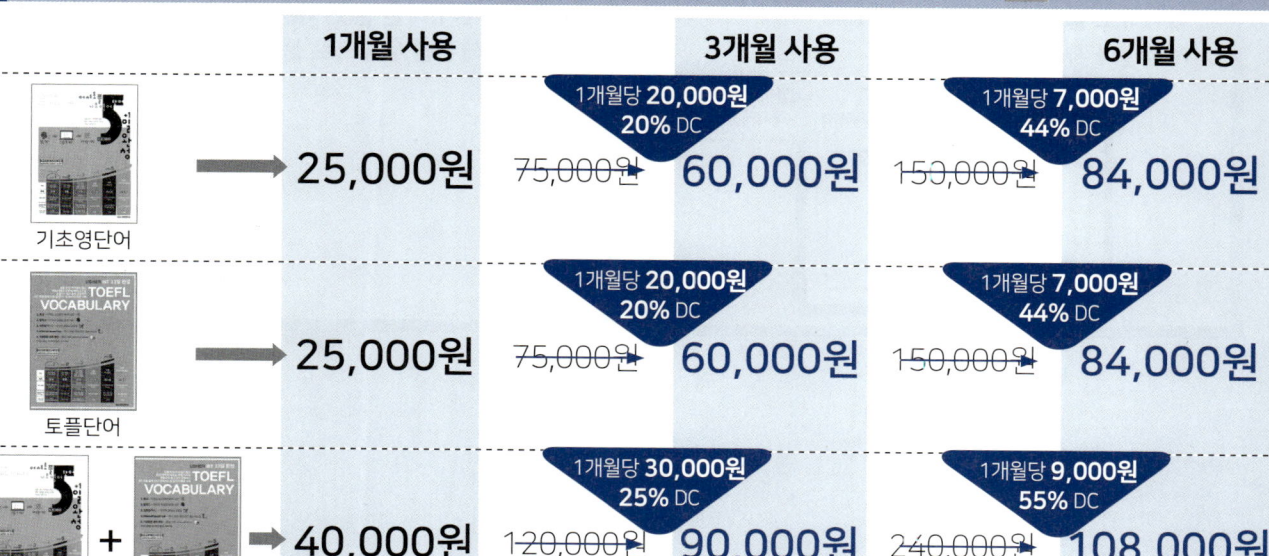

	1개월 사용	3개월 사용	6개월 사용
기초영단어	25,000원	~~75,000원~~ 60,000원 (1개월당 20,000원 20% DC)	~~150,000원~~ 84,000원 (1개월당 7,000원 44% DC)
토플단어	25,000원	~~75,000원~~ 60,000원 (1개월당 20,000원 20% DC)	~~150,000원~~ 84,000원 (1개월당 7,000원 44% DC)
기초영단어 + 토플단어	40,000원	~~120,000원~~ 90,000원 (1개월당 30,000원 25% DC)	~~240,000원~~ 108,000원 (1개월당 9,000원 55% DC)

2 첨삭권 소개
usherin.usher.co.kr

01 스피킹/라이팅 첨삭이 필요한 이유?

대체로 독학을 할 수 있다고 생각하는 리딩, 리스닝과는 달리 스피킹 라이팅은 독학이 힘듭니다.

이유는? "내가 뭘 틀렸는지 모르니까!!!"

대안은?? 독학이라고 했으니, 과외나, 학원은 빼고, 남는 건 첨삭이나, 그냥 혼자 틀린 걸 계속 보거나….

그런데, 첨삭을 받으러 검색을 해보면 가격이 라이팅 한편 당 23,000…원…?

한편만 첨삭 받으면 끝날 것 같진 않은 내 실력을 봐서는…

비용 감당 안됨. 어쩌지?

02 학원까지 다니고 싶진 않은데 스피킹/라이팅 첨삭만 받을 순 없나요?

▼라이팅 첨삭   *10회권은 어셔수강생에게만 제공됩니다* (2024.08. 현재)

1회권	어셔	1회 첨삭권 25,000원	최저가 1회당 25,000원
	해**	1회권 없음 2회 첨삭권 54,000원	1회당 27,000원
	영**	1회 첨삭(1일 소요)권 28,000원	1회당(1일 소요)권 28,000원
5회권	어셔	5회 첨삭권 100,000원	최저가 1회당 20,000원
	해**	5회권 없음	5회권 없음
	영**	5회 첨삭(1일 소요)권 119,000원	1회당(1일 소요)권 23,800원
10회권 *어셔 수강생 한정	어셔	10회 첨삭권 150,000원	최저가 1회당 15,000원
	해**	10회권 없음	10회권 없음
	영**	10회권 없음	10회권 없음

▼스피킹 첨삭   (2024.08. 현재)

1회권	어셔	1회 첨삭권 15,000원	최저가 1회당 15,000원
	해**	1회권 없음 2회 첨삭권 54,000원	1회당 27,000원
	영**	1회 첨삭(1일 소요)권 16,000원	1회당(1일 소요)권 16,000원
5회권	어셔	5회 첨삭권 60,000원	최저가 1회당 12,000원
	해**	5회권 없음	5회권 없음
	영**	5회 첨삭(1일 소요)권 68,000원	1회당(1일소요)권 13,600원
10회권 *어셔 수강생 한정	어셔	10회 첨삭권 110,000원	최저가 1회당 11,000원
	해**	10회권 없음	10회권 없음
	영**	10회권 없음	10회권 없음

| 구매처 및 자세한 설명 usherin.usher.co.kr |

03 첨삭 구성은 어떻게 되나요?

▼스피킹 첨삭 / ▼라이팅 첨삭

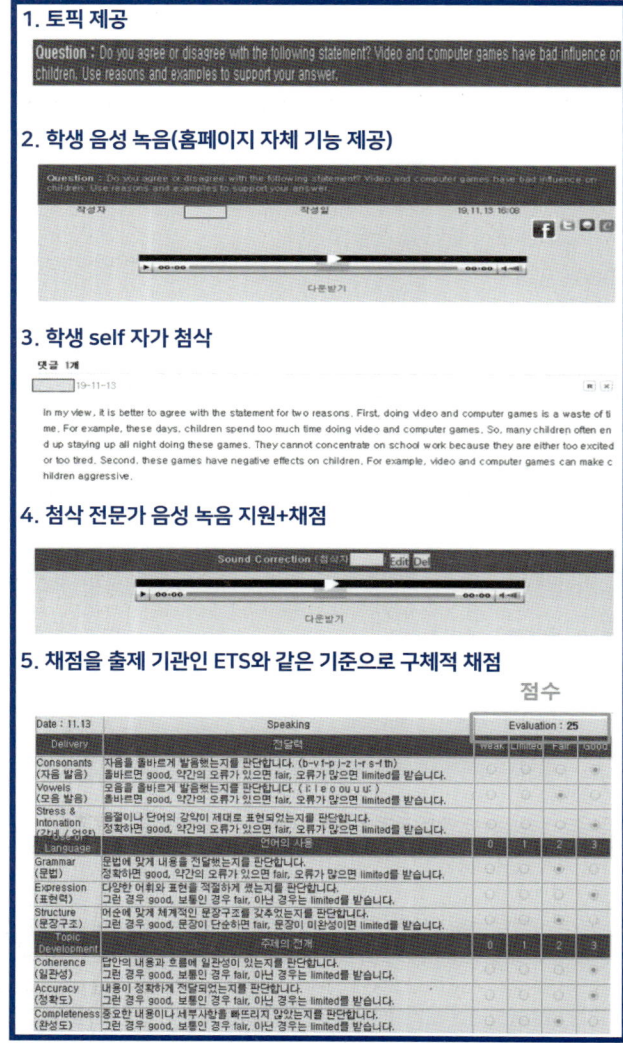

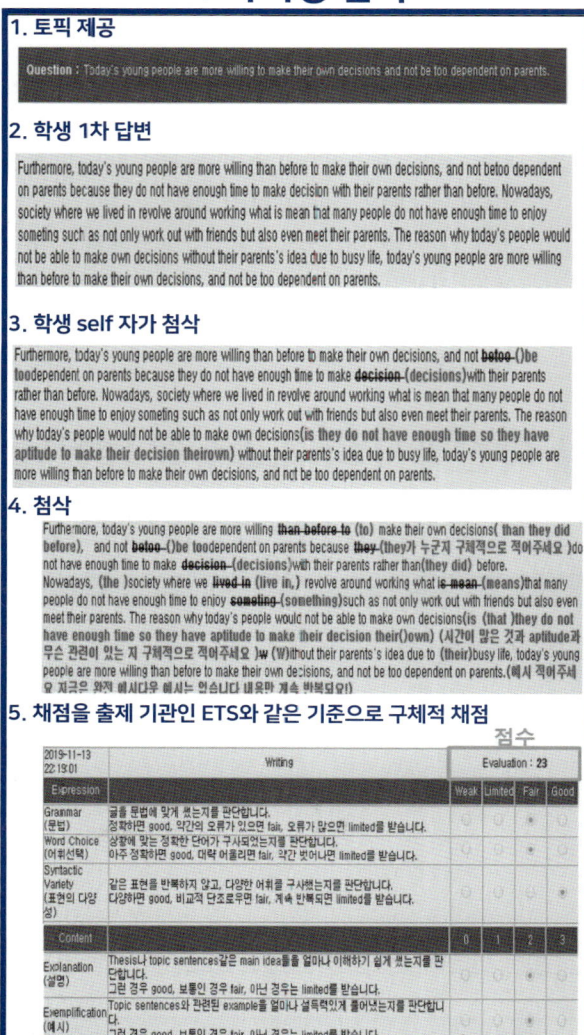

04 첨삭 신청하기

라이팅 첨삭권

10회권은 어셔수강생에게만 제공됩니다

1회 첨삭권	5회 첨삭권	10회 첨삭권
사용기간 15일	사용기간 30일	사용기간 60일
25,000원	~~125,000원~~ 100,000원	~~250,000원~~ 150,000원

스피킹 첨삭권

10회권은 어셔수강생에게만 제공됩니다

1회 첨삭권	5회 첨삭권	10회 첨삭권
사용기간 15일	사용기간 30일	사용기간 60일
15,000원	~~75,000원~~ 60,000원	~~150,000원~~ 110,000원

첨삭은 근무일 기준(평일)으로 진행되며, 주말 또는 휴일은 익일 평일에 진행됩니다.

3. 인강-라이팅
usherin.usher.co.kr

	STEP 1	STEP 2	STEP 3	STEP 4 (이 책 수준)	STEP 5	STEP 6
목표	내신 1등급 수능 1등급	내신 1등급 수능 1등급	내신 1등급 수능 1등급 토플 70점대 토익 800점대	토플 80점대	토플 90점대	토플 100~120점대
과목	단어	문법	리딩	라이팅	리스닝	스피킹
책의 종류	①초·중·고등 단어 ②토플 단어	①어셔인 그래머	①BASIC ②INTERMEDIATE 01 ③INTERMEDIATE 02 ④FINAL	①INTERMEDIATE ②FINAL	①INTERMEDIATE ②FINAL	①INTERMEDIATE ②FINAL
USHER어플 Study Tool	①단어시험프로그램 ②발음 체크(모든 단어)	①프로그램 4종	①실전 문제 풀이, ②프로그램 3종	①실전 문제 풀이	①실전 문제 풀이, ②프로그램 2종	①실전 문제 풀이
소요 시간 (1회 독해)	13일 (하루 200개 단어관리)	5일+10일	15~18일/각 권 (BASIC 1지문/1일 기준)	20일	20일	20일

나의 성격 PERSONALITY
INTP 미래 지향, 긍정

핵심 가치 CORE VALUE
성장 # 자조(스스로 돕는다) # 착함 # 긍정 # 정확함 # 결과 # 책임감 # 도전

나의 강점 STRENGTH
관리력 # 집중력 # 기획력 # 체계적 개발능력 # 집요함 # 속도

"할 얘기 많은"
"멋진" 삶!!

수업 특징
- 단순화
- 긴장감
- 바뀔때까지

USHER
이덕호

나의 성격 PERSONALITY

ENTP
저는 유연성과 적응력을 가진 사람입니다.
성공의 길과 개인적 성장은 순식간에 이루어지는 것이 아닙니다.
하지만 저는 작은 발전의 단계를 거듭하면서
성장하고자 합니다. 저는 변화하는 세상에 꾸준히 적응하고,
그것을 통해 계속해서 성장하려고 합니다.

핵심 가치 CORE VALUE

저의 주된 가치는 꾸준함입니다. 어떤 일이든지 지속성이
있으면 결국 목표를 달성할 수 있다고 믿습니다.

나의 강점 STRENGTH

저는 변화하는 환경에 잘 적응하고,
다양한 상황에서 필요한
해결책을 발견하는 것을 잘합니다.

This Too Shall Pass
이 또한 지나가리라

VISION BIG5

건강한 삶 저는 몸과 마음이 건강한 삶을 추구합니다.
항상 배우기 저는 세상이 계속 변하고 발전하는 것처럼,
자신도 항상 새로운 것을 배우며 성장하고자 합니다.
긍정적인 삶 저는 긍정의 힘을 믿습니다. 긍정적인 태도를 가지고 삶을 대하고자 합니다.
인내심 저는 어려움을 겪을 때에도 인내심을 잃지 않고 목표를 향해 나아갑니다.
감사함 저는 삶의 모든 것에 감사의 마음을 가지고 그 감사의 마음을 통해
더 많은 긍정적인 에너지를 발산하고자 합니다.

USHER
김채운 부원장

USHER
김석균

나의 성격 PERSONALITY

ISTJ 현실주의자. 모든 일을 꾸준히 체계적으로

핵심 가치 CORE VALUE

#희망 #긍정 #재미

나의 강점 STRENGTH

#성실함 #솔직함 #원칙적 #긍정적 #체계적

하루아침에
되는것은 없다

VISION BIG5
1. 발전하는 하루   2. 건강한 신체   3. 활기찬 분위기
4. 겸손한 마음   5. 간결한 수업

4 모의토플
usherin.usher.co.kr

01 모의토플? 왜 봐야 하지?

Q1. 토플 시험 초보자
난 토플이 뭔지, 이름도 겨우 들었거나,
토플 공부를 해야한다는걸 겨우 알았는데,
일단, 내 실력이나 좀 보고,
대충 시험 구성부터 잡아 보고 싶다면?

A. 27만원짜리 진짜 토플 덜컥 잡고,
돈 날리지 말고,
일단 5만원짜리 모의 토플로,
어찌 생겼는지 파악하는 기회로 사용
바랍니다.

Q2. 영어 실력 충분히 있는 분?
A. 나는 영어 실력은 충분히 있는데,
그냥 시험 유형정도나 파악하고,
바로 시험 보면 되지 않을까?
라는 자신감이 있을 때,
실제 시험 전 몸풀기로 활용
바랍니다.

Q3. 토플 공부를 하면서, 본인의 실력 향상이 궁금하신 분
A. 이제 한달 공부 했는데,
내 공부 한 것이 얼마나 나아졌을지
궁금하다면, 실력 점검용으로
활용 바랍니다.

Q4. 실제 시험전에 최종 확인을 원하시는 분
A. 실제 시험장을 가야 하는데,
계속 종이로만 공부해서,
실제 토플시험장에서 모니터 적응과,
라이팅에서의 타이핑 적응등이
부족하다는걸 안다면,
미리 시험장 분위기를 확인용이 활용
바랍니다.

02 왜 모의토플? 을 봐야 하는가?

▼상세설명

Reading
가. 종이로 보는것과 컴퓨터로 보는 것 만으로도 심한경우 리딩 점수 30점 만점중, 5점 차이까지 나오므로, 별도로 준비 해야합니다.
나. 밑줄치면 시험 보거나, 연필로 위치를 가리키며 시험을 보는것과, 마우스를 움직여 가며 보는 것을 다르게 느끼는 경우, 시험장 환경에 적응하기 위해
다. 시험장의 엄격한 시간 관리를 미리 준비해야 하므로
라. 내가 많이 틀린 문제 분석을 통해 어느 유형이 약한지 파악하기 위해
마. (선택: 내가 어느유형이 약한지 파악후, 추가 관련 문제의 인강을 통해 미진한 부분에 대한 설명을 듣기 위해)

Listening
가. 스피커를 통해 시험을 보는게 아닌, 헤드셋을 통해 나오는 소리에서의 차이를 어색해 하는 경우가 있다.
나. 시험장 화면에서, 가장 조심 해야 하는 것은, 리딩은 한번 본 화면도 다시 되돌아 와서 체크 할수있지만, 리스닝의 경우, 한번 진행한 문제는 되돌아 가서 수정이 안되는데, 연습 없는 학생들이 가장 어이없게 많이 하는 실수이므로, 실수를 방지하기 위해
다. 시험장의 엄격한 시간 관리를 미리 준비해야 하므로
라. 내가 많이 틀린 문제 분석을 통해 어느 유형이 약한지 파악하기 위해
마. (선택: 내가 어느유형이 약한지 파악후, 추가 관련 문제의 인강을 통해 미진한 부분에 대한 설명을 듣기 위해)

Speaking
가. 시험도에서 마이크에 대고 말하는 것은, 무조건 소리를 크게 내야하는데, 학생들의 경우, 옆에 잘 하는 학생들이 있을경우, 기가 죽어 목소리를 작게 내서, 본인 실력보다 낮은 점수를 받는 경우가 있으므로, 미리 연습해서 본인의 목소리가 얼마나 작게 녹음 되는지 확인 해볼 기회
나. 1번부터 4번까지 네 개의 문제 순서에 적응하여, 실제 시험당일 문제 순서에 당황할일 없게 하기 위해
다. 내가 어느 유형이 약한지 파악하기 위해
라. (선택: 시험 본 것을 "**첨삭**"으로 이어져, 내 실력의 문제를 점검하기 위해) - **별도서비스**
마. (선택: 내가 어느유형이 약한지 파악후, 추가 관련 문제의 인강을 통해 미진한 부분에 대한 설명을 듣기 위해)

Writing
가. 시험장에서 라이팅 시험은 모두 타이핑 시험인데, 시험장 갈때까지도 독수리 타자를 쳐야 할만큼 준비 없는 것을 막기 위해
나. (선택: 시험 본 것을 "**첨삭**"으로 이어져, 내 실력의 문제를 점검하기 위해) - **별도서비스**
다. (선택: 내가 어느유형이 약한지 파악후, 추가 관련 문제의 인강을 통해 미진한 부분에 대한 설명을 듣기 위해)

03 토플의 평가 영역(리딩, 리스닝, 스피킹, 라이팅) 및 어셔 모의토플 소개

	실제토플	모의토플
응시료	280,000원 (220$ ×1,227원 2023년 2월 현재)	50,000원
성적확인	시험종료 후 업무일 기준 15일 후 온라인으로 확인가능	시험 후 3일 내 Section 모두 확인가능

실제 시험 그대로, 가격은 1/5 저렴하게

어셔 모의 토플 시험은, TOEFL iBT와 동일한 방식의 온라인 모의고사로, 실제 시험과 똑같은 환경을 경제적이고 합리적인 가격에 부담 없이 이용하실 수 있습니다.

시험 구성

평가영역	구성	시간	세부사항	만점
Reading	Passage 2개(700단어 X 2개)	35분	Passage 당 17분 30초 10문제	30점
Listening	Conversation 1개/Lecture 1개	36분	문제풀이시간 7분	30점
Speaking	Independent 1개/Intergrated 3개	16분 내외	-	30점
Writing	Intergrated 1개/Discussion 1개	29분	-	30점
총 약 2시간 (116분)				총점 120점

시험 화면: Reading / Listening / Speaking / Writing

04 구매하기 (개별 과목 별도)

시험명	사용기간	가격
USHER 공식 토플모의고사 Full TEST	1년	50,000원
USHER 공식 토플모의고사 Half(R/L) TEST	1년	27,000원
USHER 공식 토플모의고사 Half(S/W) TEST	1년	27,000원
개별 과목	1년	15,000원

5 토플 Reading 공부방법

usherin.usher.co.kr

리딩 점수에 따라서

- 20점 미만이라면, 리스닝에는 너무 많은 힘을 쓰지 말고, 단어와 리딩에 집중 바랍니다.
  둘 다 하려다 하나도 못 할 수 있습니다.
- 20점 이상이라면, **1.** 단어 **2.** 구문 **3.** 묶기 **4.** 열번읽기 까지 꼼꼼히 처리 바랍니다.
- 25점 이상이면, 단어, 구문은 거의 알 겁니다.
  대략 틀린 것 정도 간단히 마무리 하고 **묶기 및 오답 패턴 확인**에 집중하면 됩니다.

각각의 과정을 적으면 다음과 같습니다.

Step 1. 문제풀이
Step 2. TAGGING
Step 3. 구문 / 단어시험
Step 4. 묶기
Step 5. 타이핑
Step 6. 별지
Step 7. 접속사 암기

과정 순서대로 공부를 해야하는 구체적인 이유와 방법을 적어보겠습니다.

Step 1. 문제 풀이

- 문제 풀이는 실전 화면처럼 컴퓨터로 직접 풀면서 익숙해지는게 좋습니다.

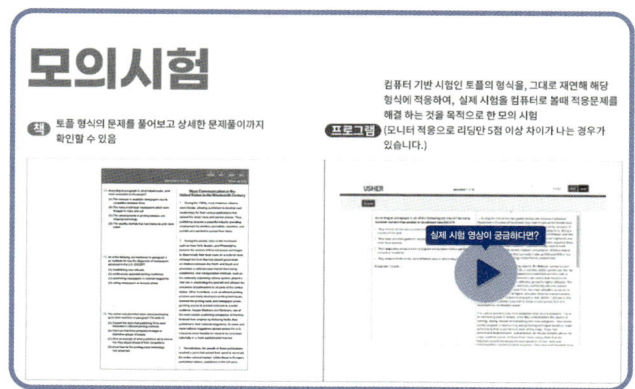

Step 2. TAGGING

- 문제 풀이 직후, 잊기 전에, 문제 풀면서 가장 짜증 났던 부분 = 즉, 이해하기 힘들었던 부분을 체크해 둬야 합니다.

Step 3. 구문 / 단어 시험

- 귀찮은 거 압니다. 그래도 해두시기 바랍니다. 리딩 20점 미만은 실력 없어서 하기 싫어도 해야 하고, 리딩 25점 넘는 분들은 별로 할 것도 없겠지만, 그래도 다 챙겨 두시기 바랍니다.

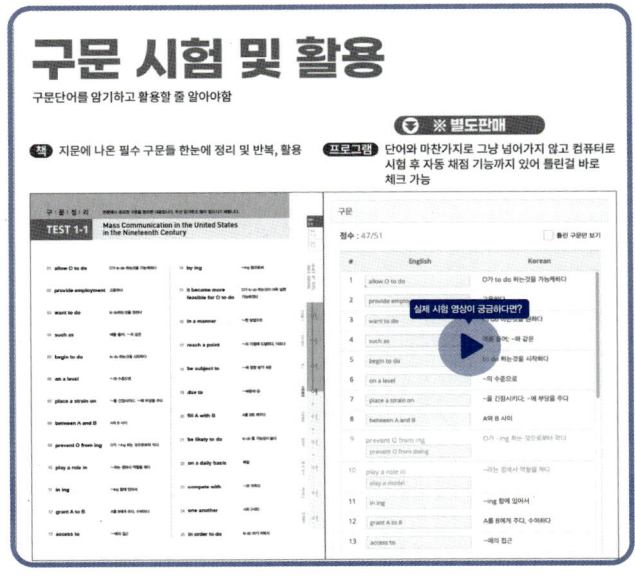
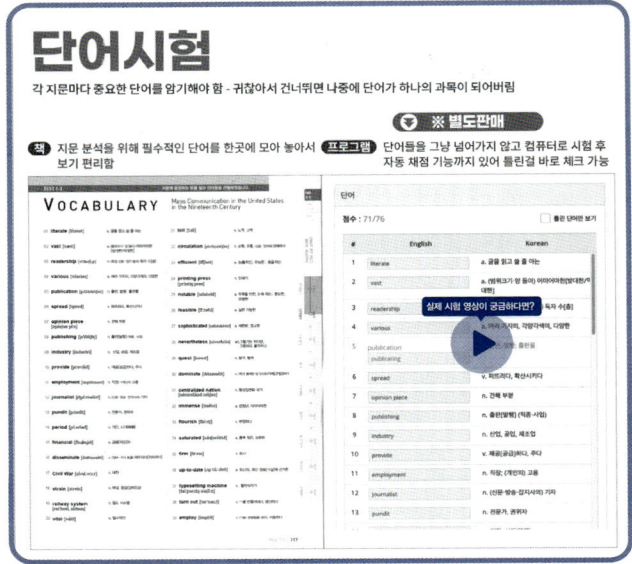

Step 4. 묶기

- 리딩 20점 미만은 실력이 없으니, 파악+ 실력 자체를 늘리기 위해 필요합니다.
- 리딩 25점 이상은 만점 받기 위해서, 본인이 어느 부분이 약한지 "샅샅이 훑어야 할 때", 가장 강력한 툴입니다.
 "30점의 절박함과 귀찮음 중", 더 강한 것이 여러분의 행동을 바꿀겁니다.

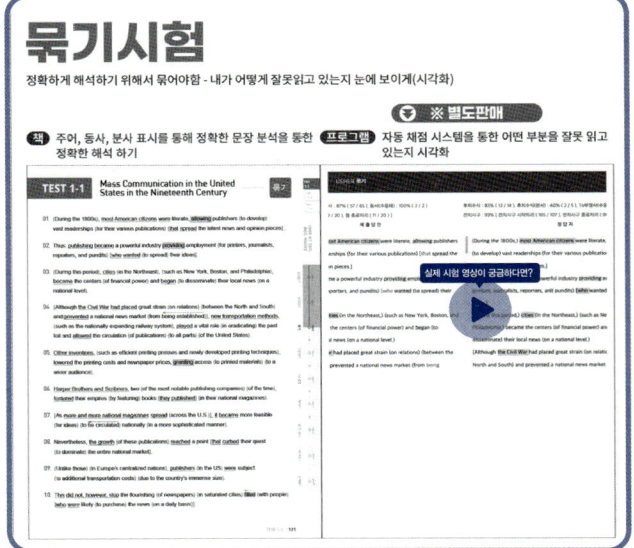

Step 5. 열번읽기(내 발음 체크 = 말 할 수 있으면 들린다)

- 리딩 20점 미만의 학생들에게 가장 중요한 점은 "말 할 수 없으면, 들을 수 없다!!!" 입니다.
- 본인만 아는 이상한 발음으로 기억하면, 절대 못듣습니다.
 이그제그래이션? Exaggeration을 이렇게 읽는 학생. 답 없습니다.
- 말 할 수 있는지는, 학원 프로그램이 모두 파악해 줍니다. 채점까지.
 여러분은 성실함만 있으면 됩니다.

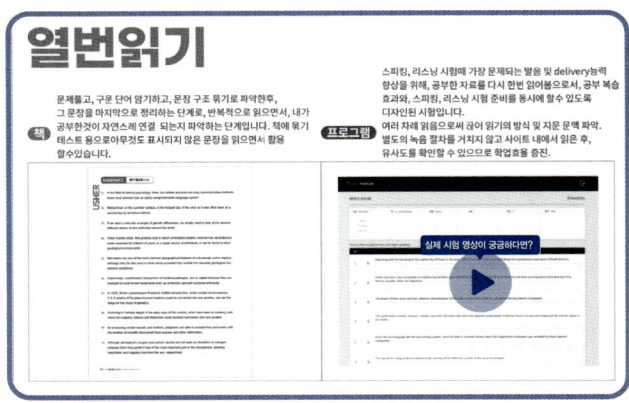

Step 6. 타이핑

- 라이팅 시험은 영타가 기본인데, 이를 따로 준비하는것이 아닌, 공부한 자료를 반복 연습함을서, 영타와 복습을 동시에 진행 가능케 하는 시험
- 주어진 문장을 따라 써 보며 정확도와 속도를 올려, 문맥 파악과 더불어 컴퓨터 기반 시험인 토플에서 고득점 하기 위한 필수 역량을 증진

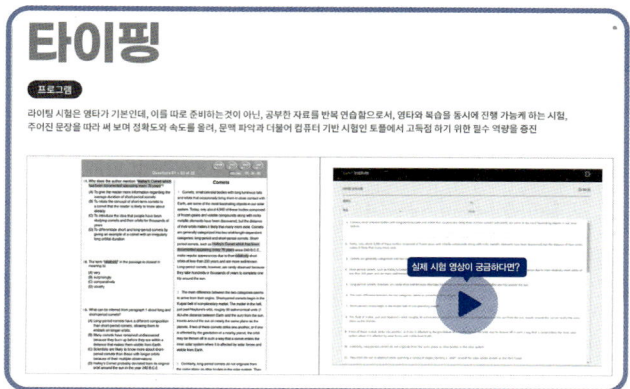

Step 7. 별지

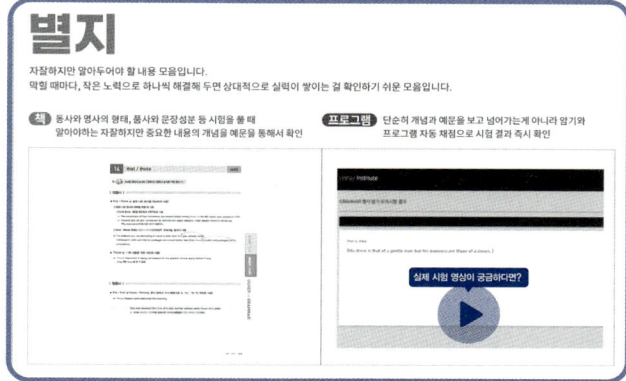

Step 8. 접속사 암기

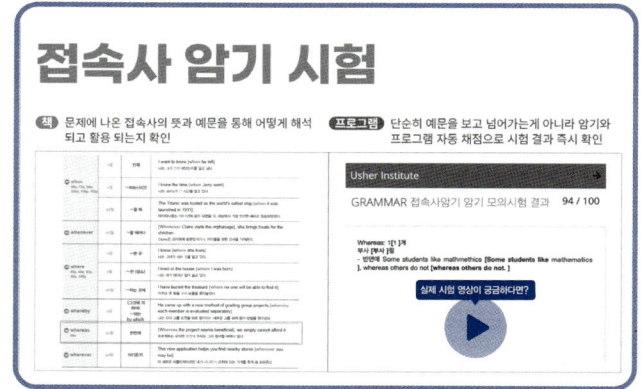

어셔어학원을 다니면,

어셔어학원을 다니면, 이 과정을 모두 스터디 시간에 **무료**로 합니다.

하지만, 사정이 있어서 **인강을 듣거나 프로그램만 구매하시는 분들은**

반드시, 위 내용들을 기억하고, 실행하면, 실력 향상에 큰 도움 되실겁니다.

6 토플 Listening 공부방법
usherin.usher.co.kr

리스닝 점수에 따라서

- 20점 미만이라면, 리스닝에는 너무 많은 힘을 쓰지 말고, 단어와 리딩에 집중 바랍니다.
  둘 다 하려다 하나도 못 할 수 있습니다.

- 20점 이상이라면, 1. 단어 2. 구문 3. 딕테이션 4. 열번읽기 까지 꼼꼼히 처리 바랍니다.

- 25점 이상이면, 단어, 구문은 거의 알 겁니다.
  대략 틀린 것 정도 간단히 마무리 하고 **딕테이션 및 오답 패턴 확인**에 집중하면 됩니다.

각각의 과정을 적으면 다음과 같습니다.

Step 1. 문제풀이
Step 2. TAGGING
Step 3. 구문 / 단어시험
Step 4. 딕테이션
Step 5. 열번읽기 (내 발음 체크 = 말 할 수 있으면 들린다)
Step 6. 타이핑

과정 순서대로 공부를 해야하는 구체적인 이유와 방법을 적어보겠습니다.

Step 1. 문제 풀이

- 문제 풀이는 실전 화면처럼 컴퓨터로 직접 풀면서 익숙해지는게 좋습니다.

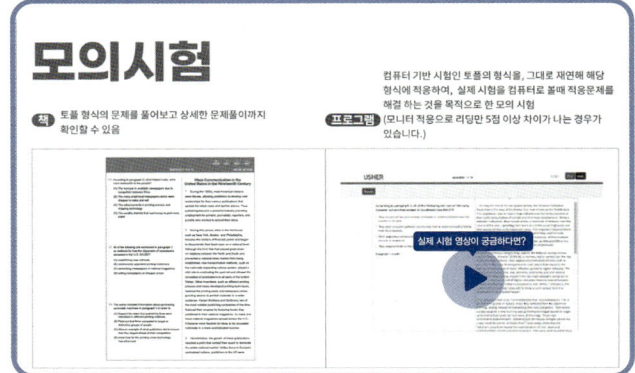

Step 2. TAGGING

- 문제 풀이 직후, 잊기 전에, 문제 풀면서 가장 짜증 났던 부분 = 즉, 이해하기 힘들었던 부분을 체크해 둬야 합니다.

Step 3. 구문 / 단어 시험

▪ 귀찮은 거 압니다. 그래도 해두시기 바랍니다.

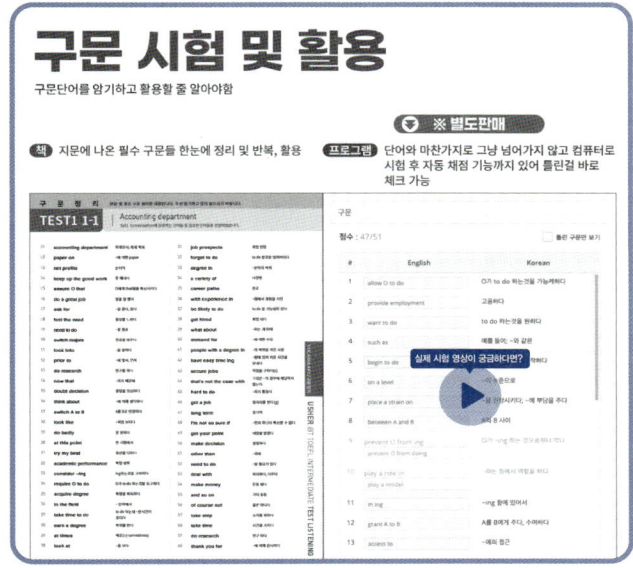

Step 4. 딕테이션

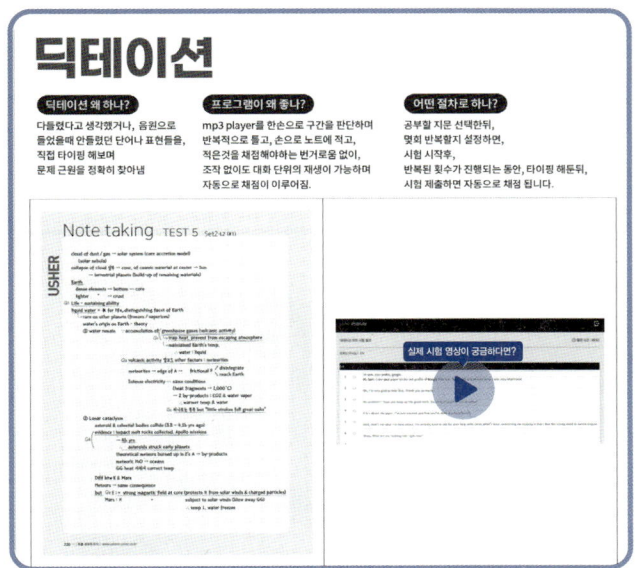

Step 5. 열번읽기(내 발음 체크 = 말 할 수 있으면 들린다)

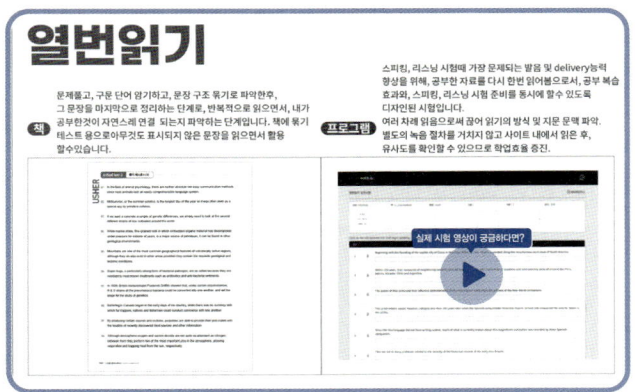

Step 6. 타이핑

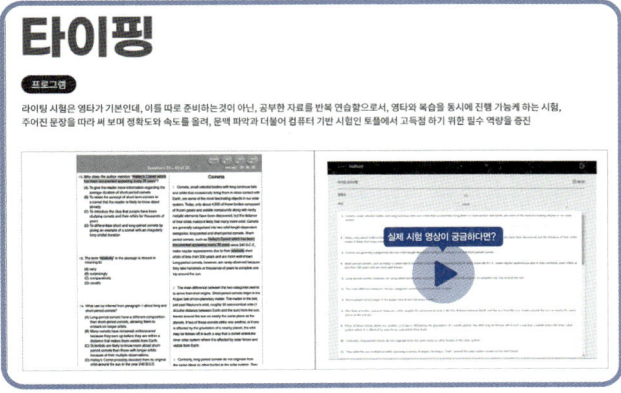

7 수강 후기
usherin.usher.co.kr

> 김유석
> 97점 두달간 토플 시험에서의 승리: 훌륭한 교사진, 함께 노력한 학원 동료들에게 감사를

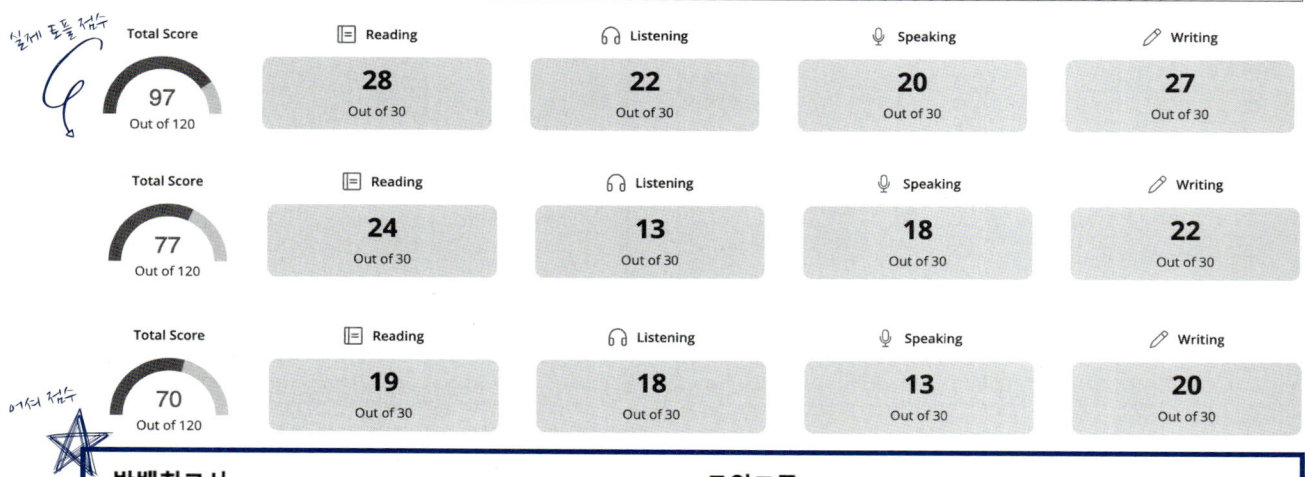

실제 토플 점수

Total Score	Reading	Listening	Speaking	Writing
97 Out of 120	28 Out of 30	22 Out of 30	20 Out of 30	27 Out of 30
77 Out of 120	24 Out of 30	13 Out of 30	18 Out of 30	22 Out of 30
70 Out of 120	19 Out of 30	18 Out of 30	13 Out of 30	20 Out of 30

어서 점수

반배치고사

일자	반	GR SW1	SW2	SW1+SW2	RC	LC
2024-03-29	성인 정규 Intermediate반	10	18	28	32	23
2024-02-29	성인 정규 Intermediate반	11	11	22	28	22
2024-01-23	신규	9	13	22	25	

모의토플

일자	RC	LC	SP	WR	합계
2024-03-15	17	25	19	20	81
2024-02-16	22	19	0	0	41

2024.03 성인교육중급반 김유석 성취표

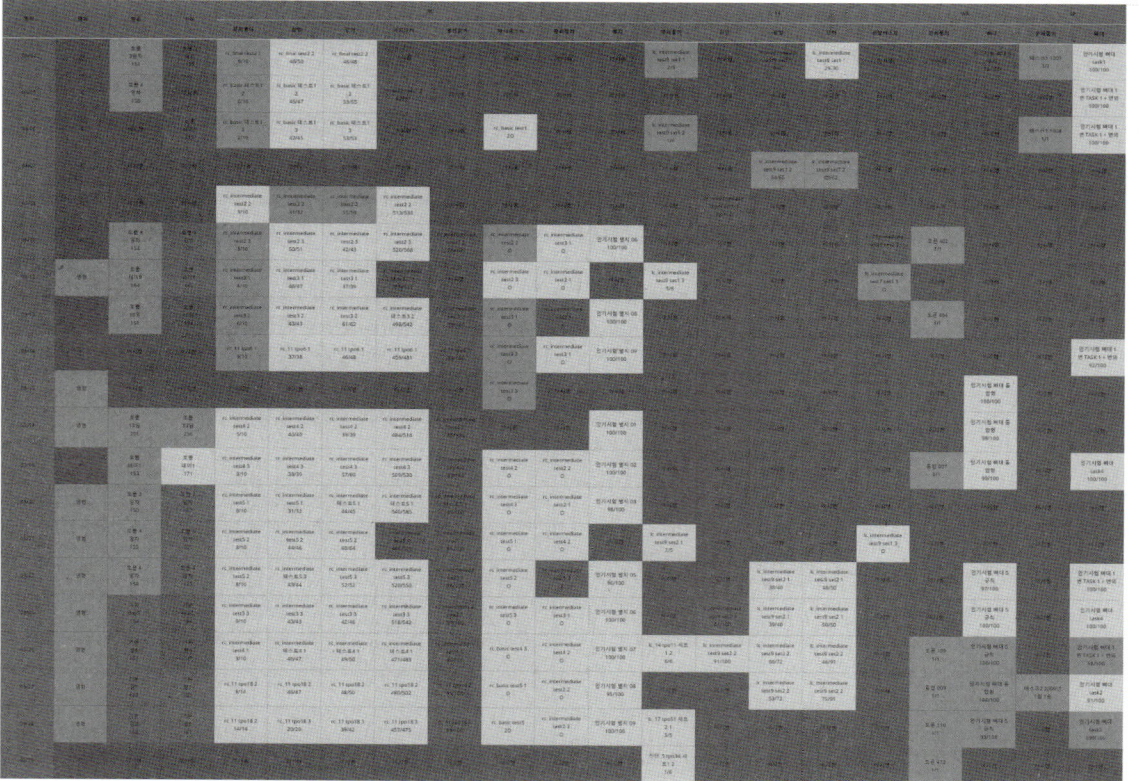

마이페이지 MYPAGE

배치고사 신청/결과확인	예습공지 게시판	수강중 확인	교재 확인하기	증명서 발급
사물함 안내	무료교재 mp3/부록	토익특강 성적표	쿠폰함	사물함 신청

김유석님 반갑습니다 회원정보수정

수강중인 강의 / 반별게시판	결제 진행중인 강의	결제내역	장바구니	교재확인 / 배송조회
0건	0건	20건	0건	0건

▌처음 학원에 들어올 때 시작 했던 반
2024년 02월 성인 정규 Intermediate반

▌수강 했던반 / 총 개월수
2024년 02월 성인 정규 Intermediate반
2024년 03월 성인 정규 Intermediate반
2024년 04월 성인 정규 K1반

▌학원에 오기전에 가지고 있었던 점수 (파트별)
- 토익점수_ 합계 : 0 RC : 0 LC : 0
- 토플점수_ 합계 : 70 RC : 19 LC : 18 SP : 13 WR : 20

▌목표했던 토플 점수
100점

▌취득한 토플 점수
RC: 28 LC: 22 SP: 20 WR: 27

▌최초/중간/ 최종
- 최초_ 합계 : 70 RC : 19 LC : 18 SP : 13 WR : 20
- 중간_ 2024-01-23 배치고사 SW:22, RC:25, LC:0
  2024-02-16 모의고사 RC:22, LC:19, SP:0, WR:0
  2024-02-29 배치고사 SW:22, RC:28, LC:22
  2024-03-15 모의고사 RC:17, LC:25, SP:19, WR:20
  2024-03-29 배치고사 SW:28, RC:32, LC:23
- 최종_ RC: 0 LC: 0 SP: 0 WR: 0

▌토플 공부한 이유(학업 이유)
일본유학(EJU)

파트별 상세 설명

• Reading

제가 가장 나댈수 있는 영역입니다.

저는 한 달동안 삼지문 -> 인터 -> K반 까지 승반했었던 유일한 사람이기에, 현재 인터반 학생들이 주의깊게 봤으면 합니다. 다만 한가지 전제조건은, 저는 원래 문해력으로 승부보는 사람이었다는 점입니다. 즉 지문 이해력은 높으나, 영어해석능력이 부족해서 RC영역에서 고생했다는 점을 말해두고 싶습니다.

우선 첫 달은, 영어를 읽고 푸는데에 대한 '자신감', 그리고 긴 문장을 만났을때 '익숙함' 에 중요성에 대해서 배웠습니다. 혜성쌤 께서 강조하신 '오늘 푼 지문 10번 읽기' 과제를 다 하진 못했었으나, 세번씩이라도 읽다보니, 모르는 단어가 나오거나, 긴 문장을 봤을때 느끼는 자신감이 상당히 올라갔고, 정답률 또한 올라갔습니다. 그러나, 아직 이 시기에서는, 문장 직독직해의 수준이 낮은상태였으며, 주어진 시간안에 한 지문을 읽는것이 불안했습니다.

두 번째 달에는, 사실상 제 RC영역에 가장 큰 영향을 주신 김석균 선생님의 수업을 들었습니다.
선생님의 가르침 하에서 선생님이 강조하시는, 그리고 제가 느끼는 중요성의 순서는 다음과 같습니다.

1.수업시간에 선생님께서 워드에 정리하고, 수업 후에 올려주시는 메모를 빠르게 기억하고 넘어가기 입니다.
>> 각 지문 테마 별, 자주 나오는 단어나 표현들이 익숙해지기 때문에, 다음 번, 비슷한 지문을 만났을 때, 읽는 속도와 정확성, 자신감이 매우 다릅니다.

2. 묶기 빠르게 할 것***
묶기를 연구해가며 하지마세요. 묶기는 하나의 시험입니다. 문장 내에서, 본인이 약한 문법의 영역을 파악할 수 있는 부분이기 때문에, 빠르게 풀 되, 묶기의 결과를 잘 살펴보고, 메모를 남겨둡시다. 특히 토플 RC에서 등위접속사 and, or 과 같은 문법을 다르게 읽는다면, 해석이 전혀 다른 내용이 되기 때문에 지문 이해에 큰 방해가 될 것 입니다.

3. 해석테스트
토플의 RC는 사실 이해를 하지 못한다고 해도, 70프로의 정답률을 보장할 수 있는 시험이라고 생각합니다.
그 이유로는, 어차피 문제에서 물어보는것은 지문의 특정 부분에 관해서 이고, 지문을 한번 읽었을때 기억을 살려, 빠르게 문제에서 요구하는 부분을 지문에서 찾기만 한다면, 정답률 또한 상당히 올라갈 것 입니다.
다만, 지문을 읽고 기억하는데에 있어서, 중요한 능력이 직독직해라고 생각합니다. 토플은 영어단어 바꿔넣기의 시험. 즉 영어를 잘한다는 느낌보다, 유의어 단어나 표현을 얼마나 알고있는지를 묻기에, 기계적인 암기능력을 요구한다고 생각합니다.
그렇기 때문에, 직독직해가 된다면, 유의어가 페러프라이징 된 선지를 고를수 있기때문에, 정답률이 올라갑니다.
또한, 결정적으로 직독직해를 잘 하게 된다면, 영어문장을 빠르게 읽게 되기 때문에, 시간안에 문제를 다 읽고 푸는것이 가능해 진다고 생각합니다. 이런 직독직해능력을 기를 수 있고, 내 상태를 점검할 수 있는 해석테스트를 열심히 준비합시다.

4. 네 번째로 제가 생각하는 석균쌤의 RC포인트 + 어셔에서 가장 중요하게 강요하는 부분인 단어 입니다.
어셔를 다니면서 단어시험은 가장 큰 스트레스중 하나라고 생각합니다. 우선 학원측에서 단어암기를 하라고 과제를 내주면, 암기조차 안하는 학생들이 있기 때문에, 인터반 기준 200개중 180개의 빡센 목표를 요구하는 것 같습니다.
다만 제 생각으론, 단어를 암기하는데에 있어 가장 중요한것은 200개중 180개로 통과해서 초록불을 띄우는 것이 아니라, 내가 한번 본 단어의 뉘앙스를 얼마나 파악했는지 입니다.
아마 저와 수업을 들어보신 분들은 공감하시겠지만, 석균쌤이 수업중에 나온 단어에 대해 동의어를 물어보실 때, 가장 대답을 잘하는 학생이 저 였을 것입니다. 하지만, 반면에 3월달 VOCA 성취율이 가장 낮은 학생도 저라고 생각합니다. 매번 160~170개로 180개를 통과하지 못한적이 허다했거든요.
하지만 그렇다고해서 저는 단어공부의 시간을 줄인적이 없습니다. 대신 낯선 단어가 갖고있는 의미, 그리고 동의어, 이 단어가 어떤 주제의 지문에서 나오는가 에 초점을 맞췄습니다.
그와 반대로, 단어시험 통과율이 엄청 높으신 분들 혹은, 학원을 오랫동안 다니신 분들에게 있어, RC의 점수를 큰 폭으로 향상시키는 대에 방해되는것이 바로 180개 제한 통과방식인것 같습니다. 160개에서 180개로 단어시험 정답률을 높이기 위해선, 한글뜻에 초점을 맞추게 되고, 그러다보면, RC지문에서 만난 낯선 단어를 빠르게 의미를 떠올리는데에 딜레이가 생길 것 입니다. 물론 우선 단어의 익숙함을 줄이고, RC지문에서 만났을 때, 자신감 있게 한글로 해석할 수 있다면, RC의 한 지문을 읽는데에 유의미한 정답률 상승이 있다고 생각합니다. 그렇기 때문에, 단어를 열심히 외우시고, 통과를 잘하는 분들이라면, 지문에서 모르는 단어가 나왔을때는, 남들도 모르는 단어라고 생각하고 일단 자신감 있게 읽고 넘어가셔야 한 지문을 넘어 RC, RC를 넘어 LC, SPK, WRT까지,, 나머지 영역에도 전반적인 영향을 주는 자신감을 잃지 않을 수 있습니다. 그렇기에 본인의 자신감을 유지하는데에 가장 중요한 단어를 소홀히 하시지 마시길 바랍니다.

마지막으로 제 어셔에서의 토플 기간동안 가장 중요했던 3월달 첫 주 "삼지문 반" 입니다.
삼지문반을 수강함으로써, RC에서의 제 단점을 확실히 파악하는것이 가능했습니다.
수강후기 Reading 영역 첫 문두 에서도 말했다시피, 저는 상대적으로 감각적인 문해력을 가진 반면에, 영어를 한국말로 옮기는 부분에 대해서 많이 부족했습니다. 그러다보니 제가 이해를 할 수 있는 지문들에 대해서는 70% 까지의 정답률을 보장했으나, 이해가 되지 않는 주제에 관해서는 그야말로 처참했었죠..
그러다 원장님이 삼지문반 승반테스트를 진행하시고, RC영역에 대해서 설명해주실때, 그야말로 광명을 찾았습니다.
RC = R+C, 즉, Reading +comprehension 이라는 말, Reading 이 7, Comprehension이 3의 비율을 갖는다는 것을 듣고 나서야 비로소, 그때서야 제 단점이 Reading (직독직해) 라는 점에 대해 확신할 수 있었습니다.

그 이후로는, 인터반 -> 삼지문반으로 하반당했다는 압박을 머금고 친한 동료들 경선이와 건우형과 함께 세가지 지문 부수기에 목숨 걸었습니다. 저의 지문 이해력과 설명 + 경선, 건우의 직독직해 설명이 서로에게 큰 시너지를 주었습니다. 3월의 첫 주에 삼지문 반을 경험한 것이, 지속적인 제 RC점수의 상승에 포문을 열었다고 생각합니다.

그렇게 터프하게 학원 불 꺼져도 11시 반까지 공부하다가 보니 한 가지 재미있는 일화도 남겼던것이 기억에 남겨요 ㅋㅋㅋ
원장님이 퇴근하시다가 어둠속에서 공부하던 저와 소연, 경선의 공부하는 동영상을 찍어가신것, 채운쌤께서도 퇴근 하시다가 저희를 발견하시고 기분좋아하셨던 그런것들이 저희에게도 큰 원동력이 되었던 것 같습니다.

다시 궤도로 돌아와서 정리하자면, 삼지문 반을 거쳐, 3월 모의토플 이전까지 문제풀이및 석균쌤의 수업에 익숙해졌고, 3월 셋째 주부터 RC점수가 팍 뛰더니 변동기에 들어오기 시작한 것 같습니다. 그리고 3월 이후 어셔에서의 생활을 마무리 하려던 찰나, 석균쌤과 채운쌤의 설득과 조언에 못이겨 4/2, 4/3의 수업도 듣게 되었고, 이 기간에 RC 고득점 평탄화가 이뤄져, 저를 하여금 어셔에서 졸업을 하도록 만들어 준 것 같습니다.

마무리로, 쌤들 말 안듣는 친구들에게도 한마디 하자면, 자기 멋대로 공부를 하려면 우선 쌤들이 시킨것부터 끝내고 하는것은 어떨까요? 석균쌤의 말씀대로, 제 RC점수가 상승하고 안정된 시기는, 어셔의 syllabus를 다 채우는데 성공한 시점부터라는 점을 알아주셨음 합니다.

- **Listening**

저에게 있어서, 시험 한번한번의 변동이 가장 큰 과목입니다.
모의토플 에서는 25점도 맞아보았고, 수업시간에 풀었던 문제는 컨버 렉쳐 렉쳐 다 맞은 적도 있었던것을 비추어 볼 때,
듣기의 고점 자체를 한번 끌어올리는데에는 성공했다고 생각됩니다.
먼저 그렇게 끌어올리는데 성공했던 이유를 생각해 보면

첫째. 채운쌤의 세뇌.
질문과 답변 위주로 들어라, 고유명사 연도 는 꼭 적어라, 동사위주로 들어라, 예시는 예시가 나온이유, 그것에 대한 결과를 들어야 한다,, 노트테이킹은 왼쪽에서 오른쪽으로 해라.
사실 더 많은데,, 신입분들은 수업료 내고 들으시라고 여기까지만 !! / 기존 학생들은 본인들이 메모했던 내용들을 한번 정리한다음, WRT통합형의 파이브룰즈 처럼 달달 외우는 것을 추천합니다.

둘째. 디스커버리 유튜브채널의 영상 "마지막 알레스카인" 반복 청취.
1시간 46분짜리 몰아보기 영상을 매 대중교통에서, 집안일 할때, 밥먹을때 반복해서 들었을 시기가 LC점수가 가장 잘 나왔던 시기입니다. 저는 시골출신에, 서바이벌에 관심이 많아 재밌게 봤던 영상인데, 토플 bio지문에 나오는 단어들을 귀로 반복해서 들었던것이 상당히 고무적 이었습니다. 시각을 이용해서 공부하지 않는 시간에는 꼭 귀라도 영어로 채워두길 바랍니다.

셋째. 딕테이션을 단어 단어 단어 적고, 중간에 비었던 부분을 다시 매꾸는 것이 아니라, 영어를 한 뭉탱이 단위로 듣고 적었을 때, 내용이 가장 잘 들렸고, 그러다 보니 노트의 위에도 적어야 하는 내용만 적을 수 있어서, 정답률이 높았던 것 같습니다. 채운쌤이 말하시는 딕테이션의 방식 1단계 2단계 3단계를 잘 수행하시길 바랍니다.

다만, 더 높은 점수를 내지 못한 이유에는

첫째. 어셔에 있는 도중, 리스닝 자습에 시간을 많이 쓰지 못한것.
RC와 LC는 몇번 고점을 찍는것이 가능하다면, 그 이후에는 점수의 변동을 잡아주는것이 중요하다고 생각하는데, 이 변동을 잡는것에 시간을 투자하지 못한것 같아서 아쉽습니다.

둘째. 노트테이킹을 점점 많이 적게 된 것.
노트테이킹의 양에 대해서도, 선생님들마다 다르지만, 저는 적게 적었을때가 오히려 더 정답률이 높았습니다.
단순하게 내용을 많이 적은것은, 디테일을 놓칠 확률이 큽니다.

셋째. 단기기억 기르는 연습을 게을리 함.
영어는 한국말처럼 단어만 투욱 툭 던져서는 의미가 만들어지지 않는다고 선생님들이 많이 말씀하십니다.
그렇다면 영어를 잘 듣기위해선, 언어 하나의 덩어리가 어디부터 어디까지인지 인식을 하고, 기억을 하고있어야 합니다.
청취테스트 연습을 부지런히 한다면, 본인이 들은 한 덩어리 덩어리가, 잘 기억에 남고, LC정답률 상향에 크게 기여할 것 같습니다.

LC영역에서 저의 결론은 "문제풀이 방식에 시간을 쏟지 맙시다" 라는 것입니다. 토플 리스닝 특성 상, 내용이 잘 들리고, 디테일을 기억하거나 노트에 옮겨적는다면 문제는 어지간히 다 맞을 것 이라 생각합니다.

- **Speaking**

4과목 중 가장 낮은 점수를 맞아서 가장 할말이 적습니다. 뼈대 잘 외우고, 12간지 잘 외우고, 리스닝영역 문장단위로 적고!! 이 삼박자가 맞지 않고서는 의미있는 점수를 낼 수 없다고 생각합니다. 토플이 단과시험이 아니고, 여러 영역을 요구하는 만큼, 전체의 성적을 끌어올리기 위해선, 무리를 해서라도 하루에 스피킹 하나정도 녹음하는것을 추천드립니다.

두번째로 스피킹 1번과 같은경우 암기가 끝이 아니고, 주어진 주제문에 대해 뼈대와 12간지를 변형시키는 유연함 도 길러야한다는 점 잊지 말아주세요.

저 같은 경우, 솔직히 유연하게 대처하는 연습이 소홀했기 때문에, 걍 논리 안맞는 문장나와도 자신있게 어거지로 밀고 들어갔습니다. 그래서 20점이라도 나오지 않았나 싶어요..
자신있게 어거지로 밀고가서 20점이라도 확보하려면 뼈대 + 12간지를 반드시 외워야 할 것입니다.

- **Writing**

4과목중 가장 의외인 점수를 가져다준 고마운 과목입니다. 사실 WRT이 고맙기보단 당연히 채운쌤께 너무 감사드립니다..
스피킹과 더불어 공부량이 적었던 과목인데, 왜 27점이 나왔을까요??...
바로 제 WRT점수가 12간지와 파이브룰즈에 위대함을 다시금 증명했다고 생각합니다.
물론 저도 작전을 세우긴 했는데,, 그게 12간지의 위대함과 더불어 잘 들어맞았네요.

제 작전은, 제가 많은 내용을 생산할 수록, 문법과 스펠링 미스가 많아져서, WRT의 총점을 깎을것이라 예상해서, 안전빵 문장들만 가져다 적었습니다. 절때 어렵게 쓰려고 하지 마시고, 본인만의 예시 뼈대를 만들고, 12간지에 기대어 최대한 문장을 간단하게 쓰는것을 추천드립니다.

- **어셔의 관리 프로그램 (asap프로그램) 관련 사용 팁**

점수 취득 후 얻게된 결과

1) 한번 실패를 맛 보았던 토플에서 성공을 거둔것.
매번 꿈에 나오던 학창시절 담당일진을 길에서 만나 뚜드려 팬것과 동일한 기분이지 않을까요??
2) 자신감
내 인생에 있어서 가장 높았던 벽 '토플'을 넘었기 때문에,, 앞으로 못할건 하나도 없을것 같다는 근자감

저는 ○○스에서 1년 이상의 시간과 돈을 쓰며 영어의 5형식부터 공부했었습니다. ○○스의 기본문법 교실은 to부정사가 뭔지 모르는 저에게는 꽤나 재미있고 이해가 잘 갔던 수업이었죠.
그러나 문제는 ○○스 토플 커리큘럼에 들어가면서 시작입니다. 제가 생각한 ○○스 토플의 문제를 순서대로 나열하자면,
1) 영어 기초반에서 토플 기초반으로 넘어갈 때, 간극이 꽤 크다.
>> 단어 요구량이 너무 차이나기 때문에, 영어 기초반에서 공부한 뒤 바로 토플 기초반수업 못따라갑니다.
2) 영어실력의 "근본"을 경시한다.
>> 이게 가장 큰 문제라고 생각합니다. 특히, 만약 이글을 보는 본인의 목표가 80점 이상이라면.
제 생각으론, ○○스의 '입문+인터미디엇' 반의 수준이, 어셔의 '완초 1~2반' 이랑 비슷합니다.
근데 차이점이 있다면, ○○스에서는 딱 그정도의 영어수준을 지닌 학생들이 그 상태에서 점수를 잘 내도록 교과과정이 맞춰져 있습니다. 그말은 즉, 더 높은 점수대로 도전하는 "근본"을 쌓는데에 아 무 런 도움이 되지 않는 다는 점입니다.
본인이 영어가 안읽히고, 안들려도.. 그 상태에서 점수를 내게 알려주는 방법이 ○○스식 입니다.
이 방식으로는 저같이 영어의 "근본"이 없는 학생들에게 있어서 90점대의 아성에 도전할수가 없습니다.
3) 각 과목 선생님들이 다르고, 같은 과목의 선생님들도 너무 많다.
>> 템플릿 다 난리납니다. 같은 과목의 선생님들 마다 말이 아 다르고 어 다릅니다.
각 과목의 선생님들의 목소리가 너무 큽니다. 수업시간 40~50분의 짧은 시간에 수업을 듣기 위해서, 하루 과목당 4~5시간 정도의 자습량을 요구합니다. 즉, 토플 4과목의 과제를 마치지 않는다면, 수업을 듣는 의미가 없습니다.
○○스 다녀보신 분들 수업 1주차 부터 같은 교실에 사람들이 적어지는것을 경험했거나, 혹은 본인이 점점 수업에 참여를 못하게 되는 학생이셨죠?
그~러니, 어셔를 토플 학원에 안중을 넣고 계신 분이라면, 혹은 지금 다니고 계신 분이라면 영어의 "근본"을 쌓기위해서 어떻게 해야하나 열심히 고민해보세요. 공부법에 최첨단 방식은 없습니다.
암기, 반복, 직독직해 이런 무식 하다고 여겨지는 공부가 아직도 사용 되는 이유는 '전통적' 이기 때문입니다. 전통이 전통으로 이어져 온 것에는 그것이 최선책 이어왔기 때문입니다.
학생분들의 뇌는 그저, 때려 넣는것만 생각하시고, 학원에서 시키는것에 대해 의문을 가지지좀 마세요.
그렇게 본인이 학원보다 좋은방법을 알고 있었다면, 지금 이 후기를 볼 일도 없을 테니까요.
뇌의 사용량을 다른데 투자할 것 없이, 내용을 집어넣는 것에만 집중한다는것이 얼마나 효율적입니까?
대신, 학원이 이걸 왜 시키는걸까? 에 대해서만 '고민' 수준에서 머물도록 하는것을 추천합니다..
어셔 어학원에서의 시간들을 돌이켜보며...
어셔에서의 두 달은 제 수명 1~2년을 끌어쓴다는 느낌으로 지냈습니다.
1) 수면은 두달동안 평균 5시간 안넘을거라 생각하구요,,
2) 점심또한 편의점 삼각김밥만 먹어서 소화장애 심각했었죠..
같이 공부했던 친구들은 알겠지만 제 말버릇 중 하나가 소화안되서 죽을것같다..
위생천/까스활명수 마셔야겠다 아마 지겹도록 들었을 것입니다

근데 할만했습니다.. 어셔에서 토플은 공부라기 보단, 하나의 팀 스포츠라고 생각합니다. 매일같이 남아서 동료들과 훈련을 하고, 스스로의 한계를 극복하고, 결과로써 증명한다. 이렇게 생각했기 때문에 어셔에서 상당히 즐거운 시간을 보낼 수 있었습니다.

인생에서 무언가를 위해 몰두하는 경험을 쌓기위해 최적의 환경을 잘 조성해주신 원장님, 그리고 채운쌤과 석균쌤, 해성쌤과 같이 교사진들의 엄청난 하드워킹.. 어셔에서의 두 달은 진정한 낙수효과에 대해서도 느끼게 해준 것 같습니다.

저는 두 달하고 빠질생각으로 다녔기 때문에 제가 열심히 해야하는건 당연했구요..
그런데도 불구하고 나를 가르치는 선생님들은 몇년씩 이 생활을 반복하고 있다는 사실을 생각해 본다면,, 적어도 본인이 어셔에 있는 동안은 그들보다 열심히 해야한다는걸 잊지마세요.

▌어셔생활백서

[1] 밥집:
1) 먹고싶은것 없으면 "감미옥" - 시간은 금입니다. 가장 가까운 복합 한식 분식집이며, 맛 또한 일대에서 상위권입니다. 만약 사장님께 아양을 잘 떤다면, 공짜 밥 무한리필도 가능합니다.
2) 먹고싶은것 없고, 감미옥이 질린다면 "KFC" (도보 왕복 약 8분)
3) 학원 MZ세대들이 아마,, 제일 좋아할 김치볶음밥&돈까스 "하트타임" (KFC 근처)
4) 든든한 국밥 "장터순대국" (KFC 아랫층)
5) "뉴코아 킴스클럽" 푸드코드: 가지마세요 시간 다 뺏깁니다. (도보 왕복 약 16분)
>> 참고로 점심은 빠르게 편의점에서 드시고 구문/단어, 묶기 하세요.. 시간은 금입니다.

[2] 자습실 (=학원 오픈시간)
1) 평일: 매일 아침 7시 30분 안에 열리고, 오후 11시 ~ 11시 30분에 닫힙니다.
2) 주말: 주 마다 쌤들께 여쭤보세요. 열릴때도, 안 열릴때도 있습니다.
>> 토플 학원의 학원비는 결코 싸지 않습니다. 최대한 학원의 전기, 수도, 난방 비용을 털어간다는 생각으로 남으세요.

[3] 대인관계:
제 생각으로 어셔에서 공부 다음으로 중요한 영역같습니다. 얼굴을 본 기억이 있는 사람과 마주친다면 정중히 인사부터 나눕시다. 특히, 열심히 하는 학생이 있다면, 혹은 점수를 잘 내는 친구가 있다면 잘 보고 배웁시다.

▌Thanks to

1) 경선.. 어셔가 나에게 선물한 가장 친한 친구.. 덕분에 어셔 너무 재미있게 다녔다... 나도 가끔 너무힘들고 맨탈 흔들릴때 있었는데, 그때마다 경선이의 활기랑 에너지가 나아갈 힘을 계속해서 준것같아.. 진짜 너 없었으면 쉽게 졸업하기 힘들었을것같아 너무고맙다 경선아. 빠르게 졸업하고 서로 남은 한국에서의 목표한 바를 완수한 다음에 또 신나게 놀아보자

2) 소연.. 아마 본인은 모르실 것 같은데, 소연님이 제 점수가 오르는데 1등 공신이십니다.. 소연님 분석을 꽤 했거든요 ㅋㅋㅋ 소연님 같은 분이랑 수업을 들을수 있었던것이 진짜 엄청난 행운이었습니다. 그리고 왜 또 공부는 그렇게 열심히 하시는지.. 서로 각자의 위치로 돌아간다음에도 잊지말고 자주 연락해요. (콩고물 얻어먹으려니까)

3) 환준.. 같은 일유생의 키즈나.. 인터에서 K반으로 넘어간 동료이자 산책 나카마... 뭐 우리는 일본에서 끈덕지게 볼것같으니 짧게 씀

4) 건우.. 건우햄 행동력 하나는 진짜 끝내줍니다.. 사실 저도 제 친구들 사이에서 미친행동력으로 비난과 감탄 둘다 받는데 형은 그 이상인 것 같아요.. F-k ng 트래블러 건우형. 저도 여행 좋아하니까 아프리카 정도 아니면 한번 같이 가는것도 좋을지도 ..?

5) 혜성.. 경선, 건우와 더불어 삼지문 -> 인터반의 동료.. 혜성님 힘들어 하시다가 저랑 경선이가 혜성님 웃게 만들었을때 상당히 성취감 있었습니다. 그리고 제가 생각하는 가장 빨리 졸업할 것 같은 맴버 3명중 한 분이십니다. 자신감 잃지마시고 토플 부수기 기원합니다.

6) 인터반 친구들
졸업하고 하느라 교실의 분위기도 많이 달라졌지만,, 다들 함께 할 수 있었기 때문에 토플이라는 거대한 압박 안에서 나름 즐겁게 보냈던것 같습니다.. 2월달에 인터반의 화목하고 재미난 분위기를 만들어두고 가신 하륜이형, 동훈이형도 너무 감사드리고,, 수업시간에 저랑 경선이가 어떻게보면 수업을 방해할 수도 있을 수준에 헛소리를 해도 다들 웃고 넘어가주셔서 감사합니다. 모두 목표한 바를 이루시길 기원합니다.

김유석 어셔졸업 일등공신 채운쌤:
처음에 상담할 시기부터 제 토플공부에 가장 크게 기여해주셨다는 점 알아주셨음 합니다 ㅋㅋㅋ
선생님만 믿고 다른생각 안한 덕에, 기대하지 않은 좋은 점수를 만들 수 있었던 것 같아요.. 비록 처음 반 배치가 완초 2반으로 떨어졌지만, 쌤 께서 2달안에 졸업하려면, 힘들더라도 인터반이 좋을수 있다고 조언해주신 덕에, 인터반에서 기분좋은 시작을 할 수 있었습니다. 그리고 또 가끔 제 기강이 해이해질 타이밍에 완벽히, 교실 전체에 기강 다져주신것도 큰 도움이 되었습니다 ㅋㅋㅋㅋㅋ
12간지야 뭐 말하는거 입아프구요.. 저는 선생님께서 단순히 '선생님'이라는 직책을 빼고도 '김채운'이라는 훌륭한 사람을 만난것에 대해 좋은 경험한 것 같습니다. 하지만 건강도 잘 챙기셔서 롱런하셨음 좋겠어요 ㅋㅋ 채운쌤 너무 감사합니다 !!

석균쌤:
가끔 편한길 찾고싶어서 쌤한테 시도할때마다 본전도 못찾고 깨진 기억들이 떠오르네요.. 덕분에 정신차리고 공부했습니다 쌤. ㅋㅋㅋ
어셔 한달 더 다니고 싶었던 가장 큰 이유가 바로 석균쌤의 수업이었는데,, 다행히도 금방 졸업을 했네요...
그리고 리딩 테마별로 지문 별 문제풀이 순서를 직접 고안하셨는지는 모르겠지만,, 테마별 리딩 문제풀이 순서가 너무 도움됩니다.. 딱 우주에 대해 잊어먹었을 즈음에 복습시키고,, 슬슬 적응되던 테마에서 벗어나서 낯선거 풀게시키고.. 그 외에도 쌤께 고마운거 많지만 이만 줄이겠습니다. 쌤은 쿨하시니까요 ~

조교쌤들도 너무 감사했습니다 !! 특히 예림쌤, 유하쌤, 명준쌤,, 매번 해태할때마다 답답하셨을텐데,, 저였으면 좀 화났을수도 있엇을 것 같은데, 친절하게 질문받아주시고 너무 감사했습니다 !!!

usherin.usher.co.kr